松下幸之助

战略经营之神

[日] 加护野忠男 编著

刘苗苗 译

理念を語り続けた戦略的経営者

新星出版社 NEW STAR PRESS

序

迄今为止，有各种各样的观点研究过松下幸之助，其中最多的就是对其经营理念的讨论，笔者也曾数次论述过这个问题。2011 年（平成二十三年）出版的《向松下幸之助学习经营学》（日本经济新闻出版社）就幸之助的经营理念与企业目标以及经营精神之间的关系做了阐述。

本书虽然也探讨了经营理念，但是与以往的论述有很大差异，本书的特色就是编写聚焦于"经营之神"幸之助的经营战略和经营理念之间的关系。第一部分《详传》中介绍了幸之助不同阶段的经营战略，领导的松下电器（Panasonic，以下简称"松下"）经营活动历程、作为基础的经营理念以及幸之助的想法与思考，与此同时精选幸之助本人的重要发言以及当时公司内外经营相关人员的言辞，均为本书的重要组成。

第二部分《论述》中，笔者从企业的成长战略和事业战略两方面出发，在揭开幸之助经营战略神秘面纱的同时，论述了其战略为何能成功，又是怎样和他的经营理念结合在一起的。虽然在很多情况下经营理念扮演了支撑经营战略的角色，但是有时也会成为经营战略的制约。本书的着眼点就是力求从经营战略层面剖析，为何幸之助被誉为"经营之神"。

战前，幸之助的经营战略可以概括为"自来水哲学"，即通过持续大量的生产，降低产品成本，在竞争中获胜，同时成功地扩大了市场。战后，幸之助的经营战略通过"松下产品专卖店"这种独特的商业模式，获得竞争优势，但是这个过程并非一帆风顺。有一个阶段社会上有人质疑：难道支撑战后经济模式的"共存共荣"这一经营理念是骗人的吗？那是在1964年（昭和三十九年），日本家电产业的一场大萧条正在悄悄袭来。

作为会长的幸之助敏锐地觉察到经营危机，他召集批发销售公司、代理店的总经理们举行了为期三天的"热海（译者注：日本本州岛东南伊豆半岛东岸城市，属静冈县）会谈"，会议结束后他代理营业本部长职务火速重返一线。从当时的情况看，如果甩掉业绩差的销售公司、代理店，也许松下的经营状况会立刻好转，但是幸之助并没有这样做。"热海会谈"的结果就是决定在"共存共荣"理念的指导下实现生产销售一体化，互相促进，旨在提高销售公司、代理店经营的独立自主性。这就意味着松下对自己现行的生产销售分离型的组织战略重新审视，通过与销售公司、代理店合作的形式进行重构。公司推进了生产部门绕开销售部门与批发商直接交易的模式，同时完成了资本注入。基于不"抛弃"伙伴，"一起努力并肩战斗"这样的理念，幸之助实践了组织重构。

战胜危机之后的松下系列商店持续增加，直到20世纪80年代后期，随着大型商场增加，家电市场发生剧变。热海会谈之后幸之助果断决定对销售公司进行一系列重组、整合，这些管理活动使公司能够在中长期顺利适应环境变化，为家电流通组织改革软着陆指明了战略性方向。

另外，笔者在展开论述时，着力在经营战略论的框架下论述战略型经营者"松下幸之助"将战略付诸实践的过程。进一步说，幸之助的经营理念不仅体现了他的价值观及使命感，也是一种阐明其经营策略的方式。

本书并非局限在与幸之助经营战略深刻相关的经营理念，还努力将研究范围扩展到了人才培养、组织架构，实际上，不仅许多企业家关心这些问题，专门研究经营战略论、组织论的学者对此也很关注。从这个角度出发论述幸之助的经营，在此之前应该是绝无仅有的，这也是笔者比较自豪的一点。

另外，本书的出版社PHP研究所的创立者正是松下幸之助。本书作为纪念研究所成立70周年系列图书的第二卷出版发行。各卷统一由三部分构成，得到了出版社的全面支持。第一部分由该社纪念成立 70 周年出版项目组的藤木英雄先生执笔。传记写作中最难的就是素材的取舍，出版社和松下公司中都有十分了解幸之助的研究员和老员工，同时还要收集整理大量的调查资料，这种情况下将资料整合再写作并不容易，但藤木先生勇于挑战，写出了简洁完美的详传。在这里我想赞美一下他的勇气和尽心竭力。

第三部分《走进真实的幸之助》也是在藤木先生和 PHP 研究所的帮助下才得以完成。幸之助在制定战略时是如何决断的，第一章为这些思考提供了线索。其中，选取了 14 条值得珍视的幸之助话语，认为这是他作为企业家进行决断和行动的依据，我们还从出版社所藏的庞大数据中筛选出一些发言及记述收录书中，以便理解幸之助决断和行为背后的观点和思考。幸之助身旁的三位家人如何看待他的呢，在第二章收录了他们发自肺腑的言论及描述，让我们能了解幸之助富有人情味的一面。

本书从新的角度切入，探讨这位被誉为"经营之神"的企业家，我热切期望本书能够促进各位读者的经营日益繁盛，并成为您的精神陪伴。

加护野忠男

2016 年 11 月

目 录

第一部 详传

行无止境
——附事业开创的经典言论

Ⅰ 企业家松下幸之助登场 / 003

Ⅱ 创业期的事业开创 / 021

Ⅲ 突飞猛进与艰苦卓绝的时代 / 059

Ⅳ 绝处逢生，飞跃发展 / 103

Ⅴ 重新上场，尽心竭力 / 136

Ⅵ 企业家最后的日子 / 168

第二部　论述

探究"经营之神"的核心
战略经营者松下幸之助

Ⅰ　从经营战略论看"幸之助" ／ 187

Ⅱ　支撑战略的经营理念 ／ 210

Ⅲ　基于理念的人才开发与培养 ／ 229

Ⅳ　经营组织和组织管理充分发挥人的作用 ／ 263

第三部　走进真实的幸之助

经营是有生命力的综合艺术
企业家松下幸之助的"遗产"

Ⅰ　企业家活动追根溯源——从话语中看出的行为动机 ／ 291

Ⅱ　家人口中真实的幸之助 ／ 330

"企业家松下幸之助"简略年表 ／ 349

写在 PHP 经营丛书"日本的企业家"系列发行之际 ／ 355

第一部　详传

行无止境
——附事业开创的经典言论

I 企业家松下幸之助登场

开始经商生涯

松下幸之助以松下创始人的身份为世人所知，他生于 1894 年（明治二十七年）11 月 27 日，那是甲午中日战争（日本称日清战争）最激烈的时候。明治时期有三次企业振兴，也就是创业热潮，19 世纪 90 年代后半期刚好是第二次振兴期，经济史专家土屋乔雄称之为日本近代资本主义"确立并奠定基础"的时期。[1]

这一时期，关西地区纺织业的山边丈夫、武藤山治等名扬后世的经营者崭露头角，松本重太郎等很多人也有机会得以在创业大潮中大显身手。幸之助的父亲政楠也是感受着这种时代气息的一代人。

幸之助出生于和歌山县的小地主家庭，属于农村的富裕阶层。他有七个哥哥姐姐，是家里第三个男孩，也是八个孩子中年龄最小的，从小很受父母疼爱。如果生活一帆风顺的话，幸之助一家的生活也算衣食无忧，但生活不总是那么尽如人意，干劲十足的父亲政楠沉迷大米投机生意，失败后家道中落，全家被迫搬到和歌山市内经营木屐店，但是生意冷清，最后也倒闭了。这期间幸之助的二哥、二姐、大哥因为疾病相继去世，全家陷入困顿之中，幸之助走上了独自谋生之路。

1904 年 11 月，年仅 9 岁的幸之助从小学退学，在母亲的目送下离开家乡只身前往大阪。他一开始在宫田火盆店打工，据说小小年纪的幸之助也有因为孤独哭湿枕头的时候，但他并不讨厌工作。晚年（91 岁）时被问及一生中最高兴的事是什么时，幸之助的回答就是"拿到人生中第一笔工资 5 钱白铜币"。

幸之助在火盆店只干了 3 个月，这家店就倒闭了。也算是缘分，之后他被介绍去了五代自行车商会（堺筋淡路町，后更名内久宝寺町）打工，地点在船场（译者注：船场是指大阪市中央区西北部的商业地带）附近，他在这里学习到了商业的基础知识。

当然，幸之助的工作内容不只是自行车的修理和销售，即使在寒冬早晨，擦拭、清扫工作也必不可少，他的小手在冰冷的水里被冻得通红。在这样环境下成长起来的他自然十分节俭，在清理店铺门前时，如果捡到还能用的垃圾都舍不得扔掉，自己再继续使用。

"白砂糖是甜的，食盐是咸的，只要尝一下就能知道不需要理解，只有亲身去体验才能知道事物真正的价值。"这种根植于幸之助内心深处的行事风格是学徒时代的经历教给他的。[2]

开始学徒生涯的时候，日本正深陷日俄战争泥潭之中，国家的经济实力被严重消耗，但是时常传来的战果仍然让人们斗志昂扬，幸之助也感受到了这种活力。据说"人们排着队提着灯笼高喊着南山攻下了、我们夺取了 203 高地"。[3]在这样的时代下，幸之助看到年纪相仿的孩子们每天早上去上学，感受着不同境遇的差异，促使他更加拼命地工作。他曾感慨学徒生活的各种体验"塑造了我的人生观"。[4]

作为一名对待顾客极尽礼貌的商人，这是学徒时期培养起来的态度，已成为幸之助无比宝贵的财富。这种态度时常带来感动，尤其能深深打动日本企业家。

被誉为"丰田汽车中兴之祖"的丰田英二就是其中一位，他任常务董事一职前往松下电器（以下简称松下）的工厂参观学习时"感到肃然起敬"，因为"当时刚刚到达门口就看到相关人员已经整齐地站在那里迎接等候，再一看，发现最前面站的竟是松下先生"。[5]当时的英二 50 岁左右，而幸之助已是古稀之年。

幸之助并非只对待最重要的客户时才表现出这种态度。松

向员工表示感谢

下的第三任社长山下俊彦说："不管对面是谁，他都一视同仁地极尽礼貌。即使在代理店感谢会上，一位看起来像是店员的人走过来，他都会走上前去深深鞠躬，然后倒上酒走到大家中间敬酒。这绝对不是作秀，而是内心自然而然表现出来的礼貌，是表演不出来的。"[6]

　　幸之助不仅对顾客如此，也曾对自己员工深深鞠躬表示感谢。少年时期命运带给幸之助的不幸反而使这位企业家的人生更加丰满厚重，接下来我们继续追寻他的传奇人生。

少年幸吉的天分

据说幸之助被老板五代音吉称为幸吉，五代夫妻都很喜爱他。音吉有个哥哥，青年失明，靠按摩起家，之后做土地房屋中介的才能逐渐显现，最后成了一名成功的企业家，这个人就是创立大阪第一所盲哑学校的五代五兵卫。1902 年（明治三十五年）幸之助的父亲在这里也获得了一份工作。

五兵卫有时会去音吉的店里看看，幸之助就会机缘巧合地听到他的一些故事。据幸之助说，五兵卫进入待售的建筑就能鉴定出其价值，因为拥有这种能力，才获得顾客的信赖并取得成功。[7]

后来幸之助曾对自己的员工提到五兵卫的这种能力，并告诉他们应该尽量做到一进入工厂车间就立刻判断出车间里的杂音是不是正常，是准确运转的杂音，还是有废品产生的杂音。[8]结识五兵卫，确实给幸之助留下难以磨灭的记忆。

幸之助渐渐记住了工作内容，有时还能发挥出自己的勤劳伶俐，具有强烈正义感的优势。曾有这么一件事，同事贪污店里的商品被发现后，幸之助说如果不惩罚那个人，自己就会辞职，这让老板十分困扰，不过最后还是听从了他的意见。一直到晚年，幸之助都在坚持这种追求公正的态度，确立了一种不可动摇的经营哲学，那就是经营者必须基于是非曲直作出判断。

还有一件趣事，讲的是幸之助在第一次接自行车订单时，直接按照顾客要求打了九折，老板训了他一顿之后让他再去找顾客交涉，结果幸之助难过地哭了起来。

通过电器工作学习

1906 年（明治三十九年），父亲去世，幸之助成为松下家的一家之主。他继续当学徒，在 1910 年左右，开始考虑换一份工作。虽然父亲生前曾交代他要"以商立身"，但他还是按照自己的意愿，一度离开了父亲为自己规划的道路。那时大阪市刚刚制订"在全市铺设电车铁路，建设交通网的计划"。"电车通车后自行车的需求就会变少，自行车行业的未来并不乐观。与此同时，电气事业的未来会怎样呢？想到这里我的内心开始起伏。虽然很对不起老板，但是还是想给自己放个假，然后转行吧。"[9] 半生传记《我的行事风格与想法》中如是写道，那时他只有 15 岁。他回忆道："如果说当时转行的理由，虽然可以说是直觉告诉我'接下来会是电气的时代'，但说实话当时我真没有考虑那么长远，只是偶尔见到电车会想到电灯公司，想着当学徒的话只能在盂兰盆节（译者注：又称中元节、鬼节，是日本仅次于元旦的盛大节日）和元旦的时候休息，但是进入电灯公司，一个月就能休息两次，仅此而已。（此处有删减）

应该说，我正想着要换份工作，电车就突然出现，这好像就是所谓的命运吧。"[10]

决定改行的幸之助请求姐夫龟山长之助帮忙，希望能够进入大阪电灯公司工作。但是他只能等有岗位空缺的时候再入职，不能立刻进入公司，就在姐夫的工作单位樱花水泥公司当临时搬运工。

虽然目前的工作让幸之助的才能无用武之地，但在这期间他经历了一件事让他坚信自己可以时来运转。他的工作场地在一片填海造陆的土地上，往来都是船只。在收工回去的船上，一个船员脚下一滑掉进了海里，站在船帮上的幸之助也被那人拖入水中。好在当时是夏天，死里逃生的幸之助经常讲起这件事，并把运气好这种看不见的东西作为识人用人的重要标准。

后来幸之助获得在大阪电灯工作的机会，成为内线组的一名见习工。作为室内布线施工负责人的助手，幸之助负责新设、增设电灯，并最终晋升为一名负责人。对电灯有需求的客户包括有产阶级的私宅、工厂等。幸之助清楚地记得这个时期的经历，度过新鲜的每一天，见到了形形色色的客户，感受到了工作的意义，也感受到了世态与人心的微妙。幸之助参与了通天阁（译者注：位于大阪市浪速区德展望塔，是大阪有名的观光地）的电灯工程和芦边剧场改建为电影院的工程，还在寺院大

大阪电灯时代的幸之助（从上往下数第
二排最右边）

殿的顶层阁楼上布过线施过工。他曾经在随感中写过当时的辛
苦，以及完成施工从现场出来后自由轻松的感觉。[11]

幸之助工作的大阪电灯是一个什么样的公司呢？据经营
史学家橘川武郎研究，为了与东京电灯抗衡，鸿池善右卫门和
住友吉左卫门等关西财界巨头联名成立这个民营企业，并于
1906 年与大阪市签订有偿合同，保证了公司在大阪市内电灯
行业的垄断地位。[12] 公司虽然是民营性质，但具有公共性质的
实体企业是民心所向，大势所趋，这正与幸之助倡导"企业是

社会的公共财产"的伦理道德观相契合。

对专利和实用新型产品的浓厚兴趣

幸之助工作一切顺利，他天生有着高度的责任感，对通宵工作也毫不在意。然而，不知是不是高强度的工作影响了身体，生来体弱的幸之助患上了肺尖黏膜炎，自那以后他和疾病再也没有分开过，也因此幸之助自然而然地养成了"与疾病相处，感受疾病"的态度。

幸之助感受到知识的重要性，在 18 岁时进入关西商工（夜校）读书，修完预科进入本科之后，由于跟不上听写的课程中途退学。这算不算挫折呢，应该算吧。在 20 岁时，有人通过姐姐给他介绍了"来自淡路的姑娘，她高等小学、裁缝学校毕业后来到大阪在京町堀的一户人家当见习女佣"，1915 年（大正四年）9 月，他们很快完婚，新娘就是此后一直陪伴在幸之助左右的井植梅野。[13]

也是在同一年，幸之助开始思考电灯插座改良问题。[14] 这个想法是从电气设备施工的现场经验得来，当幸之助把这个想法告诉上司主管希望被公司采纳时，对方指出了其中的缺陷。但是幸之助仍心无旁骛地改良，独自向专利局提交自己的实用新型产品申请，并于 1917 年 1 月 24 日注册成功。这是《实

011

用新型法》（1905）制定十多年后的事情，当年注册的实用新型技术总共有 27 项。那一年日本的专利注册数是 1448 项，美国是 41248 项，英国是 9347 项，意大利是 4040 项，德国是 7399 项，法国是 4100 项，日本与欧美发达国家的注册数相比有明显的差距。[15] 从这个专利数也能清楚地看到明治、大正时期日本的工业力量与欧美列强尤其是美国之间的差距。

后来幸之助在提到松下技术能力的发展时，曾经以专利和实用新型技术等工业所有权申请数量多为例说明。[16] 为向近代科学技术做出贡献的发明家们致敬，在松下（Panasonic）总公司内树立了 12 个铜像，其中有发明家爱迪生、马可尼、平贺源内（译者注：江户时代日本的博物学者、兰学者、发明家等，被称为日本的达·芬奇）、丰田佐吉（译者注：日本发明家，日本织机改革家，丰田自动织机的创立者。其子为丰田汽车的创立者丰田喜一郎）等。在 1968 年（昭和四十三年）设立自己铜像的时候，幸之助曾和小说家松本清张交流关于发明的话题。幸之助说自己会告诉研究员："你们要走向街头去寻找灵感"，他也当即表示会将松本提出的产品规划传达给研究员。[17]

有关企业的专利管理，其实本可以申请专利保密，但是幸之助的却将它们薄利卖给竞争对手，并对他们使用自己的专利乐见其成。

幸之助一边对发明倾注热情，一边勤奋工作。1917 年他又一次晋升，成为最年轻的检查员，工作就是对施工者安装的电灯巡回检查，若发现问题就让其返工。

这份工作也是当时施工人员努力的目标，成为检查员后，所到之处都会受到热情接待。因为当时人们"闻电丧胆"，这样的工作无疑能让人安下心来。[18]

幸之助深得检查员这份工作的要领，但是也正因如此，他的闲暇时间越来越多，渐渐觉得生活中缺少了点儿什么。而且他的肺尖黏膜炎也没有治愈的迹象，身体日渐消瘦，医生劝他去休养一段时间，但是这是做不到的，对于依靠拿日工资生活的人而言，一天不上班，生活就会受到影响。与此同时，家里陆续传来噩耗，不仅是哥哥姐姐，再婚的母亲也患病去世。在这样的日子里，幸之助的脑海里浮现的是什么呢？

热情引来多方支持

1917 年（大正六年），幸之助下定决心从事制造电灯插座的工作，并向大阪电灯递交了辞职申请。"虽然主任您两次都说我的插座不行，但是无论如何我都想去尝试一下。能够被公司采用当然很好，若不行我就想自己做一个试试。如果失败了我就再回公司，今后不再考虑其他事情，即使被其他工人诋毁

013

我也只会努力在公司工作。仅此一次，想自己去尝试一次，请让我去做吧。"[19]

虽然就这样"奋不顾身地向着光明的前途"独立出来，但就算加上退休金等，当时全部的资金还不足100日元。[20] 好在在大阪电灯一起工作的林伊三郎愿意借款给幸之助，资金的问题算是暂时解决。人员方面除了林伊三郎，还有另一个同事森田延次郎，再加上妻子梅野和她从淡路岛叫来的弟弟岁男以及幸之助一共5个人。

但是，作为主心骨的幸之助并没有关键的核心技术，他并不知道电灯插座的主体合成物的制造方法。于是他们从其他制造合成物的工厂周围捡来原料的废渣进行分析，虽然可以说是有勇无谋之举，但这时一位愿意告诉他们制造方法的贵人出现了。这个人也曾是大阪电灯公司的同事，之后跳槽到制造合成物的工厂上班，并在那里学到制造方法。幸之助的热情就这样引来了其他人的支持和帮助，但独自创业并不是那么简单的事。

原料的进购、搬运等重体力活都由岁男来做，森田延次郎和林伊三郎负责销售。他们奔走于大阪市内，才卖出了一百个左右，销售额还不足10日元。这种愁杀人的状况一直未见好转，最终导致资金告急，梅野还去当铺变卖了东西。如今来看不得不说大阪电灯的主任的意见是正确的。林伊三郎和森田延次郎相继离开，事已至此他们再无力支持幸之助。

幸运降临

"我觉得命运这个东西很不可思议。虽然每个人都会制定各种各样的目标，但是很少有人能心想事成，实现起来非常困难。然而，所谓的希望就是有时候也许另一条相反的道路反而更适合自己，并引领自己走向成功。"[21] 所以，关键在于认识到自己知道的只是世事的冰山一角，不要一直对某一件事情耿耿于怀，每天都要保持好心情。那时的幸之助只有 22 岁，这个年纪就能在困境中做到不焦虑实在不可思议，不仅如此，他依然没有考虑换份工作而是专注于改良灯座，好运终于从天而降。

1917 年（大正六年）年末，幸之助接到了生产 1000 个电风扇底盘的订单，下订单的是川北电气企业，当时仅次于芝浦工厂和三菱电机的著名电风扇制造商。这个订单是一位批发商介绍的，他是在林伊三郎和森田延次郎沿街兜售灯座时知道幸之助的，之前的汗水总算没有白流。

这件事情发生在大阪一个叫作猪饲野的地方，[22] 也是幸之助口中"为了生计"拼命工作的时候。产品如期交付，幸之助获得了最初的收益，他的工作开始被社会认可。后来一位与他交情颇深的经营者向井植岁男问起幸之助的事情，一直与幸之助同甘共苦的他这样回答："我并不认为年轻时候的松下君是一位有着出色才能的人，但是他对工作抱有极大的热情。""他身体非常虚弱，经常生病，由于经常思考还患有严重的失眠，血压也高得吓人。虽然数次从死亡线上被救过来，但他抱着对事业特殊的热情一心一意地做了50年、55年，最后成为具有坚韧意志力的人。"他还说："这个世界上会有很多有智慧的人，但是像幸之助那样努力工作的人今后是不会再有了，别的先不说，以后再也不会有那样的环境。"[23]

岁男在战后创立了三洋电机，有着世间少有的企业家之称的他，在65岁时发行了自己的作品《大型公司员工等待论》，并被大家所熟知，他在这本书中写道"有痛苦、也有困难。每当这时我都会想起和幸之助在创业初期资金、经验、设备、技术、信用都一无所有的时候，这样一来很不可思议地就找到了出路，也得到了启示"。[24]

自己创业时机到来

幸之助第二年很快就收到了2000个底盘的追加订单，生产改良灯座的事情就先放到一边，集中生产底盘。他并没有放弃自己的初心，但也没有顽固不化，而是面对现实。企业情况开始好转，人手开始不够用，场地也变得不够宽敞，于是他迁往大开町一丁目，并创立松下电气器具制作所。

开弓没有回头箭。1918 年（大正七年）3 月 7 日，他们在新厂址生产出了底盘之外的新产品——改良插头。当时一般家庭里只有一两个电灯，这就需要延长电线，让人们能够在比较远的地方打开电灯，插头也就有了需求。为了能降低成本和生产难度，幸之助利用旧灯泡的灯座代替螺旋部分，就像幸之助所说"与其说是新产品，倒不如说是废物利用"，这样一来就大大降低了成本。[25]

这个产品进入市场后比同类产品要"便宜三成"，而且还注册了实用新型专利，销量也扶摇直上，就这样松下在"业界打响了第一炮"。[26]当时合成物原料的生产方法在各个工厂都是保密的，但是在松下工厂为了提高生产能力，只要是信得过的员工，哪怕是刚刚招进来的，都会让他理解这份工作需要保密并教给他生产方法。

虽然有朋友提醒幸之助这个方法普遍都是在家族内传承，但他认为本来这也是别人告诉自己的。在干电池制造行业，20世纪初（明治末期）出现了权威的生产商，但工厂里"掌握了干电池制造方法的工人从大正初期开始就以家庭产业的形式独立生产干电池"[27]可以说幸之助顺应时代的潮流做出了合理的选择。

017

注释：

1 土屋乔雄（1967）《日本经营理念史续》（日本经济新闻社）21~23页。该书指出，始于明治初年的"为培育近代资本主义经济而推出的殖产兴业政策的时代"，大体在1894年、1895年甲午战争（日本称以日清战争）的时候就"结束了"。书中还以研究者的角度通过回顾大正和昭和时期的历史把握日本资本主义的变迁，并探究与日本企业家经营理念变化之间的关系，是一段富有启示的内容。作者也作为涩泽荣一德传记资料编纂者广为人知。

2 松下幸之助（1966）《写给年轻人》（讲谈社）23~24页。

3 松下幸之助（1960）《工作梦，生活梦》（实业之日本社）27页。

4 PHP综合研究所编（1991-1993）《松下幸之助发言集》13卷（PHP研究所）192页。另外《松下幸之助发言集》在1991-1993年间共发行45卷，在引用各卷的时候，在各章的注释中省略了具体的发行年份。

5 丰田英二（1982）"顾客至上精神"福田赳夫·堺屋太一《松下幸之助全面研究5 走近真实的他 72人的随笔》（学习研究社）158~159页。

6 山下俊彦（1987）《我当上了社长董事长》（东洋经济新报社）156~157页。

7 松下幸之助（1983）《随记》（PHP研究所）18~25页。

8 上述《松下幸之助发言集》28卷289~291页。

9 松下幸之助（1962）《我的行事风格与想法》（实业之日本社）29~30页。另外本文中没有特别加注的记述主要参照半生传记和社史《松下电器五十年略史》（松下电器产业株式会社）。

10 松下幸之助（1971）《意气风发》（PHP 研究所）185 页。

11 上述《松下幸之助发言集》8 卷 130~132 页。此时的随想刊登在松下的公司内部杂志《松风》（1964 年 8 月）。

12 橘川武郎（2004）《日本电力发展的活力》（名古屋大学出版会）42 页。大阪电灯于 1923 年转让给大阪市、大同电力后解散。该书详细论述了当时的变化过程。

13 上述《我的行事风格与想法》46 页。

14 松下幸之助（1979）《决断经营》（PHP 研究所）25~28 页。

15 专利厅（1955）《专利制度 70 年史》（社团法人发明协会）134 页、146~150 页。

16 例如上述《松下幸之助发言集》34 卷中收录的在国家共荣会总会上的演讲（1956）。

17 同前面 13 卷 360~361 页。

18 上述《工作的梦想，生活的梦想》41 页。荻原古寿（1925），在《大阪电灯株式会社沿革史》186~187 页中记载道"作为一种宣传方式，把玻璃瓶悬挂在公司门前，往里面装上水，放入锦鱼，在水中打开电灯吸引众人的注意以展示电灯的安全轻便"，那个时代还需要通过认真准备实物宣传来普及与电有关的知识。虽然不清楚幸之助当时是否已经知道这种宣传方法，但是后来独自创业的时候他采取的就是实物宣传销售的方式。

19 同前面《工作的梦想，生活的梦想》45~46 页。

20 上述《我的行事风格与想法》56~57 页。

21 松下幸之助（1974）《经营心得帖》（PHP 研究所）91 页。

22 松下幸之助（1974）《员工职业》（PHP 研究所）195 页。

23 林辰彦（1985）《实录·井植学校》（钻石销售编辑企划）8~9 页。

24 井植岁男（1967）《大型公司员工等待论》（文艺春秋）211 页。

25 上述《松下幸之助发言集》13 卷 359 页。

26 上述《我的行事风格与想法》66 页。

27 日本干电池工业会（1960）《日本干电池工业史》（该会）32 页。

II 创业期的事业开创

借两大热销商品扩大业务范围

幸之助创业时的 20 世纪初究竟是什么样的呢？据经营史研究领域的著名专家宫本又郎称，那时每年都会有很多公司成立，尤其是 1914（大正三年）~1918 年，趁着第一次世界大战的热潮很多"泡沫型"的公司应运而生，但是这些公司在"大战反动恐慌期就被淘汰了"，[1] 松下电气器具制作所就是在那样一个时代成立的。

这样一个弱不禁风的小型企业并未被时代的洪流吞噬，反而存活了下来，主要得益于插头和双灯用插座这两个产品。正如当年幸之助设想的那样，如果改良插座被电灯公司采用的话，它或许可以打入市场，但却不能很好地适应市场。而幸之助开发的插头是一种已经在市场上销售的既存家电产品，他加入了自己的创意和设计后再投入市场，因此获得了市场的支持。同样地，双灯用插座也是在市场上流通的器具的基础上改良后进入市场，颇受好评。

插头和双灯用插座获得成功后，为了扩大生产规模，找到投资刻不容缓。虽然已经招聘了男女工人，但是生产设备不到位的话就没有办法实现提效增产。面对不断扩大的需求，该怎么办呢？正当幸之助冥思苦想之际，一家名为吉田商店的批发店注意到了幸之助设计的插头，并向他抛出橄榄枝，希望能签订总代理合同。

就此幸之助与商店交涉，提出了一个条件："我们在为您提供商品的同时，您能否提供 3000 日元左右的资金作为保证金呢？我们想用这笔钱购买设备。"吉田答应了这个条件，双方签订总代理合同。据说在三四个月内产量就增加到每月5000 个。截至 1918 年年末，其员工数量超过了 20 名。

认真思考"价格"

"这是一家生产新型产品，并且生产成本很低的工厂。"幸之助说松下在业界得到了这样的评价。然而好景不长，松下在销售方面突然出现了问题。"由于东京那边的生产厂家宣布降价并采取了抵制措施，导致销售额下滑。吉田商店里要求降价的客户们也蜂拥而至。"[2]

在这样的情况下，吉田估计难以完成合同上规定的责任销量，便提出了解约。幸之助接受了这个提议，并决定按月分期返还保证金。这是工厂成立第一年就遇到的意外。生产进程当然不能停下来，但是怎样才能让销量和产量并驾齐驱呢？能够"吃一堑长一智"才是大阪商人应有的品质。

幸之助奔走于市内的几十家批发店，开始和他们商谈直接交易，同时为了搭建东京的销售网络，他第一次前往东京，但是出师不利。"有人问这个多少钱？15钱。15钱呀，这可是市场价呀。但是你听着，同样价格的话我们会买东京的东西，要是特意从大阪买回来的话就必须更便宜才行，所以14钱吧、13钱吧。"[3]

但是幸之助并未做出让步，他的脑海里忽然浮现出了员工们的面孔，这可是大家一起流汗生产出来的产品。价格是对他们努力的回报，是一个既定的东西，可不能凭着个人想法随意左右。就是这样的意念在支撑着幸之助。

做生意是持久战，不可能合作一次就结束了。松下的产品一概不打折，这个方针一旦确定下来的话对方应该渐渐地就不会再要求降价了吧。幸之助有史以来第一次这样认真地考虑价格，尽量让商品的价格便宜并且稳定，并在之后将这种态度贯彻到底。果然，这一态度获得了大家的认可，"这还是一个比较合适的价格"。[4]

"赋予价格灵魂"，幸之助曾这样向零售店诠释公正价格的意义。这里的灵魂指的是服务和品牌的信用。[5] 幸之助踏实地履行着父亲"以商立身"的遗训，并迅速具备了一个商人应有的实力。1920 年（大正九年）之后就让岁男（当时 17 岁）常驻东京，负责那一带的销售，后来又成立了办事处，派宫本源太郎常驻。

1925 年春天，宫本注意到市场上开始流通一种收音机的真空管，他向幸之助提出建议想要销售这种产品。第一次拿到真空管的幸之助判断"这事儿能做"，通过销售真空管，五六个月的时间就大赚了 10000 日元左右，但是行业内逐渐呈现了粗制滥造、贱卖抛售的乱象，于是他们立刻收手退出。这让幸之助认识到收音机不是松下的本业，而是其他企业在做的一项业务。然而，自 20 世纪 20 年代后半期开始，收音机的收听人数快速增加，从 1926 年的约 35 万人增加到 1929 年的约 62 万人。[6]

接连不断的幸运经历

白天工作挥汗如雨，晚上洗个澡一冲而净。"我还真努力呀"，这段时间幸之助每天都是这样爽快的心情。他在充实的日子里渐渐磨炼自己的"想法"，曾经这样对友人讲起自己的事业哲学，"经商是严肃的，如同真实的比赛。""经商也是付出和回报成正比的。如果不是这样的话那既不能怪环境，也不能怪季节，更不能怪运气或者其他，只能怪自己经营无方。""不景气没关系，景气当然更好。"[7]

幸运女神一直眷顾着他。1919年（大正八年）的大战反动恐慌期，幸之助把产品装上自行车疾驰着去送货，结果被汽车撞飞，抛到了电车轨上。迎面驶来的电车紧急刹车，幸之助这才捡回了一条命。据说虽然自行车被撞得不成样子，但他自己却毫发无损。

年末的时候，一个类似风险投资家的人找到了幸之助。这人是他在电灯公司任职时的一位朋友，是资本家的儿子。他表示自己对幸之助的业务很感兴趣，可以让自己的那些资本家亲戚提供资金，这样就可以成立一家公司了。幸之助最终同意了这个提议，然而天有不测风云，这位友人突然得了急性肺炎猝死，成立公司的事情自然也就没人再提起。幸之助后来回想起来说："如果当时成立公司的事情落实了，恐怕也就没有今天的松下了。"[8]

20世纪20年代时期发展的松下

1919年（大正八年）到1920年年初，"一般产业经济界达到发展的巅峰状态，各工厂也一直处于增产的态势，为了获得更多的人手，大家都很用心"。据说事无巨细的幸之助曾站在工厂门前，等着看"昨天来的人今天又来了吗？"[9]

对于如何才能确保人才充足，幸之助如此说道："你的店没有任何魅力是不行的。""工资算是一种魅力吧，但是只有工资也不行。作为店老板，你自身也必须具备一种魅力，能让那些你认识的人或者你接触到的老师们对毕业生说'你去那里怎么样？不知怎么的就是感觉那个大叔人还不错哟'。"[10] 只要你是一名有魅力的"中小企业大叔"，人才就会自发地聚集到你这里。

1920 年 6 月，幸之助安装了电话。"哎呀太棒啦！有人打电话订购产品！"[11] 听到第一个订单电话，幸之助兴奋不已。社章和商标也是在 1920 年制定的。1922 年他第一次新建工厂，虽然市场不怎么景气，但幸之助手上有 4500 日元左右的资金，此前的 4 年，他获得了相当不错的收益。但是建筑费的报价单就有 7000 余日元了，幸之助思考着，新建工厂的话还没有能让银行贷款给自己的业绩，那就先把工厂建起来，办公室和住的地方以后再建吧，这样还能余出 1000 日元。但是建筑公司的负责人却认为这样不利于建设，主张一并进行。于是幸之助提议，如果对方能接受剩下的 2500 日元分期付款，就按照他们说的全部建起来。建筑公司同意了这个提议,幸之助也免于抵押自己的房屋。虽然建立新厂的同时也伴随着风险,但有了责任也就能转化为动力,这让幸之助鼓足了干劲。即使市场不景气,幸之助依然选择进行设备投资,这种积极主义成为松下的传统经营精神。

1923 年关东大地震殃及东京,随后的重建工作使得家电行业繁荣起来。常驻东京的岁男虽然没出什么事,但客户却遭到了很大的损失。地震过后岁男把账本等堆在拖车上去避难,第三天就穿着一身运动装去拜访客户,所到之处皆是大火烧过的废墟,他就把名片留在了本应该是各店原址的地方。最终岁男不得不回到了大阪,不久之后又前往东京。由于灾区重建,物价飞涨,在这样的情况下,他们将应收账款打五折(条件是现金支付),并答应客户新产品将全部按照地震前的物价供给,客户们皆大欢喜。"越是在一个人有困难的时候,越应该超越眼前的利害为其提供方便,这将会为自己赢得信用,并终将以利益的形式返还回来。"[12] 这就是岁男和幸之助的收获。

年末,幸之助又有了新的收获。他在巡视工厂的时候,发现除了厕所之外,其他地方都被打扫得很干净。幸之助觉得把员工叫来批评一顿太麻烦,于是亲自动手打扫厕所。很多员工困惑不解,只能站在旁边看着。幸之助并没有责备员工们,

027

而是自省"没有时常将这种常识性的东西教给他们是我的责任",[13] 随着事业的不断发展,是到了培训员工、确立指导精神的时候了。

炮弹型电池式自行车灯的发明、制造及销售

我深深地感受到"不入虎穴焉得虎子"这句老话说得十分在理[14]——这是幸之助在炮弹型电池式自行车灯打入市场时发出的感慨。这种自行车车灯的设计灵感来源于他自己的生活。幸之助在自行车商会当学徒的时候,经常作为自行车选手参加比赛,虽然骨折之后他不能再上场,但是独立创业后由于工作的关系仍然要骑自行车。当时天一黑就要在自行车上点上蜡烛或者煤油灯,但是这种车灯经常被风吹灭,很不方便,每次都需要使用火柴点着,也很不划算。"如果有盏吹不灭的车灯就好了",在这样的强烈愿望下,他亲自制图,制作了样品,还申请了实用新型专利。

在车灯开发上倾注的热情和努力获得回报后,他成功地订购了各种关键配件,找到了能制造理想灯泡(五倍灯泡)的石塚利助,但当时市场上标准规格的电池并不是他想要的,他又找到一家可以生产定制电池的工厂。这样生产出来的炮弹型电池式自行车灯可以持续亮 40~50 个小时。即使从经济的角度

028

把它和蜡烛做比较,幸之助也坚信它"一定能畅销"。1923年(大正十二年)6月开始销售车灯,但出乎意料的是,市场的好评并未伴随着信心如期而至。批发商们纷纷表示这种特殊产品没有备件,顾客觉得很为难,所以不太好卖。即使拿到平时关系熟络的自行车店里也不受欢迎,产品库存不断增加,最后积压了三四千个之多。

此时,幸之助心生一计,那就是在电器零售店做实物宣传,先在那里放两个到三个车灯,点亮其中一个,让它长时间持续发光,如果顾客觉得实用就可以买下其余的车灯,如果觉得不值得信赖或者质量不好就不收钱。幸之助雇用了3名推销员跑遍了整个大阪,这种销售方法大受好评,但是对于幸之助来说"采取这个办法,完全就是赌上整个松下工厂的命运"。[15]

幸之助在开发炮弹型电池式自行车灯并开始销售前,难道没有调查过市场的声音吗?在半生传《我的行事风格与想法》一书中,我们可以了解到,他当时是拿着实物一边沿街兜售一边询问大家的使用感受的。最后他得出结论,立足于市场的需求是自己想要的。幸之助以这一点为基础开发商品,也就是在不确定是否会热销的情况下一头扎进了开发和制造当中。

这种情况下,企业家究竟是以怎样的心境去面对未来的呢?多年之后,幸之助在与美国银行的著名经营者刘易斯对谈时曾经这样说："经营者不是学者，所以我们必须有这样的思想准备，那就是不仅要预测未来，更要创造未来。描绘出的蓝图不是'可能会变成这样吧'，而是'我希望它变成这样，应该是这样'，并通过努力经营将它变为现实。换句话说就是把未来变成确定的东西，而不是依然让它保持不确定性。对于经营者来说这便是真正的远见吧。"[16]

幸之助果断采取的销售手段扫除了不确定性，从而获得了成功。零售点开始追加订单，两三个月过后每月都能卖到2000个。批发商的订单也越来越多，幸之助便开始和批发商直接交易。

和船场商人山本武信出现观点分歧的幸之助

幸之助说，"越是严格的客户我们越应该感激人家"。[17] 只要是经商的人应该都会注意到这句话吧。对于幸之助来说那个严格、不好对付的客户就是山本商店的老板山本武信。这个船场（译者注：大阪地名）商人和幸之助的关系势如水火，"自始至终两人的想法一直有冲突，不止一次唾沫横飞地彻夜激辩"。[18]

但幸之助对山本却有很高的评价，认为他作为一个商人的能力不可低估，"他能关注到炮弹型电池式自行车灯，并签约获得大阪府的垄断销售权",从他身上幸之助受益匪浅。另外山本商店这个企业也有值得学习的地方,经理木谷完全为了老板着想,每当山本和幸之助意见出现分歧的时候,他都会努力地从中调和。幸之助很佩服这位经理,在他们的身上体现出了这样一个经商铁律:以心传心的老板和经理共同经营的商店,不管在什么困境下都不会让经营受到致命的损失,而会一直发展下去。

幸之助还注意到山本的顾问中有一个叫加藤大观的僧人,他每次参加重要的商谈时都会找加藤商量,在幸之助看来山本十分信任加藤。

山本也具有营销能力。1924 年(大正十三年)9 月炮弹型自行车灯的月销量已经超过 10000 个,其他的代理店也开始积极地销售。但是代理店间出现了争执,地方上的代理店投诉山本商店采购的商品通过大阪市内的批发商流入了地方。

幸之助和山本一起商量解决方案,最终决定听从山本的建议,将以原商标销售的炮弹型自行车灯的全国销售权授予山本。1925 年 5 月是销售的第 3 个年头,[19] 年末,幸之助被推举为联合区会议员候选人,最终成功当选,幸之助的社会地位也越来越高,但是在经商方面他仍然屈居山本之下。幸之助的商魂愈加活跃,他希望按照自己的方针去销售产品,所以山本是一道必须跨过去的坎儿。

幸之助认为车灯是能销售 10 年甚至 20 年的长期畅销产品，应该寻求逐步降价。但山本想得并不是如此长远，他认为应该制订计划，在一定的时间内先达到收支平衡。幸之助认为两个人的想法存在着根本性的差异，这种分歧已然不可调和。他提议在销售接下来的新产品角型自行车灯时，将销售方分为自行车店和电器店，在电器店只能由松下来销售产品。山本虽然并不情愿，但最终还是做出让步，并表示只要能拿到 10000 日元就同意。幸之助答应了山本的条件，买回了全国销售权。角型自行车灯于 1927 年开始推向市场，并成为贴有"National"标签的一号商品"National Lamp"。[20]

在对立中调和，通过这段时间的生意往来，幸之助终于体会到了要将自己的信念付诸实践是多么困难的事情。

挑战自己经营方针指导下的理想销售

1927 年（昭和二年）3 月开始的金融恐慌也没能阻碍松下的快速扩张。松下的交易银行十五银行破产，导致七八万日元的活期存款和 35000 日元的定期存款都无法取现。在这种困境下幸运之神又一次降临了。

在此之前幸之助奉行的都是一行主义（译者注：昭和前期

大藏省对地方的中小银行实行统一整合政策。一个府县只限有一家银行），但是住友银行西野田支行关注到了快速发展的松下，再三表示希望能够达成合作。虽然幸之助前几次都拒绝了，但最终被频繁登门的业务员的热情打动，同年2月开始了合作。幸之助提出的合作条件是住友银行能根据松下的需求提供2万日元以下的贷款，住友表示同意，这个约定在金融恐慌结束之后依然有效，多亏了这项合作，幸之助没有在资金周转方面出现问题。

同年4月销售"National Lamp"时幸之助又灵机一动，决定向市场免费提供10000个试用样品。这就是幸之助口中所说的"冒险"，但是车灯盒里的电池是消耗品，必须有充足的备货才行，这时他又做了一个决断，对东京冈田电气商会[21]的冈田悌藏社长说："我打算一年之内卖出20万个，如果达成这个销售目标，希望您能给我优惠1万个。"如果真能保证卖出20万个，对对方来说优惠1万个也并非不合理。幸之助向当时一流的干电池公司冈田提出了这个请求，虽然十分胆大，但最终还是得到了对方的同意。

幸之助还采用了其他的宣传方法，这就是最初的报纸广告，"买着安心，用着实惠，National Lamp"这个简洁明了的印刷品就是在这个时候诞生的。这是幸之助花了三天时间想出来的

1927 年新年幸之助（旁边是爱女幸子）

方案，准确来说是设计，即使在卧室里他依然在思考字体的粗细、字与字之间的间隔、顾客观看后的效果等。

幸之助也是一个当机立断的企业家。迅速决断和立刻执行是不是松下引以为豪的传统呢？面对这个简单的疑问，幸之助做出了如下回答。当机立断和深思熟虑，"能将这两个互相矛盾的概念合理地结合起来，在现实过程中非常重要"，[22] 正是因为我做到了这一点才能一举成功。

"National Lamp"的销售成果有目共睹，年内就突破了之前约定的 20 万个，仅仅 8 个月的时间就销售了 47 万个。正月初二，很少走访客户的冈田社长特意身着带有家徽的和服，带着感谢信和与 1 万个干电池价值等同的现金来到大阪拜访幸之助。

对于幸之助来说，这是一次从开发到销售都按照自己的方针进行的成功案例，也是一次很有意义的经历，通过这次的销售战略转型，幸之助也获得了一个能够了解电器店概况的机会。每个个体商店的资金都不够充裕，大家都仅凭一己之力在经商，所以会有欠账不还的状况出现。如果从实物信用或者资金方面对这些客户进行审查的话，没有一个店是可以与之开展合作的，这样下去生意也就没法做了。所以，他决定"通过人格信用而不是实物信用去判断一个店的信用水平"。[23] 所谓的人格信用就是老板本人的信用。

《日本干电池工业史》中这样记述了对"National Lamp"的评价以及幸之助的活跃状态："干电池车灯成为我国干电池工业取得重大发展的根基。即使恼怒于松下取得了相关专利或者处于激烈竞争中的同行，也都认可松下的功绩。如果把屋井先藏（干电池的发明者）称为我国干电池工业的始祖的话，那我们也有理由把松下幸之助称为中兴之祖。"[24]

将希望倾注在超级电熨斗的开发中

"只有胸怀理想，经营活动才能获得成功"，这句话表达了幸之助的经营态度，制造和销售与"National Lamp"同时期的电熨斗的过程也同样诠释了这样的经营态度。幸之助有一位叫作武久逸郎的朋友曾做过粮食生意，1927年(昭和二年)4月，幸之助设立了电热部来开发电熨斗并任命这位朋友为负责人。就在以"超市"的标签销售这款新开发的电熨斗时，幸之助失去了自己刚出生不久的大儿子幸一（同年2月）。外甥龟山武雄等亲戚为了表示对幸之助的支持都进入了研究所工作。幸之助虽然悲痛万分，但是对事业的热情也没有冷却。

日本国产的第一代电熨斗是由芝浦制作所生产的，1915年（大正四年）作为高价（8~10日元）商品推向市场，据松下推算"10年过后包括进口产品在内的电熨斗年销量将接近10万个"。[25]

许多人认为松下这款电熨斗是美国福特汽车的开发和销售方式，在家电产品领域的一种实践。这对幸之助来说又是一次挑战，他通过扩大生产规模来降低商品价格从而刺激了消费，这是幸之助从福特传记中学到的经验，"这个价格不管对于哪个阶层来说都是买得起的"，"随着价格的降低，具有购买力的阶层也会更加广泛"。据说幸之助在和上文提到的山本武信交涉的时候也曾主张过这个观点。[26]

幸之助虽然受到了福特经营理念的影响，但他对这种方式的理解并非囫囵吞枣。他在对福特传记中所描述的生产方法感到佩服的同时也会提出质疑。晚年的幸之助曾说过，日本民族的优秀特性绝不仅仅是模仿外国先进的知识、技术和文化，而是将其消化吸收并转化成更好的东西，这同样也是幸之助身上的优秀特性。[27]

将福特哲学化为己用的幸之助首先巩固了产品的定价方针，他希望学校的教师能够买得起，在此基础上，想要达到高级电熨斗的品质的话就必须进行合理的设计、生产和销售。幸之助希望解决这个难题，把电熨斗变成大众产品。他的这个理想引发了一个青年人的共鸣，这个人就是中尾哲二郎。

稀有之人中尾哲二郎

中尾是一个什么样的人呢？幸之助对他最初的印象是一个"画画的书生"，但是又觉得他"很少被名利束缚"，"人品值得信赖"。[28] 中尾比幸之助年轻 7 岁，但是却先于幸之助去世，在追悼会上幸之助评价他是"稀有之人"。[29]

两人的关系要追溯到关东大地震时期。在东京长大的中尾灾后前往关西找工作，最后在松下的一个合作工厂得到了一份

037

工作。但是工厂老板是个兢兢业业的匠人，并不喜欢每天都会冒出各种新奇创意的中尾，导致两人没办法和平共处，这时幸之助注意到了中尾的才能并将他招入麾下。

中尾和幸之助一样身体都比较虚弱，但是两人都会用独有的健康方法去锻炼身心，让自己不再那么体弱多病。中尾幼年时期家境比较富裕，后来父亲经营的工厂倒闭，他就去父亲朋友的工厂里当学徒，早早失去双亲的他一人把妹妹抚养长大。中尾和幸之助的境遇有很多相似的地方，两人都曾饱尝艰辛。由于之前做学徒的工厂开始恢复发展，想要中尾回东京帮忙，所以在开发电熨斗之前他就已经从松下辞职了。重情重义的中尾在这家工厂努力工作，同时也和松下保持着工作上的合作关系。

幸之助准备开发电熨斗的时候，向中尾表达了希望他能回松下工作的愿望，这位年轻人觉得自己对电热工作一窍不通，"如果一个人做研发，任务是十分艰巨的"，但是幸之助一直十分信任性格耿直的中尾。"你能行的！一定能行！"幸之助一句振奋人心的话激起了中尾作为技术人才的热情。接下来幸之助又向中尾提出三个要求，进一步提高了他的研发热情。这三个要求就是：品质绝对不输于现在市面上的一流产品，价格要比其便宜三成，制作出一个新产品的方案。如果能实现这些要求的话，每月最多就可以生产 15000 个。

中尾最初制定的价格是 2 日元 50 钱。大部分的开发工作都是由一个负责人和另外两个助手来共同完成的，最终达到了月产 1 万个单价 3 日元 20 钱的目标，为了订购各个配件他们甚至找到了东京的工厂。[30] 中尾设计的产品最终达到了幸之助的要求，超级电熨斗诞生了，这个产品性能极佳，1930 年（昭和五年）被商工省（译者注：日本经济产业省的前身，主管工商行政的国家机关）指定为国产优秀商品。

幸之助说，领导者就是提出要求的人。他还强调经营方针就是愿望、要求，社长的工作就是要强烈号召，没有愿望的社长就没有存在的意义。可以说电熨斗的研发充分体现了他的这个想法。如果说为了研发电熨斗而成立的电热部是之后设立的事业部制度的基础，那么可以说事业部制度的经营是从失败开始的。虽然电熨斗成功了，但是决算时"出现了不少损失"。[31] 中尾一直记得幸之助得知此事后的勃然大怒。幸之助的妻子梅野也批评他说"这是松下成立以来第一次出现亏损"，武久被免掉了负责人的头衔，中尾也因工厂设备故障这样的细节问题被予以警告，据说他当时都一度想着"要不然辞职算了"。[32]

最终幸之助决定亲自上阵，放任电热部自我经营导致的失败成为他的宝贵经验，"放手但不是放任"，这种事业部制度背后的事业哲学由此诞生。

中尾哲二郎和幸之助

托付、被托付，这是什么呢？是有权限的责任。幸之助说"公司的发展情况，是公司老板一个人的责任"，他对员工说，"要时刻提醒自己，无论在何种情况下出现了何种问题，都应当由老板来承担责任，在不断自省的过程中，才能推进事业的发展"，"同样的道理，部的责任就是部长一个人的责任，科的责任就是科长一个人的责任"。[33] 明确责任之所在，如果出现问题的话直接问责，这在幸之助看来是理所当然的事情。

继电熨斗之后又研发了电被炉（译者注：在地炉上放上脚炉木架，盖上被子的取暖设备）、电炉等。中尾还凭借着自己研发的圆山形电被炉被授予了紫绶奖章（1957 年）。在生产这款电被炉时，中尾的研发团队已经十分自信地建议每月比其他竞争厂商多生产 1 万 ~2 万台，也就是把月产量定在 4 万 ~5 万台，但幸之助预测销售能达到 10 万台，并鼓励他们可以扩大生产。幸之助的直觉果然应验了，他也获得了员工们越来越多的信赖。

实践光明正大，践行社会使命

幸之助在经营之初，就把个人和店里的账目分开结算，每月的结算结果会在公司内部公开，将公司利润告知员工。一旦拿出这种光明正大的态度，公司内部财务就会变得透明化。[34]

但是在个人经营的创业期，幸之助对获利的看法与税务署有所不同，也曾出现过被追加征收的情况。那是 1922 年（大正十一年）发生的事情，征税会拿走自己多少盈利啊，幸之助担心地想，他甚至因此失眠了。困扰许久之后他还是改变了自己对于税收的认识，工作所赚到的钱并不完全是属于自己的，而是保管着国家的钱，所以自己赚到的钱归根结底还是国家的，如此一来，他的烦恼就烟消云散了。[35]

幸之助有很多关于自己的烦恼的发言和记述，在烦恼中他可以收获新的观点和智慧，从这一点我们或许就能洞察到幸之助的企业家精神。他不仅亲自实践这种每日的自我观照，还推荐给其他人并留下了一些经典言论，如："即使苦恼我也不当回事"，"不管有多少烦恼，真正的烦恼只有一个"。不管怎样，幸之助总算解除了缴税的烦恼，但是距离他采取近代的经营方式还需要一点时间。

1928 年（昭和三年），松下获得了一个顶级人才——大学毕业生前川信之助。曾担任过保险公司分店店长的前川进入公司不久，就注意到松下还未走出家族模式经营，直言应该进行经营改革以获得更大的发展。幸之助接受了这个建议，并让前川负责会计、总务、管理等工作。[36] 前川自此地积极改进招聘规则，架构组织体系，幸之助对他的功绩赞不绝口，说他"对个人经营时代的陈旧风气进行了大刀阔斧的改革"。[37] 幸之助把工作放心地交给了这位"心直口快"的前川，这种态度也成为松下经营的传统之一。

同年 11 月，幸之助开始建设总部和总部工厂，第二年开始讨论收购的事情。幸之助受人之托救济陷入经营困难的桥本电器（生产收音机配件的工厂），将其改革为股份制，负担其收购费用并整理欠款。幸之助还把龟山武雄从松下调过去当社长，让桥本的老板任董事技师长一职，最终完成了对工厂的改造。

20 世纪 20 年代，幸之助在强化经营基础的同时想继续有所提高："为代理店着想的松下电器，业界的松下电器，是别

042

人暂存在这里的公共资源，必须诚实经营，尽心负责"，"从私人所有到公众共有——这样一来绝对会变得强大"。[38]

只有秉持着公共属性（公共财物）这个信念才能实现强有力的经营，坚信这一点的幸之助在 1929 年将其变成明文规定，这就是最初制定的纲领和信条，从这一年开始，松下每年都会招收应届毕业生，并将公司名字更改为松下电器制作所。

纲领

思考营利和社会正义的协调，谋求国家产业的发展，期望社会生活的改善和提高。

信条

提高和发展若得不到全体员工的齐心协力，就难以实现；全体员工舍身忘己，以相互谦让的精神，团结一致为店务发展贡献力量。

前面提到的土屋乔雄所著的《日本经营理念史续》一书中这样写道，"第二次世界大战结束后，我国经营者中的主流人群几乎达成了一种共识，那就是'社会责任的觉悟与实践'这种理念"。其实"在江户时代、明治、大正、昭和（第二次世界大战结束前）时代也有不少前辈认为道义就是精神支柱，他

043

们将其视为正确的经营理念，一直主张这种信念并将其付诸实践"，但是这种理念自始至终都没能成为经营者的主流观念，从这个层面上来说可以将战前和战后区分开来。[39] 根据土屋的论断，幸之助所主张的经营理念在那个时代还并不是主流，但是他也努力通过广告将纲领和信条里面蕴含的希望和态度明确地传达给社会。

幸之助认为将优质的产品尽快推广给更多的人是企业的社会使命，1930 年他在《朝日新闻》上刊登一则题为"关于National 电被炉"的广告信息。当时广告部的工作人员，设计"National"字体的竹冈良一回忆道，"这和美国人经常提到的'corporate communication'（企业传播）是同样的思想吧。在介绍新产品的同时，努力使消费者了解到公司的理念以及业务情况，有一种向社会表达的欲望和热情"。[40]

1931 年首次在报纸上刊登未显示商品名称的广告。1934年一位被广告信息"写在岁末"吸引的年轻人入职松下，这个人就是 35 岁即被幸之助提拔为松下电工社长，负责经营业务的丹羽正治。[41]

松下"生产商品之前先生产人才"

"这已经是 30 多年前的事情了。一个偶然的机会，我对当时的年轻员工说，如果你们被顾客问到松下电器是一个生产什么的地方时，你们就这么说，松下电器是生产人才的地方，同时也生产商品和电气器具。"

上面这段话是 1961 年（昭和三十六年）幸之助对公司里的负责人讲话时的一段内容，往前推算，那是 20 世纪 20 年代后半期，在生产一线上所产生的一句经典名言，此后被凝缩成"生产商品之前先生产人才"，并成为松下企业内部认真传承的一种精神。

"如果员工没有作为人应有的人格，事业一定无法取得成功"，幸之助说那是他有所感后在日常生活中偶然说出的一句话。他断言，靠着这种信念一路走来，即使技术、财力、信用还很薄弱，"也能拥有无人能敌的强势发展的原动力"。

那么幸之助想要生产什么样的人才呢？这就不得不再次提到上文讲述过的打扫厕所的事情。他这样说："努力使员工具备作为一个商人应有的正确常识十分重要。如果他们作为一个商人、一个社会人，无法对事物做出正确的价值判断，我们就会很困扰了。所以在公司里，必须培养出能在所有方面做出正确价值判断的人才。"[42]

但是招录的员工越多，就会有越多的个性和价值观出现，这时就很难明确什么才是正确的价值判断。因此，幸之助通过贯彻指导精神将员工引导到同一个方向，同时又煞费苦心地在具体行动中培养"自由自在"的氛围。每当交代任务的时候他都会问"你是怎么想的呢"，在与对方交换意见并取得一致的基础上再将任务交给属下。[43]

随着公司的壮大，业务变得专业和细化，经常会出现只专注于自身而对公司其他业务一窍不通的情况。从而也就会出现，"制订销售计划的人并没有亲身销售的经验，只是根据自己的知识和才能纸上谈兵"。"这样的计划并不实用，很多时候都会失败"。所以幸之助开始实行一种制度，即进入公司后一边实习一边去销售店铺和批发商那里帮忙，以期让员工"积累实地经验成为一线的实践专家"。[44]

幸之助还进一步倡导实现"人和兴、众智生"的经营，"上意是否下达，下意是否上达是形成理想形态的基础之一"，也是决定性因素。即只有实现"上意下达、下意上达"才能集众人智慧，才能实践众智生的经营。[45]这样一来培养出的人才在危机中就会显现出其真正的价值。

1929 年 10 月，世界经济危机的余波使日本经济陷入大混乱，此时的幸之助正卧病在床。据半生传《我的行事风格与想法》一书记载，当时的松下也陷入了销量锐减、库存严重积压的严峻状况。井植岁男、武久逸郎等管理者找到幸之助并请求其采

046

取措施、做出判断。在那种情况下常会采取的手段就是进行人员整顿，但幸之助却做出了如下决断："即日起产量减半，但是一个员工也不许解雇。工厂只开工半天从而生产减半，依然付给员工全天的工资尽量不让他们的收入有所减少。但是店员们的节假日被取消，举全力销售库存商品。通过这样的方法打持久战并观望经济界的变化，他们真的坚持了下来，也没有出现资金告急的情况。从长远来看一时的损失并不是什么问题。"解雇扩张时期好不容易招进来的员工，会动摇自己一直以来注重的经营理念。这样考虑之后，幸之助为打破僵局做出的决断产生了很好的效果。据说第二年2月仓库里堆积的库存全部售罄，新的一年又以追加生产而开始了。[46]

在表达幸之助的领导能力以及经营理念时，经常会提到他的经营活动，这些活动之所以引人瞩目，其中的一部分原因就是幸之助在平时就会培养员工提高精神上的抗压性，以便在非常时期能够团结一致。

1930年夏天，在一家公司的推荐之下，幸之助买下了豪华汽车斯蒂贝克。拥有购买力的人越是在经济不景气的时候越要通过购买和消费促进生产，经济低迷是人的心理导致的，购买豪车正是基于幸之助的这种想法。但是幸之助似乎还是觉得价格偏贵，对方可以打折，最后以不到一半的价钱买下了这辆

047

车。重视社会意义，在描绘理想的同时不断采取合理的行动，这就是能够反映幸之助经营风格的一件趣事。

不勉强经营与积极主义

1929 年（昭和四年）幸之助进军开关插座行业，这一年松下的员工数量（年均）是 477 人，1931 年的时候已经增加到 886 人。开关插座虽然确实是支撑松下快速发展期的业务之一，但这种配线器具也属于松下创业期的产品范围，这时候进军这个行业不得不说在时机上稍晚了些。针对这个疑问幸之助是这样回应的，"开关插座的生产是必要的，但是松下工厂很难像东京电气那样可以自由定价。我们认为如果加入与东京电气相竞争的厂商的行列，生产开关插座是十分勉强的。虽然我们很想生产，但是也不能勉强。所以还不如改良其他种类的产品，通过改良增加产品销量的做法更加安全有利"。[47]1939 年东京电气与芝浦制作所合并成立东京芝浦电气，也就是后来的东芝。

幸之助表示，成功的秘诀就是顺其自然地去做应该做的事，也就是不勉强，"不着急，不在乎表面，工作必须建立在无论从何种角度来说都能成立的基础之上"。[48]

正确认清自己公司的实力和市场，在此基础上思考现在应该做什么，据此再采取行动。这种谁都能理解的理所当然的事情想要付诸实际却是很难的，但是能够把这种困难的事情顺其自然地做好就能获得成功，在这样的信念之下，幸之助认为1929年才是可以进军开关插座行业的正确时间点。这种行事风格也贯彻在灯泡的生产中，直到1935年松下才进入一直由东京电气的马自达灯泡主导的灯泡市场。

但也存在着一个矛盾的地方，那就是应该如何看清和区分积极主义经营方式和不勉强经营方式？如何才能学会这种经营秘诀呢？

有一年，幸之助曾把一句话作为压岁钱送给他的员工，"如果能把握到经营秘诀，就获得了百万两的价值"。做出重要决断时不出现失误，看准时机发挥作用才是经营秘诀。这个秘诀只能自我发掘，如果能发现的话就价值百万两，能不能发现全靠自己。可以从此看出幸之助是发自内心地希望员工们能够依靠自己的力量尽早抓住这个秘诀。

真空管制造与收音机产业的状况

20世纪30年代，收音机成为松下发展历程中的一个重要商品。据《钻石产业全书第5家庭电器》一书记载，1931年（昭和六年）收音机的收听人数是100万，1935年是200万，到

1937 年这个数字继续扩大，达到 300 万。[49]

幸之助最开始是以收音机制造商的身份进入这个市场的。在收音机的关键器件真空管的生产方面，当时的松下已经处于落后地位，《社史资料》中记载 1934 年 10 月松下才开始了相关生产，在此之前都是从其他公司订购的。[50] 真空管市场中有竞争优势的是东京电气。这家著名企业在明治末期与通用电气公司（GE）合作，实现了飞跃式的发展。

平本厚、长谷川信、西村成弘等经营史专家的研究表明，东京电气通过专利管理垄断了战前的真空管市场。据长谷川研究，1925 年有了无线广播之后不久，通用电气公司（GE）就将真空管的核心专利朗缪尔专利转让给东京电气，东京电气采取的是"排斥其他公司进入真空管尤其是接收管"的市场战略并获得成功，大大享受了 20 世纪 20 年代后半期发展中的真空管市场的红利。[51]

但是据经营史学家平本研究，1927 年左右东京电气开始从收音机的接收机生产中撤出。20 世纪 20 年代后半期收音机用品市场的特征是模仿、仿造，粗制滥造品泛滥，各种产品廉价甩卖，此时的现状就是除了东京电气之外，冲电气和日本电气等当时的权威企业也纷纷撤出。[52] 这意味着 20 年代后半期的日本期待并信赖的无线电收音机制造商出现了。

进军收音机产业

很多代理店都希望松下能够生产和销售无线电收音机，幸之助答应了这个请求。他经常听收音机，这也被传为是幸之助进军收音机产业的另一个动机，他对收音机平时出现的诸多故障感到不满。当时松下并没有与收音机相关的专业技术人员，所以他开始寻找合作企业。最终认可了双叶电机的北尾，1930年（昭和五年）8月迅速进行了兼并，并成立国道电机开始生产收音机，不过很快就遇到了次品频出的突发事件。

收音机出现故障在当时来说是一个普遍现象，北尾的技术只不过遵循了这个常识。如果继续生产会出现故障的商品，就只能在具备修理技术的收音机店里销售。松下的销售店铺是电器店，并不具备相应的修理技术。退货在工厂中堆积如山，幸之助下定决心制造不会出现故障的收音机，他要改变业界常识。

幸之助先是和北尾分道扬镳，他带着退货造成的负债将国道电机纳入松下直营。这时的幸之助依靠的还是中尾哲二郎，中尾又一次被幸之助说服投入了开发之中。

上文中提到过中尾在开发电熨斗之前一度从松下辞职，幸之助专门为他安排了送别会，希望他能在事业发展不顺利时再次回到松下。中尾在老主顾东京那家工厂里制作探测器，这些探测器也卖给松下，所以与电熨斗不同，收音机的开发过程中中尾并非完全是门外汉。幸之助的要求虽高，中尾却没有让他失望。1931 年中尾报名参加了东京放送局（现在 NHK 的 JOAK）举办的收音机大赛，大赛前的最后一周他几乎都是住在公司的，比赛前一天他制作出了两台收音机。这两台收音机在大赛中获得了一等奖，得到了东京放送局第一代技师长、收音机技术发展领域的贡献者北村政次郎的直接赞赏，并立刻作为"当选产品"推向市场。

就在此时幸之助的基本经营方针受到了考验。"如果不按照正当的成本加上正当的利润之后的价格销售，就不是正确的经营"，"从商业道德来说不合理的价格是一种罪恶，不管是过低还是过高都不利于正常的业界发展以及社会发展"。幸之助坚信这一点并把当选产品的价格制定得比其他公司要高，代理店指出价格偏高，幸之助想的是"正好借这个机会把自己平时所坚信的东西表达出来"。他说"根据我以往的经验，要生产最理想的收音机需要各种要素，资金投入至少需要 100 万，但是现在我手头上并没有这 100 万"，他强调"我希望大家不要再说这个价格高了，为了共存共荣和业界坚实的发展请你们支持我"。[53] 但是当选产品的销售情况并不理想。除了价格高之外，区域接收的灵敏度问题也是其中一个原因。[54]

在收音机业务不断试错时，幸之助正在积累着企业合并的重要经验。1930 年，角型自行车灯销路良好，出现了供不应求的状况。虽然将干电池的生产全部承包给了冈田电气商会，但是依然供不应求。

幸之助在和冈田电气商量并取得同意后，向大阪的小森干电池提出生产请求。这是从冈田的竞争对手中特别选出的一个厂家，小森的工厂老板同意了这个请求。得到这个可靠的合作者后，幸之助没有忘记降价的事，他一直把普通大众群体是否能够购买放在心上，就这样松下不断推进销售，业务也在不断发展壮大。

1931 年小森干电池提出希望转让自己的业务，幸之助和冈田电气商议。冈田董事长这时已经去世，幸之助并没有和管理经营的冈田夫人拐弯抹角，而是直接告诉了对方这件事，冈田夫人欣然同意让幸之助接管小森的业务。幸之助对她这个经营判断感恩万分，他没有辞退任何一名小森的员工，而是继续发展这家工厂。

注释：

1　宫本又郎（2010）《日本企业经营史研究》（有斐阁）165~166 页。该书指出这一时期的企业经营处于脆弱的制度基础之上。

2 松下幸之助（1962）《我的行事风格与想法》（实业之日本社）69页。

3 松下幸之助（1973）《经商心得帖》（PHP研究所）42页。

4 同上书，43页。

5 松下幸之助（1979）《灵活用人的经营》（PHP研究所）164~167页。

6 中山龙次述（1933）《话说收音机》（社团法人日本放送协会关东支部）
5~8页。

7 上述《我的行事风格与想法》77页。

8 同上书，80页。

9 同上书，82页。后藤清（1972）《批评与被批评记》（日本实业出版社）
详细记载了当时的职场状况。后藤记得这一时期的"职工全员解雇
事件"。"或许是受到了全国各地发生的劳动争议的影响，松下也有
人打算这么做。那时当然还没有工会。主谋都是老员工。"但是后藤
拒绝参加要求加薪的罢工，而是正常上班。得知罢工活动的幸之助
大怒，他说"这样的人将来都不能一起同甘共苦，我们一个也不需
要！"据后藤回忆，所有参加罢工活动的人都被解雇了，通过这次"大
扫除"工厂的氛围变得非常好。（该书30~31页）关于这件事没有正
式的记载，具体细节无从得知，只知道这大约是1920年前后的事情，
1920年也是亲睦会组织步一会成立的一年，这个组织由包括幸之助
在内的28名员工组成。

10 上述《经商心得帖》76~77页。

11 上述《我的行事风格与想法》86页。

12 井植岁男（1980）《我的简历经济人7》（日本经济新闻社）25页。

13 上述《我的行事风格与想法》119页。

14 松下幸之助（1979）《决断经营》（PHP研究所）34~35页。

15 上述《我的行事风格与想法》109页。

16 这次对谈以"80年代商业革命的课题"为题刊载于《Voice》1980

年 2 月号，主持人是石山四郎。之后，收录在 PHP 综合研究所编
（1991-1993）《松下幸之助发言集》16 卷（PHP 研究所）。

17 松下幸之助（1974）《经营心得帖》（PHP 研究所）43 页。

18 上述《我的行事风格与想法》115 页。

19 根据前书记载，合同期限是三年。①山本以 32000 日元的价格从松
下买走商标权和新产品权。交易价格是 1 日元 45 钱便宜 10 钱也就
是降到了 1 日元 35 钱，按每月 1 万个计算三年就能便宜 36000 日
元。②松下保留电灯、电池的制造权继续提供制造。③每月生产 1
万个以上，山本负责销售。④地方代理店继续沿袭松下方针。另外
在签订这个合同的同时，山本说 "三年的费用一起全部支付"，他把
每月最低 1 万个的费用也就是 13500 日元的票据共计 36 个（合计
486000 日元）递给了幸之助。

20 National 的商标在推向市场两年前也就是 1925 年就提出申请并
注册成功。关于命名，幸之助在前面提到的《我的行事风格与想
法》一书中这样写道，像往常一样浏览报纸的时候我不可思议地被
"National" 这个字吸引住了，但是由于是英语所以并不知道它的意
思，查了字典之后看到有 "国际的" 意思，单独的 "National" 是 "国
民的、全国的" 意思。这时我联想到了日本销售的 National 现金出
纳机，我觉得作为国民的必需品，这个名字很适合，于是就决定它。
幸之助还说这个商标 "具备了成功的一大要素"。

21 冈田电气商会创立于 1906 年，后来与美国的美国雷诺威集团共同出
资成立了日本雷诺威集团，后被东芝兼并。

22 上述《松下幸之助发言集》24 卷 135~136 页。

23 上述《经商心得帖》67 页。

24 日本干电池工业会（1970）《日本干电池工业史》（该会）44 页。

25 松下电器产业株式会社（1968）《松下电器五十年略史》（该会）65 页。

26 松下幸之助（1960）《工作梦·生活梦》（实业之日本社）92 页。

27 同上，95~96 页，这样记载"福特本来能卖 100 辆结果只卖了 80 辆。剩下的 20 辆只能堆在仓库里，这可能是竞争的结果。这时如果说因为公司只能卖掉 80 辆，所以就下命令要求生产 79 辆的话，公司的发展会是什么样的呢？这是一个很大的问题"。从这里我们能看出幸之助认真思考了自己公司的经营出现这种情况的话应该怎么办。

28 上述《我的行事风格与想法》138~140 页。

29 摘自由松下幸之助监修（1982）的《技术者之魂》（松下电器产业株式会社中尾研究所）"代序"。

30 同上书，69~74 页。

31 上述《我的行事风格与想法》177 页。

32 上述《技术者之魂》75 页。

33 上述《经商心得帖》85 页。

34 上述《松下幸之助发言集》1 卷 341~342 页。

35 同上书，4 卷 110~114 页。

36 关于前川参考了以下图书的记述。"前川信之助传"编纂小组编著（1993）《正直做人的前川信之助传》（发行者·前川洋一郎）。

37 摘自 PHP 研究所经营理念研究本部所藏"国民有线对讲机销售（公司）创业 10 周年纪念演讲"记录。

38 上述《我的行事风格与想法》211 页。

39 土屋乔雄（1967）《日本经营理念史续》（日本经济新闻社）3~8 页。

40 竹冈谅（1984）"宣传是社会性使命"读卖新闻大阪总公司政经部编《松下企业联盟的人才力量》（读卖新闻社）136~138 页。

41 丹羽正治（1977）《我的老板松下幸之助》（波）11~14 页。

42 上述《经商心得帖》80 页。能做出"正确价值判断"是幸之助非常重视的一点。后来幸之助提倡培养有经营意识的人才的必要性，可以说这是与之相关的人才培养方针。

43 摘自二宫欣也（1968）《松下和索尼》（讲谈社）210 页，收录的与索尼创始人井深大的对谈内容。

44 上述《经营心得帖》80~81 页。

45 上述《经商心得帖》90~91 页。

46 上述《我的行事风格与想法》202 页。

47 同上书，94~95 页。

48 同上书，95 页。

49 钻石社（1960）《钻石产业全书第 5 家庭电器》（该社）8 页。

50 《社史资料》No.1(松下电器产业株式会社) 中记载，生产品种是"德国的德律风根公司的五极万能管 FM2 AO5A"，产量是"1943-1945 年 8 月总数是 5 万个"。据 1999 年版《松下电器·社史年表》（松下电器产业株式会社社史室编）记载，1942 年电灯业务相关各分公司、其他相关公司整合后设置在总部的电灯业务部在 1943 年更名为真空工业所，负责生产该产品。松下的《社史资料》在 1961 年刊登"No.1"之后顺次发行，本书的注释中省略了刊行年份。

51 长谷川信的论文"电子产业的企业间关系与竞争战略"（1998）。该论文指出朗缪尔专利在 1935 年到期，之后东京电气改变战略，与其他竞争公司进行了资本合作，其在真空管领域的垄断一直持续到太平洋战争末期。另外 1944 年下半年之后，军部强制命令东京电气进行真空管制造的专利技术转移，与其他企业共享该技术。吉田秀明（1990）"通信器械企业进军无线兵器部门"、下谷政弘编《战时经济和日本企业》（昭和堂）114~121 页详细记载了相关内容。战争末期松下也开始制造真空管。

52 参考自平本厚（2005）"并联四灯的成立（1）"日本科学技术史学会编《科学技术史》第 8 号（该会）10~11 页。作者关于日本收音机产业的研究对于了解松下初期经营十分重要且深具启示。

53 上述《我的行事风格与想法》227~229 页。

54 参考自上述《社史资料》4 卷 38~45 页。另外据该资料 58~60 页记载，这一时期幸之助切实加强了与客户以及相关合作方的信赖关系。据收音机部件合作工厂的老板增井松次郎（朝日电器株式会社社长）回想，某一天和幸之助商谈工作，有机会在大阪的箕面市一起吃饭。大家正吃着，幸之助突然放下了筷子。面对不解的工厂老板，幸之助说："我刚刚突然想到了工厂里大家在酷暑中挥汗如雨，努力地工作。而我自己却在这么凉快的地方吃饭，实在是不胜惶恐，必须感谢各位员工。"

Ⅲ 突飞猛进与艰苦卓绝的时代

三十七知松下"知命元年"

松下在实现飞跃发展的 1930 年前后处于怎样的环境中呢？20 世纪 20 年代末，经历了慢性萧条之后，昭和金融危机爆发，一直持续到 1931 年（昭和六年），日本经济持续低迷。同年 9 月，九一八事变爆发，年末成立的犬养毅内阁起用高桥是清担任大藏大臣（译者注：主管日本财政、金融、税收的最高行政机关大藏省的国务大臣）。在积极的经济政策的作用下，经济开始出现复苏转好的迹象。

20 世纪 20 年代五大电力（宇治川电气、日本电力、大同电力、东京电灯、东邦电力）之间的电力战激化，甚至不惜采取亏本降价竞争的手段。但是随着这种激烈的企业竞争，电也开始在日本各地普及，例如电灯的需求户数在 1920 年还是 642 万，到了 1930 年就增加到 1135 万。[1] 松下总部所在地大阪，由于纺织业和重化学工业的发展被称为"东方曼彻斯特"，据

059

经营史学家阿部武司研究，"1925 年到 1932 年大阪超越东京成为全国最大的城市"。[2] 这也是收入差距拉大的一个时代，20世纪 30 年代初期日本是典型的贫富差距悬殊的社会。[3]

在这样的时代下，1932 年的一天，一位友人来到幸之助身边宣传天理教。下面我们就通过半生传《我的行事风格与想法》中的回忆，看一下幸之助此时心境的变化。

那位友人动情地讲述自己依靠信仰度过了不幸的时期，并热情地向幸之助推荐这种信仰。幸之助渐渐被他的热情打动，第一次"对宗教产生兴趣"。经过友人的再三推荐，幸之助最终答应去参拜。看到宗教团体内部的情形，他内心受到很大震撼。"说起来真的很繁荣，呈献的树木堆积如山，信徒们满心欢喜地为教祖殿建造服务，本殿清扫得一尘不染，所见之人皆态度虔诚，教会学校里的多数学徒修行半期毕业，就能以神的信奉者的身份去指导他人而大展身手，这种经营有条不紊，但要说是经营也许不太合适。"

接近宗教的经历让幸之助有机会从不同以往的角度重新审视自己的经营。"生产者的使命是把贵重的生活物资变得像自来水一样无穷无尽。也就是说不管多贵重的东西都要增加数量，让人们可以享受到近乎免费的价格。只有这样才能消除贫困，由于贫穷而产生的所有烦恼才能消失。（此处有删减）这才是真正的经营。今天参观学习的真正使命就在于此。迄今为止，我经营的松下电器也只不过是商业习惯下的一种经营罢了。之前我对此真是一无所知。"

幸之助坚信松下事业就是消除这种贫困的"至高无上的神圣事业"。据说当时"他的脑海中有个灵感一闪而过"，这一年幸之助37岁，这一灵感之后被人们称为"自来水哲学"。本来创业日是3月7日，但是幸之助选择在5月5日也就是端午节那一天阐明这一使命。10天之后犬养毅首相遭到枪击被暗杀，日本社会笼罩在战争的阴云之中。

创业纪念活动在大阪的中央电气俱乐部举行，共有168名员工参加。幸之助娓娓道来："生意和生产的目的不是为了繁荣商店和制作所，而是通过工作、经营活动使社会变得更加富裕。只有在这个意义上，我们才能允许商店和制作所繁荣壮大。因此，商店和制作所的繁荣无论如何都应放在次要位置。（此处有删减）松下电器的真正使命就是通过不断生产，使物资变得无限富足，从而建造一片乐土。"

幸之助提倡将为社会繁荣做出贡献摆在第一位，而自己公司的繁荣则退而求其次。那个时代的国策是通过开拓中国东北地区建设乐土，而幸之助用自己的方式描绘了乐土建设之梦。

幸之助提出了为期250年的宏伟规划，并将其分为10个阶段。每个阶段 25 年，其中建设期 10 年，活动期 10 年，向社会贡献期 5 年。通过不断循环推进这一过程构建出乐土。

但是幸之助认为"并不是说为了下一代更好的生活而牺牲大家是至高无上的"，他认为理想的状态是"大家充分体会人生的幸福，终其天年，同时又能使下一代过得更好"。他还宣布"大家既然有缘进入松下电器工作，就必须主动对松下电器的使命表现出绝对的喜悦和责任，而不能认识到这份责任的人很遗憾就会与松下无缘。我们不推崇员工数量，即使人员不足，只要大家抱有相同的使命，精诚团结，向着使命坚定迈进，就能感受到无限的生命意义。我今天就是带着这样强烈的意愿指导各位，希望松下电器的经营能更加稳健前行。"

阐明真正使命、狂热的集团

随后幸之助发表了致辞，阐明了真正使命。

所长致辞

我们松下电器制作所于 1918 年创业，自创业以来全体员工团结一致，在事业上取得了发展，在电器行业，我公司的业绩得到了认同，另一方面，作为该行业的先觉者，社会对我们将寄以更高的期待。（此处有删减）总的来说，生产的目的就是要充实和丰富我们日常生活的必需品，由此来改善我们的生

活内容并加以扩充。这也正是我最大的心愿。（后面内容省略）

松下幸之助

1933 年 5 月 5 日

会场里的人欢欣鼓舞。幸之助宣布"将今年作为创业知命之年"，员工们都争先恐后地抢着上台发表自己的感想。在此情此景下，新员工丹羽正治上台发言。"在场的所有人都特别兴奋。（此处有删减）虽然我也跑上台发言，但是具体说了些什么已经记不清了"，丹羽后来回忆道。[4]

在这样狂热的浪潮中，有两位员工冷静地看着幸之助。幸之助回忆道："大家对我的知命论如此赞同我很高兴。明明这么多人都很感动，却有两个人表现得无动于衷。我叫出他们的名字，让他们到台上。令我惊讶的是原来其中一位是年长的管理人员。他一直坐在会场后面认真听年轻员工们发言。（此处有删减）他惶恐地跑上台发表了不逊色于年轻员工的精彩感想。"

另一位就是后藤清一，他经常被幸之助训斥，有一次他被叫到正在火炉前取暖的幸之助面前，幸之助一边训斥他一边用火钩敲击火炉，似乎都有要把火钩敲弯的阵势。"我一直选择站在远处看着松下这个人，他给我的感觉是雷厉风行，就像一列车疾驰在刚刚铺就的铁轨上。"后藤如此形容幸之助的行事风格。[5]

英语教授渡部升一接触过晚年的幸之助并写过评传，他把这种狂热称为"褒义的集体歇斯底里"，他形容道"这让我想起我在小说中读过的一种情景——宗教改革的时候清教徒们走到每个人面前发誓。"另外在解释幸之助的经营的时候，渡部使用了"疑似宗教"一词，但是这是"介于哲学和神学中间的一种意思"，据说这个词还用来形容共产主义。渡部指出共产主义是基于唯物论，物质为先的思想观念，而"'松下主义'首先是通过生产活动实现物质丰富，把这个当作精神层面的问题，并提升到接近日本语境中的宗教这一高度"，他评论道：这是日本人对于如何在社会中实现近代科学与个人的共存做出的独特思考。[6]

幸之助自己也对这次"知命"之后的发展充满了自信，他"明显感到企业正如铁轨上飞驰的列车一样按部就班地向前发展，因此有些担心这会不会使行业内其他企业感受到强烈的威胁"。[7]

当这列车在铁轨上疾驰的时候，有一个人中途上车并发挥了很大的作用，这个人就是高桥荒太郎（前松下电器会长）。知命之时，高桥还在竞争对手朝日电池工作。虽然他在 1936

年（昭和十一年）才加入公司，但是很快成为大家广泛认同的松下主义的信奉者。回顾进入公司时的情景，他说："人都会有顿悟人生、醍醐灌顶的时候，一进入松下我就有了这种感觉。我瞬间感到自己得到救赎，之前所有的烦恼、迷茫和试错都是为了进入这里所做的准备。"[8] 拯救高桥的当然是幸之助的经营理念。

知命的事业哲学与思想

经济史学家作道洋太郎认为幸之助的价值就是"将传统的船场经商方法与近现代的关西经商方法进行结合，提升到松下哲学的高度"，他评价"以家族主义经营为基础，创造出可以向世界出口的日本经营模式"这一点值得关注。他还说："'自来水哲学'和'知命元年'这种企业家精神，充分预见了第二次世界大战后大众高度消费时代的到来。所谓的企业家精神指的是一种提前预知时代变化并创造新方案的创新能量，也可以说是向着某个目标冲刺的先锋精神和挑战精神。幸之助的这种思想和理念对于此后的事业发展有很大的意义。"[9]

那么幸之助如何看待经济史学家作道口中的家族主义经营呢？战后民主化进程加速，一日，幸之助来到松下电工的社长室，在社长丹羽身旁（专门为幸之助空出的一个座位）坐下，说了一句"我说，你和我两个就按'封建'那一套来吧"。丹羽说"当时的风气是工会的干部不把社长看在眼里，他们觉得自己特别了不起，说话的方式和态度都十分傲慢，(此处有删减)幸之助大概很讨厌这种现象，特别怀念战前家族主义式的公司风气吧"。[10]

幸之助确实很重视家族精神的传承。在经济高速发展，小家庭越来越多的时候，他担心日本的精神文化会消失，强调虽然时代的潮流是大家分散居住生活，但必须实现精神上的大家族主义。[11] 他主张日本的传统精神不能断绝，1969 年彼得·德鲁克 (Peter F. Drucker) 的《断绝时代》成为畅销书的时候，他还曾对"断绝"这个译法表示否定。[12]

于公于私一直支持自己的妻子

在业务上实际支持松下初期家族主义经营的是妻子梅野，她还扮演着员工母亲的角色，对他们进行礼节性的教育培训。幸之助曾在船场附近的自行车店当过学徒，梅野也曾在船场一户人家打工。

在创业期开拓销路时，福冈县久留米市的一家名为平冈商店的玻璃店成为九州一带的总代理店。这家商店店主的女儿嫁给了松野幸吉（进入松下，后来成为 Victor 的社长），松野说经常听店主说起"松下能走到今天,军功章有梅野夫人的一半"。像平冈这样在地方上活跃的店主来找幸之助商谈的时候,幸之助会让他们住在工厂内自己的家里。这时梅野就会亲自为客人烧好洗澡水,第二天早上客人会看到白衬衫和贴身的衣物、手绢都整齐地叠好放在那里,因为梅野在晚上就把这些东西洗干净并用电熨斗熨好了。[13]到访的客人们能够信赖他们也就不足为奇了。

对于幸之助来说,遇到梅野的"娘家"也是三生有幸。梅野的父亲井植清太郎在淡路岛经营自家生意,长子是岁男。梅野的弟弟佑郎、薰也来到大阪进入松下,没有井植一家就没有松下创业期的发展。另外,梅野家第五个女儿后来成了中尾哲二郎的妻子。

后来梅野不再管理经营相关事务,渐渐退居幕后。她组织成立了妇女会,在1936年(昭和十一年)命名为"美多丽会"。初期的住宿店员后来成立"吉通会",他们每年都会给梅野送花。幸之助在创业50周年纪念典礼这个公开的场合罕见地感谢了妻子:"我们的家族主义经营持续了16年(此处有删减),虽然一路走来备受争议,但公司也日渐繁荣。昭和八年,大开町附近的工厂变得拥挤,我们决定把工厂总部转移到当时的门真村。之后我妻子就不再接触工作方面的事情,转而以家庭为重。"

067

幸之助一边对员工们说起这些，一边向妻子表达了自己的感谢
"谢谢夫人，谢谢你长期以来的支持"，员工们听到这里都拍手
喝彩。[14]

知命以后整合组织体制快速发展

知命元年后的第二年也就是 1933 年（昭和八年），幸之助
推进组织改革。他设置了以收音机业务为中心的第一事业部和
另外两个事业部。不断出错的收音机部门由于残次品的退货导
致库存过剩，面临存续的危机。[15] 后来由于研发出 R48 这种优
质的高档商品最终渡过难关。[16]

松下不仅销售 R48，还把低价的收音机推向市场。与市场
有直接联系的研发制造由第一事业部负责，产量也遥遥领先于
早川金属工业所等企业，确立了顶级制造商的地位。[17] 除了收
音机业务之外，他们还不断开拓新的业务。

1933 年松下开始研发小型发动机。他们把当时市面上的
发动机买回来作为参照进行研发，1934 年 11 月第一台样机问
世，据说当时幸之助对开发人员说"我认为今后一个家庭里要
使用 10 台左右的发动机，所以国内每年的需求量大约有数万
台。我希望大家都加油，争取每月生产销售 2000 台"。[18]1935
年，松下和冈田电气商会共同出资成立 F 的 National 蓄电池

株式会社开始研发蓄电池，这也是一项主要业务。同年2月的创业仪式声明书中记载道"毋庸置疑，未来民间各方面对发动机的需求都会激增，它在军事上也会成为不可或缺、多多益善的必需品，作为一个值得信赖的日本产品，它的技术和研究成果都值得我们引以为傲，我认为将来有望进军海外开拓出一片新天地"。[19]

电灯方面，当时的市场上大家信赖的是东京电气的马自达灯泡这种钨丝灯。1933年幸之助决定制造电灯，他虽然确认马自达灯泡的性能不如自己的产品，却还是决定用和马自达相同的价格在市场上一决胜负。他在北海道聚集了二十多位批发商，希望他们"把价格定为36钱，和马自达相同"。1931年为东京市场开拓做出贡献的宫本源太郎独立出来成立了宫本电器商店，作为北海道桦太地区的总发售商，他为扩大销售付出了很大精力。[20]

虽然最初也有人嘲笑幸之助，但他并不在意，而是积极说服大家。"电器行业需要有两个领先的企业"，有必要培养"稳定势力"。所以他劝说大家将销售价格定为36钱，这对于整个行业的未来也有好处。[21]

1936年National电灯株式会社成立，幸之助任命龟山武雄为常务董事，整合组织和体制。同年9月发售新产品

幸之助介绍事业部制

National 电灯，第二年通过干电池的销售渠道力求扩大销售。后来在 1965 年，幸之助曾说"最近我们产品的价格比马自达同品略高一些，我们的品质丝毫不比他们差，国内终于出现了两大制造商能互相学习"。他还回忆道"现在的定价是 65 日元，这样从物价的倍率上看是原来的 190 倍"（译者注：根据日本内阁府公布的数据，以 1934-1936 年为基准 1 的话，1965 年的企业物价指数约 270），幸之助自豪地说自己是"降低物价的一个斗士"。[22]

但是电灯的生产和销售过程都特别辛苦。National 电灯工厂的厂长、参与实施销售计划的谷村博藏（原松下电器常务董事）在打入马自达灯泡垄断的市场以及专利问题上都付出了很多努力。[23] 第二次世界大战后的复兴期经营恶化，公司一度曾打算关闭电灯生产的主要工厂（京都的真空工业所）。

但是幸之助依然没有放弃。"电灯这种生活用品的需求度比收音机和干电池还要高，它是照亮我们这个世界的很重要的商品"。"放弃电灯生产就相当于让我放弃自己的事业"，"真空工业所就是我作为企业家的生命线"，[24] 在这种强大的信念下电灯业务得以延续，要想成功必须一直坚持下去，幸之助在创业期坚信的这一点在电灯业务中也发挥了作用。

1933 年是销售体制整合的一年。作为共存共荣的一项具体措施，同年 11 月面向代理店实施了准备金附分红感谢制度。1935 年 7 月开始实施实价销售活动，以公正实在的价格销售。当时业界报纸的报道是"松下通过生产—批发—销售三者的联盟实施实价销售，这是行业内率先实践真正共存共荣的行动！"同年 11 月开始实行联盟店制度。[25] 对这个制度的定位是"这是一种先进性市场战略，目的是为公司产品建立稳定供给渠道"。[26]

在这样的情况下，幸之助强烈希望与客户实现共存共荣。他重视互相交流，不断加深彼此间的关系，曾有人这样形容他

071

的经商气魄：商品是"我家女儿"，购买我们商品的就是"我们家亲戚"。[27]

迁至门真，倾力培养人才

1933 年（昭和八年）7 月，松下决定将总部迁到门真。负责购买门真土地的是石井政一（50 岁之后进入松下，历任秘书科长、常任监察）。由于门真位于大阪很不吉利的位置，当初有很多反对意见。但是幸之助认为打破这种迷信，为大阪产业界开拓出这片土地是自己的使命。他来到门真拍着石井的肩膀鼓励他说"让我们一起把这件事做成吧"。石井担任秘书科长的时候，有一个叫松本邦次（1934 年进入公司，担任 1973 年成立的松下电器教育培训中心的第一位所长）的部下。松本经常记录幸之助的电话内容，非常崇拜这位领导指导部下的技巧。幸之助每天早上有个习惯，那就是一边看每个工厂的人员报告，一边给各位工厂厂长打电话询问他们相关事情。"什么？你说不知道他们的请假理由？这样用人怎么成呢？""这个成本是多少呢？你看高吧，有点儿高？这种事情即使不看成本核算单靠常识也能知道吧，你做多少年工厂厂长了？我可不是在问你生产飞机的成本那种很难的问题。""增加人手提高产量虽然很好，但是在这之前有没有认真清理残次品呢？没有吧。所以生产才上不去，产量提不上去成本也就降不下来。这样当然就赚不到钱了。""比起顺境之时你更应该在不顺利的时候对部下付出真心并认真去做，你也要拿出我的气势，拜托了！"幸之助就是这样直接传授经营技巧的。[28]

同月他还制定了员工指导精神（应遵守的五大精神），即"产业报国""光明正大""和亲一致""力争向上""尽礼节"五项，虽然是指导精神，但松下集团将它视作经营理念。与此同时，由于松下的快速发展，人才需求也越来越大。为了在自己公司培养人才，1934 年 4 月，幸之助开设店员培训所，提出"在日本的 3 府 43 个县中各选拔一名最优秀的人才进行培养"。[29]同年 12 月，发行松下电器所内报纸 [松下电器社内时报的前身，1941 年由于战时统制（译者注：1937 年到 1945 年日本发动全面侵华战争及太平洋战争期间在国内推行的"强制性干预"和"管制"的体制。）停刊]，致力于组织内部的信息传达。

幸之助的事业哲学——事业部制度与分公司制度

1935 年（昭和十年），松下改组为股份有限公司，成立松下电器产业株式会社，还把持续两年的事业部制度发展为分公司制。当时发表的《松下电器组织及基本内规》对产品种类做了记载,"配线附属品及其他有 200 余种(年产值 120 万日元),电热器具类 100 余种(年产值 120 万日元),电灯及其他零部件 200 余种(年产值 600 万日元),收音机接收器零部件 100 余种(年产值 350 万日元),小型发动机月产量 200 台"。[30] 幸之助把这个看起来产品多样化的事业呈现为专业细化。

关于分公司制,幸之助在 1936 年这样说过,"虽然从经济上没有什么利好,税金也会变得非常高,但还是希望每个部门的员工能尽量发挥自己的能力,放手大胆地去工作",因此采取分公司制。幸之助一直抱有这样的信念,"能快乐地从事自己工作的人最幸福",从这一点来看我们会发现,[31] 不论是事业部制度还是分公司制,两者的目标都是通过自主责任经营实现员工们一人一业、人尽其才,使组织能为每个人获得自己的幸福发挥作用。在幸之助和索尼的井深大对谈说到事业部制度的时候也能看出这一点,他说,"我当时把带领大家实现一人一业当作自己的工作"。[32]

另外作为一项未来的指导精神,基本内规的第十五条备受重视。"不管松下电器将来如何强大都不能忘记作为一个商人的服务意识,员工以及店员应自觉以诚实谦虚的态度工作。"关于制定这一条规定的理由,幸之助曾这样说:"随着公司越做越大,社会上会追捧我们,这时保持谦逊的态度很重要。(此处有删减）不管我们做得多大，都应该保持商人的服务意识，引进其他事物，为大家提供方便。即使跪在地上也要让大家满意，不管到什么时候我们都需要有这种想法。"[33]

虽然关于幸之助在第二次世界大战时的残存资料很少，但是《社主一日一话》（1933–1941）[34]中记载了幸之助在早会上的发言，这些话语体现了他的经营观和企业家精神。[35]

在 1933 年 9 月 7 日，他介绍汽车之王福特的趣事，并提到了研究部门的情况。"我听说福特曾经对人说'自己的工厂里绝对不会录用所谓的学者，学者只知道有些事情做不到，并不会考虑如何才能做到'，我认为这句话值得品味和参考。有学问的人很容易被学问束缚，他们过于依赖理论去思考事物，反而有很多什么都不知道的门外汉靠着那股冲劲儿把事情办成了。"因此他要求研究人员"对学问要活学活用"，要有意识地"根据大众需求制作产品"。

1934 年 4 月 7 日，他说过这样一段话："我认为与景气的时候相比，在萧条的时候反而会更容易经营企业。我们公司自创立以来，多数时候是从不景气中度过的，这期间工厂的建设、土地的收购以及各生产材料的买进都是对方先提议的，因此我们的经营相对轻松一些。"

1937 年 6 月 10 日，幸之助谈到他几日前在东京参观福特工厂时学到的东西，说自己深刻感受到了"不能一味地认为工厂越大、员工越多就越好"。这时候"军舰""皇军""统制""国体""现人神（译者注：作为人出现在世上的神，指天皇）"这一类发言越来越多。这一年，曾作为山本武信顾问的加藤大观提出希望为幸之助祈祷平安，幸之助欣然接受。后来加藤成为幸之助经常请教的对象。

1939 年 4 月 13 日，幸之助说："自己现在考虑最多的就是这么多的员工是否每天都在愉快地工作，自己的愿望就是希望每个人每天都能愉快地工作"，他要求大家"心里别扭或者有好想法的时候要毫不犹豫地直接向自己或者上司提出来"。幸之助很喜欢"愉快"这个词语，他经常使用这个表达方式。

另外，考虑到员工的福利待遇，幸之助在 1937 年设立了健康保险协会，1938 年在高野山修建去世员工慰灵塔，1940年在守口市修建松下纪念医院。

战时体制下的业务发展

1936 年（昭和十一年）5 月 5 日，幸之助在第 5 次创业纪念典礼中这样说："在去年的一年内我们增设了很多工厂和办事处，这一年我们的生意也首次延伸到了国外的菲律宾。"

当时军部的影响力迅速增加，8 月广田弘毅内阁制定国策基准，除了中国，日本企业还要不断地进军东南亚市场。

在 1932 年松下就设置贸易部开始海外输出。幸之助当初并没有委托其他贸易公司，而是选择自己独立经营。[36] 该贸易部后来发展为松下电器贸易（1935 年成立），并在第二次世界大战后的 20 世纪 60 年代正式向海外扩张时发挥了重要的作用。

1937 年中日战争爆发，幸之助在松下应遵守的五大精神的基础上又补充了"顺应同化"和"感谢报恩"，由此成为七大精神（其中将"尽礼节"修改为"礼貌谦逊"），这是为了坚定"我们作为大后方"的"决心和心理准备"。[37] 第二年日本制定了国家总动员法，经济和言论管制日益严格。松下也"第一次接到了兵器零部件的订单"[38]，同年军部命令松下电器产业在中国上海设立干电池工厂，在当地直接生产。幸之助把这个任务交给了井植岁男的弟弟薫。

薫这样回忆当时对幸之助的印象。"他经常贴心地为别人着想，但是如果他有什么事情萦绕在心头一直沉默不言的话，什么东西都没办法撬开他的嘴。"另外"他会小心谨慎地关注事情的发展，灵活掌握周围的变化，及时修正发展轨道"。[39] 当时 26 岁的薫作为常务董事创办上海松下电业，并把工厂开到南京、汉口等地。幸之助把刚刚从三井银行辞职进入松下的入赘女婿松下正治派到了薰身边，正治回国后担任松下无线工厂的厂长。

1939 年（昭和十四年）3 月，幸之助在公司内部传达了"经营须知、经济须知、员工指导以及个人须知"。"经营也好经商也罢，两者都不属于私事，而是公共事业。"须知以这句开篇，充分反映了幸之助的事业哲学。我们知道幸之助在第二次世界大战时期也一直贯彻着"企业是社会公共事业"的哲学，同时也在字面上对纲领和信条做了酌情修改。[40] 同年秋天幸之助在西宫修建光云社，虽然当时希望这座私邸能在 300 年之后成为文化遗址，但是 9 月第二次世界大战爆发，日本走向战争的道路。

1940 年 1 月，为鼓舞员工的士气，幸之助首次召开经营方针发表会。松下社史中记载"家用电器如电炉、电风扇等作为奢侈品被禁止生产，收音机、电灯、干电池等也都在原材料方面受到种种限制"。原定于当年举办的东京奥运会被迫中止，电视机产业也受到影响。在日本国内，东京电气、日本 Victor 留声机以及松下都开始研发电视接收器。松下于 1939 年 7 月着手开发并向大众公布，但是真正将产品投入市场还要等第二次世界大战结束。美国在 1942 年也禁止了电视机的生产制造，经营史学家平本厚认为"第二次世界大战的爆发阻碍了正在迈入实用阶段的电视机技术的发展"。[41]

1940 年 8 月，幸之助提倡"优质产品生产总动员运动"，他指出"必须密切关注我们公司产品的流向，只有做到让需求者满意、服务热情周到，我们才能期待完美"。[42] 从这可以看出幸之助为了坚持客户至上煞费苦心。

1941 年 12 月 8 日，日本袭击珍珠港，直接导致了太平洋战争爆发。再看看后来的国家动向，1943 年 11 月设置军需省，12 月实施军需公司法，这是一个国家直接统治民间企业生产的时代。1944 年 1 月，国家根据军需公司法指定了第一批军需公司名单。松下旗下的松下造船、松下航空工业、松下飞机、松下干电池都在名单内。军需占全体营业额的比重从 20 世纪 30 年代的 1%~2% 增加到 1942 年的 8.5%，1943 年比例超过了 30%，1945 年达到了 83.7%。[43]

即便如此依旧努力专注于事业的幸之助

很多企业都像松下一样被要求转向军需产业，日本的产业力量因此逐渐弱化。根据历史学者远山茂树等人的研究，国家将重点集中在军需生产，导致兵器生产的基础产业部门也被挥霍一空，"原材料以及劳动力的不足、配给不协调使得产业循环出现混乱"，"结果导致军需工业以外部门的总生产额在 1942 年（昭和十七年）开始出现萎缩"。[44]

079

在这种混乱和萎缩中不难想象民用产业的经营一片狼藉。1943 年年初,松下在经营方针发表会上提出了要改善债权回收延迟的问题。[45] 这一时期幸之助作为商人一直看重的商业习惯都变得难以为继。同年,应军方要求松下设立子公司松下造船开始批量生产木质船,后来军方又要求生产木制飞机,因而成立松下飞机制造公司。将公司标志 M 箭头变更为三松叶也是这一时期发生的事情。与 1937 年统一修改 National 标志并不一样,这一改动是认识到了当时的社会形势,目的在于消除英文字母。贸易和海外市场的销售活动都变得越来越困难,在军方的要求下松下在中国和东南亚多个地区建设工厂,军方还委托松下经营其接手的美国 Eveready 干电池工厂。

这时松本邦次从军务中解放归来,据说他去幸之助的办公室问候时,看到出征员工的名牌按照中国的不同地区成排挂在里面,他还看到了战死者的名牌。[46] 本想描绘乐土建设之梦,并希望通过不断生产为这个梦想添砖加瓦,然而日本当时的时局,让幸之助不得不放弃这一理念。

1943 年 9 月,幸之助在临时经营方针发表会上向大家介绍了各个分公司的经营状况。这一年松下干电池吸收兼并了朝日干电池、九州干电池,并采取批量生产的体制。[47]1944 年元旦幸之助发表了经营方针,他说:"我们应当迅速实现增产,承担起后方国民应尽的责任"，他还提到"神州日本"这个词语。[48]1945年元旦，战败色彩日渐浓厚，即使想生产，获得物资也变得十分困难，幸之助在经营方针发表会上表示"今年整个公司都绝对不会再开辟新业务"。

他继续沉重地说道："我们公司的人不能对战争心怀畏惧，也不该有不安。"他还提出了经营上的要求，"希望大家一直保持诚实的态度，有一说一是松下的传统。"他继而强调"所有的事情都会有先兆，小事可以发展成大事。大家必须敏感地把握住这个'兆头'并妥善处理。进一步说就是有人能根据气味嗅出不同的东西，希望大家有这样的洞察力。员工的脸色、氛围、态度、事物的形式变化以及金钱动向，即使有丝毫的异常都能一下子感觉到，希望大家能有探究到底的思想准备。"[49]

截至1944年，松下集团的资金总额达到了36000万日元。在第二次世界大战前的1936年，总额是2600万日元，因此，相当于扩大了14倍以上。同年年末，干电池等四个分公司并入总部，松下总部的资金达到46000万日元。[50]

战后迅速重建

1945年（昭和二十年）8月，天皇通过收音机向广大国民宣布日本无条件投降，日本战败，很多日本人感到走投无路。

第二天，幸之助就发表了临时经营方针，他呼吁大家接受"失败"，立刻从军需转到民用，这才是一个产业人应选择的服务之路，"眼前的残局是上天给大家的启示和教训，这是重拾真正日本精神的绝好机会，大家必须坚定未来发展的强烈希望和信念"。在同年 11 月 3 日召开的临时经营方针发表会上，幸之助公开了自己公司的经营状况，他说公司"欠银行的借款是 2 亿数千万日元，仅利息就有 1000 万日元"，他希望在此基础上指明今后应朝着什么目标努力。[51]

"日本产业界的基础在于中小企业，最近受美国产业的刺激采取大资本大经营主义"，"大企业经营的优势在于大"，但"这适合科学且理智的国民性，不适用于日本人"。因此，幸之助说松下"今后要吸收中小企业和大企业的长处，摒弃两者的弊端"。这背后的动力是幸之助希望："不管什么人，不管什么立场，大家都能愉快地在自己能力范围内劳动"。他还说"有必要限定经营规模，做到适合所有人。也就是要使经营单位比以往更加细化，实现每个单位深度专业化，做到最优质、最权威"。这就是所谓的专业细化，从中我们可以看出松下此时已经勾画出通过复活事业部制度实现经营重建的计划。另外，幸之助还认为"必须通过生活和工作保持稳定"，他也表明了努力实现"高工资、高效率"的决心。[52]

1945 年年末，企业在第二次世界大战前的支柱收音机产业实现复兴，民用先锋全波收音机样品也制造完成。

被 GHQ 的各种限制束缚

1945 年（昭和二十年）9 月，第二次世界大战后联合国军最高司令官总司令部（GHQ/SCAP）在占领政策中明确指出，要将三井、三菱、住友、安田四大财阀主体解体。1946 年 9 月三井解散，岩崎家族的三菱本部也在同一时期解散。

众所周知，岩崎小弥太曾对此进行抵制（1945 年 12 月病死），他说三菱对国家和社会没有任何不诚之处，相反一直遵循国策，尽到作为国民应尽的义务，回顾过去问心无愧。在电机产业中，日立制作所小平浪平于 1947 年被开除公职，他对国产技术开发倾注巨大热情，撤职时已 74 岁，于同年去世。除了财阀家族之外，日本的每一个普通民众也过着艰难辛苦的生活。

在 1946 年的经营方针发表会上，幸之助说："我们公司经营理念领导生产技术这件事不能被否认，今后若没有组织性和科学性就不能持续发展，这是我们公司，不，是整个国家的趋势。"因此，幸之助发起改进技术的运动，希望纠正松下"被指缺乏技术性"的弊端。幸之助以身作则，决定不迟到不缺勤，

083

然而年初由于接他上班的汽车迟到导致他本人迟到了 10 分钟，幸之助后悔地说道："年初一开始就犯错了"，他将自己当月工资全额上交，又命令相关负责人减薪一个月，并在早会上道歉。[53]

幸之助本打算重整心情，积极推进企业发展，然而等待他的却是接踵而至的各种限制。首先是被判定为限制企业（1946年 3 月），之后是被判定为财阀家族（同年 6 月）、赔偿工厂（同年 7 月开始接受逐个判定）、终止军需补偿（同年 8 月）、点名开除公职（同年 11 月）、持股公司被点名（同年 12 月），1948 年 2 月又接受了集中排除法（译者注：全称为经济力过度集中排除法，是经济民主化政策的一环，1947 年 12 月公布施行，1955 年 7 月废止，其目的是为了分割既存的垄断性大企业）。

松下被判定为赔偿工厂这件事使员工因担心被解雇而感到不安，因为工厂可能会无法继续生产。幸之助说："工厂的员工由产业总公司全面接管，因此即使发生最坏的情况我们都不会让一个人失业"，他坚定地说，即使事情发展到最坏"我也将和各位一起寻找新的工作、一起做事，我不想让任何一个人离开，你们也不许离开"。[54]

另外，终止军需补助使得幸之助的个人生活受到威胁。之前提到过在第二次世界大战末期，松下应军方要求生产木质船和木质飞机，幸之助说："由于当时个人经营色彩还比较强，因此所有这些资金都是以我个人的名义从银行借款，公司用股票偿还。"然而由于战败，"停止一切战时补偿，军方补助的钱全都一笔勾销，所以这些公司全部垮掉了，股票也变得一文不值，但以我个人名义的银行借款并不会一笔勾销，而是全部保留"。[55]

幸之助对员工们说，即使这样，在推进事业时"自己郁郁寡欢地去做这件事一定没意思。如果要做的事情都一样，我希望自己能够愉快开心地、满怀喜悦地去做一番大事"。他还讲道："我一直坚信，能够用听爵士音乐和运动的心情去工作的话是最理想的。在完成工作的时候不应有所牺牲，应当对工作抱有期待，满怀希望、欢欣雀跃地取得成绩。"[56] 同年 11 月，幸之助在困境中开始了 PHP 研究，即通过物质与精神两层面的繁荣，实现和平与幸福，幸之助将其命名为 PHP（Peace and Happiness through Prosperity）并展开各项活动。[57]

另外，在这一时期还修订了纲领和信条，加入"世界"二字。关于"为了松下电器，也为了各位员工，每天早会上所有人都要跟读"[58] 并应遵循的七大精神，幸之助自己也考虑过修改，最终还是决定维持原样。

085

上访 GHQ

对于上面提到的六项限制，幸之助最不能接受的就是被判定为财阀。他"去 GHQ 上访的次数达 50 多次"。当时的常务董事高桥荒太郎、英语翻译兼涉外科长卡尔等人"来往于大阪和东京之间的频率大概是每月 6 次，从 1946 年（昭和二十一）开始一共持续 3 年，前后总共接近 100 次"。幸之助"不隐瞒任何事实，开诚布公，一五一十地讲清楚"，"当时有负责这种交涉的掮客，但是幸之助没有交给他们，而是认真地自己直接去谈判"。他有时会提着"两皮箱"的文件去东京。卡尔擅长英语、能很好把握幸之助的意思，他的交流沟通能力也起到了很大的作用。[59]

另外关于开除公职，高桥这样说："被判定为 A 类公司的常务董事以上的职位无须通过审查就会被自动开除公职，B 类公司则需要在审查之后再决定是否开除公职，因此，A 类公司和 B 类公司的差异很大。然而，松下电器收到的却是 A 类任免令"，"我们无法认同这个决定"，于是就去请愿，哪怕改成 B 类公司也要争取一下。[60]

松下虽沦落到这般境地，但公司却越来越团结。除了高桥之外，工会和代理店也都希望幸之助能够重新活跃起来，于是开始请愿活动。

据松下的工会史《毫无松懈的创造》记载，共委托 8781
个人在取消开除社长决定的请求书上署名，其中支持者共
8181 人，反对者以及无意见者共 600 人。第一任工会委员长
朝日见瑞还与时任工商大臣星岛二郎、大藏大臣石桥湛山以及
战败联络事务局山形清次官等人会面。另外，据说当时到松下
视察的 GHQ 经济复兴局的负责官员佩服松下"有着不输于美
国权威公司的经营理念"，虽然此事不属于他的管辖范围，但
他还是承诺会从侧面协助取消开除公职的决定。[61]

在对立中寻求协调

松下工会于 1946 年（昭和二十一年）1 月末举行成立大
会（同年 3 月 1 日工会法施行，全国范围内开始成立工会）。
社会党的国会议员加藤勘十等人纷纷前来支持，会议在大阪中
之岛中央公会堂举行。虽然幸之助也到场并打算发表致辞，但
工会筹备委员长不能欣然接受。他问参会人员"我们要接受吗"，
台下虽有反对之声，最终还是允许幸之助登台。幸之助强烈感
受到一个新时代的到来，他登台致辞，会场渐渐安静下来，最
后人们纷纷鼓掌喝彩。

"在工会还没有出现之前，我们的经营方针也是很民主的。
从这个意义上说，今天松下工会在此成立实在是一件可喜可贺

的事情，我相信这对我们公司的经营来说必定如虎添翼。（此处有删减）我相信真正的新式经营和各位心目中规范的工会一定是一致的。我将用最纯粹的想法开展新式经营，并希望当我力不能及的时候，能得到各位的帮助，我们一起建设新日本。"[62]

加藤深受触动，随后找到幸之助表达了自己的这种心情。1967 年的发言中凝缩了幸之助对于劳资关系的基本态度。"没有必要缓和对立，对立即使变得更强也没有关系，但是必须培养出相应的协调机制。（此处有删减）如何很好地发挥对方的作用，如何与对方协调配合，怎样产生更好的效果，与之对应的，我们必须从新的观点付出认真的努力。我感觉这样一个时代已经到来"。"公司和工会能在这方面做好的话，对于劳动者和公司来说都有益，同时也能促进国家、国民的繁荣"。他还说，"如果工会活动和公司活动在这方面不积极，就会从繁荣走向衰退"。[63]

重建员工组织，寻求各方协助实现 PHP

在 1947 年（昭和二十二年）1 月的经营方针发表会上，幸之助在致辞中说道，对于工会请求 GHQ 撤回开除公职决定，自己"不胜感激，由衷地感谢大家的热诚"。另外关于前一年开始的 PHP 运动，幸之助说"绝对不会把它从松下电器中分离出来"，"以现在日本的状态，实现社会的稳定是首先要解决的问题"，"若不考虑到这一点，实现公司的稳定就无从谈起"，"基于这一想法，自己发起了 PHP 运动"。

PHP 运动中召开了座谈会，邀请官员、教师、妇女团体、宗教人士等各个阶层的人表达自己的想法，然后展开讨论。在倾听这些想法的过程中，幸之助了解到"大家和我的想法是一样的"，"于是我就有了无论如何都要做这件事，而且也一定能够把它做成的信念"，他还暗示将把这个活动从松下财务中分离出来单独进行。他说"我相信社会通过这个运动就一定能认识到松下电器真的是一个心系国家的公司，从这一点上我希望各位对这个研究和运动表现出更大的热情"。他还说"在昭和七年 5 月 5 日时，这个想法在我的脑子里就已经很清晰了"。[64]

虽然 1932 年战争期间向往的乐土建设因为战争而无法实现，但这个梦想却没有消失，它和战后的 PHP 运动紧紧地联系在一起。[65]

1947 年 5 月，开除公职的判定从 A 类改为 B 类，包括幸之助在内的全体董事都不会被开除公职。1947 年，"业绩不断向好，电灯、收音机等产量几乎达到战前的水平，月销售额也由昭和二十一年年末的 370 万日元增加到 1 亿日元"。

但是，幸之助评传的作者，评论家福田和也指出"这种业绩的恢复，也有通货膨胀的因素"。[66]

1948 年 2 月，松下接受了集中排除法的判定。同年 6 月，虽然获得了住友银行 2 亿日元的追加融资，松下却仍陷入了不得不分期支付员工工资的困境。即使在这样的状况下，幸之助依然拒绝与黑市扯上关系，而是选择遵从物价统制令。这一时期处于经营困境的生产商有一个缓和手段，那就是通过实物支付代替工资。松下正治记得有员工希望公司用电灯支付工资，他们就可以拿到黑市上卖掉，然后获得相应价值的钱。

但是幸之助的回答是"绝对不可以，如果支付给员工大量灯泡的话，也许就会有人卖给别人，这是违法的，那个人也会心怀愧疚，我绝不赞成这种事情"。他继续指示道："战争结束之后大家终于能够工作，如果想在自己家里使用自己亲手生产的灯泡，我们可以分给员工们一些，但是一定要把量控制在一定范围之内。"[67] 所以关于实物支付的提议，直接被幸之助否决了。[68]

被逼走投无路时内心的依靠

正如经济学家桥本寿朗在论述战后松下的经营状况时提到的那样，仿佛像上天安排好的一样，松下在第二次世界大战期间几乎没有受到战祸。[69]

090

作为松下精神支柱的幸之助由于受到各种制约而无法专心经营，松下的未来变得更加不确定，这时幸之助经常借酒消愁。[70] 那么该如何走出这个困境呢？幸之助回顾当时的情景这样说道："知命时（1932）我们非常感激，这种感激是异常愉快的。但是这次（战后）我们被逼得走投无路，在那里寻找一种能帮助我们走出困境的顿悟或者思考。我们决定即使面临困难也要做下去，也就是说我们找到了内心的强大支撑。"[71]"那里"指的当然是 PHP，也可以说这段话讲述了徘徊在困境时 PHP成为内心的一种依靠。

PHP 研究的主要目的是创造并提倡新的观念，以期打破衰败社会上流行的普遍想法，构建理想的社会。研究着眼的概念之一就是"生成发展"，[72] 这是一项顺应宇宙万物、天地自然之理的基本原理，幸之助认为这才是人类应当走的道路，并向社会提出这种思考方式。

设置事业部制，举起复兴的火把

据前文提到的福田和也的研究，战后日本经济深受恶性通货膨胀折磨，对于当时的松下来说面临的问题"最严峻的是产品质量下降"，这一点从下面的例子也可以看出来。《松下电器社内报纸》（1948 年 11 月 5 日）中记载，销售店对收音机的扬声器、电解蓄电器以及灯泡上的 100W 符号错写成 60W 表示不满。[73]

1949 年（昭和二十四年）1 月的经营方针发表会上，幸之助提到资金周转出现恶化，公司陷入危机，他向员工们道歉："我们连奖金都没办法发给大家，这是之前从未有过的。另外，定期加薪也不得不暂时搁置，公司发展到这种地步，我作为经营者实在是无颜面对大家。"

他还提到流动资金，"以去年的经营为基准，由于借款已经达到最大值，因此新资金的注入也是不可能的。仅将不需要的资产变现，也无法减少借款、获得新资金"。因此幸之助得出结论"除了增加收益产生资金"之外别无选择。他还进一步表示，如果做不到"通过仅有的这些人的工作实现扭亏为盈，有效促进国家繁荣、公司繁荣以及提高员工的生活品质"，松下也就将变得"可有可无"，如果真是这样，"我认为这个公司就可以解散了"。[74]

在这种紧急关头，日本经济迎来大变革。1948 年年末，GHQ 向日本政府提出了经济稳定九原则，之后 GHQ 经济顾问道奇抵达日本，第二年，也就是 1949 年 3 月，实施道奇计划。恶性通货膨胀虽然被控制住，随之而来的却是通货紧缩。同年，行政机关职员编制法施行，国营铁路和邮政部门都进行了大规模的裁员，社会不安加剧，但幸之助依然没有放弃经营重建。1949 年 5 月，公司股票在东京证券交易所和大阪证券交易所上市，8 月举行紧急经营方针发表会，公布董事成员，重整新机构。

董事成员有以下几人组成，社长是幸之助，副社长是正治，专务董事是高桥，常务董事是藤尾津与次和井植薰，监察董事是中尾哲二郎。除了高桥和藤尾之外，董事成员中还安排了其他的非家族员工。作为创业核心人物的井植岁男引退，后独立出去成立三洋电机。

另外，在这次组织改革的第二年，也就是 1950 年 3 月，开始过渡为事业部制。分为第一事业部（负责收音机、通信器、真空管、电灯等相关部件制造），第二事业部（负责干电池、电热器等相关部件制造），第三事业部（负责电机、蓄电池等相关部件制造），幸之助作为第一事业部部长在最前线指挥。

在将松下经营状况毫无保留地公之于众的同时，幸之助还论述了精神论和改革方案。"在这 6 个月期间，我们公司产品的销量出现衰退，库存量异常增多，产品欠款和未收款也不断增加。周转资金出现枯竭，我们不得不延期各种应付款，公司的供应商也纷纷表示自己的困难"，"最可怕的是，各位前辈们好不容易构建起的 National 的信用在一瞬间消失，也没有

093

顾客点名要订购 National 了。这种损失是无法用金钱估量的。代理店里的热心的人们流着泪给我们提出了忠告。（此处有删减）我已经下定决心进一步改善所有产品，生产出优质产品。"

幸之助悲壮的发言还在继续，他说："要想解决资金困难问题，就需要把现在的产品以及库存全部卖掉，竭尽全力回收欠款"，为此他还表示"需要强化建设代理店网络，确立联盟店制度并逐步强力推进"。具体来说就是，首先在全国范围内成立 National 共荣会，"把各代理店与公司的和睦相处以及顺利沟通作为全国强化代理店网络的方针，将齐心协力促进合作变成更加坚不可摧的计划"落到实处。[75]

关于 PHP 他还提道："PHP 的理念凝聚了松下电器 30 年的经营经验以及各位呕心沥血的努力"，"我们并没有强制大家参加 PHP 运动，而是又一次明确了我们的指导精神，即我们是为了全人类的幸福而工作"，"除了我们自己之外，我还希望把这份为了理想而工作的喜悦自然而然地传递给各个代理店、销售店以及供应商"。[76]

"从来没有一个时刻像现在这样无奈而感到孤单"

1949 年（昭和二十四年），即使正在进行一系列的经营改革，公司状况依旧不断恶化，年末负债高达 10 亿日元，幸之助被媒体报道为物品税的滞纳王。幸之助说："我的生活费是按照当时公务员的基本工资制定的，这个范围内的预算和实际数值还必须向进驻军报告。但是作为一个公司的社长，这点钱当然不够花。(此处有删减)我每天的生活也渐渐变得拮据起来，迫不得已，我只能向中山悦治、堀拔义太郎、鸟井信治郎等好友们借每月的生活费周转，按照当时的货币计算，我向他们每人大概借了近 10 万日元。"[77]

另外，关于这一时期的裁员，幸之助说："我这一生之中，从来没有一个时刻像现在这样因无奈而感到孤单。"[78]

第二次世界大战刚刚结束之后，有人因为对公司未来感到不安而主动辞职，随后的 5 年公司多次通过募集自愿辞职人员等方式裁员，在 1950 年的某个时期，员工数减少到了3500 人。[79]观察员工人数变化会看到，1946 年是 14863 人，1947 年是 7925 人，1948 年是 7341 人，1949 年是 5603 人，1950 年是 4049 人。[80]

后来担任工会委员长，并获得幸之助信任的高畑敬一在自己的著作中这样写道："虽然进行了千百人的大裁员，也关闭了大阪的工厂，还采取了其他一些合理的措施，但是经营依旧没有好转。于是在昭和二十四年 7 月废除了各制造所，并把董事们召集到总部，与此同时在一部分工厂实施半天作业。另外，还采取了一系列的合理措施，如关闭一些经营状态不理想地区的工厂，或者转让他人，让其独立出去。"[81]

注释：

1　阿部武司（2006）《近代大阪经济史》（大阪大学出版会）236~238 页。

2　同上书，270 页。

3　南亮进等人的研究，详细介绍了同一时期收入差距扩大的问题，如南亮进（1996）《日本经济发展与收入分布》（岩波书店）等。

4　松下幸之助口述，石山四郎、小柳道南编纂（1974）《松下幸之助经营回想录》（钻石时代公司）44 页。

5　后藤清一（1972）《训斥记》（日本实业出版社）72~73 页。

6　渡部升一（1983）《松下幸之助全研究 1 日本不倒翁的理念》（学习研究社）266~277 页。

7　松下幸之助（1962）《我的行事风格与想法》（实业之日本社）262 页。在没有特殊注释的情况下，本书三章中出现的幸之助的发言等都出自本书。

8　池田政次郎（1974）《松下商法入门》（日本文艺社）79~80 页。

9　作道洋太郎（1989）《"经营之神"给中小企业经营者的教导》《经营者会报》6 月号（日本实业出版社）16~17 页。

10　丹羽正治（1983）《放任而不放纵》（东洋经济新报社）5~6 页。

11　与茶道里千家宗家千宗室夫人的对谈。《妇女生活》1976 年 8 月 1 日号（妇女生活社）174~180 页。

12　PHP 综合研究所编（1991-1993）《松下幸之助发言集》5 卷（PHP

研究所）251~252 页。

13 荒川进（1985）《辛苦和麻烦不一样》（讲谈社）247~249 页。

14 上述《松下幸之助发言集》31 卷 292~293 页。

15 据幸之助监修的（1982）《技术者之魂》（松下电器产业株式会社中尾研究所）81~88 页记载，在这个收音机的研发过程中尾哲二郎感到有必要将生产从零部件开始一直贯穿到最后，1936 年出访国外，与飞利浦接触也是松下出于"必须生产真空管"这一想法。

16 松下电器产业株式会社收音机事业部（1981）《飞跃发展的创造——收音机事业部 50 年历程回顾》（该事业部）75 页。

17 据冈本康雄（1979）《日立与松下（下）》（中公新书）16~17 页记载，1949 年日本战后收音机的普及率超过了战前和战时的最高值，也就是 1944 年的普及率。这时很多中小企业加入市场。然而由于需求饱和以及 1949 年道奇通货紧缩等主要原因，很多中小企业被市场淘汰，松下确立了顶级制造商的地位。1955 年的销售额远超东芝、日本 Victor 等拥有优秀技术力量的生产商。此后在真空管收音机领域松下一直处于核心地位，直到索尼的晶体管收音机席卷市场才改变。

18 佐藤干夫（1987）《松苑》第 3 号（松下电器客座会）75~76 页。

19《社史资料》No.15（松下电器产业株式会社），41 页。

20 上述《社史资料》No.7，参考自 63~65 页收录的藤近胜三的回忆。

21 上述《松下幸之助发言集》33 卷 211 页。

22 同上书，212 页。

23《社史资料》No.1，55~60 页。

24 井植薫（1976）《一条路》（电波新闻社）167~168 页 ,189 页。

25 佐藤悌二郎（1979）《松下幸之助·走向成功的轨迹》（PHP 研究所）240~246 页。"准备金附分红感谢制度"是指各代理店将每月订购额的 3% 存入松下，每年 6 月和 11 月决算期的时候，松下会把当期的业绩考虑在内赠送分红。另外"联盟店制度"不仅加深了与代理店的联系，还促进了和销售店的关系，这一制度首先在大阪府和阪神沿线实施，之后在全国推行。1949 年开始，这一制度对于战后松下在收音机、电灯、干电池以及各个领域的复兴起到了支撑性的作用。

26 新饭田宏、三岛万里（1991）《流通系列化的发展：家庭电器》，三轮芳朗、西村清彦编《日本的流通》（东京大学出版会）100 页。

27 松下幸之助（1973）《经商心得帖》（PHP 研究所）36~37 页。

28 松本邦次（1980）《我的工作日记》（PHP 研究所研修局）。

29 上述《社史资料》No.1，65 页收录的原田正逸回忆。

30 上述《社史资料》No.7，68~72 页，在本资料中除了"分社"之外，还记载了"友社"（National 蓄电池株式会社、株式会社冈田电气商会、朝日干电池株式会社、增井电器制造株式会社、束光灯制作所）。

31 上述《松下幸之助发言集》31 卷 34~35 页。

32 二宫欣也（1968）《松下与索尼》（讲谈社）209 页。

33 《松下电器社内时报》1973 年 1 月 1 日刊。

34 此外还有《步一会会刊》《社长通知》《社内报纸》《社史资料》（No.1~15）等。

35 幸之助的"一日一话"虽然受到了时局的影响，但中日战争之后的记录急剧减少（1938 年和 1944 年只有一个，与其他年度的经营方针发表一样，都以现代语的形式收录在《松下幸之助发言集》）。

36 《松下电器贸易社内报》No.71（该公司）4~5 页。

37 上述《松下幸之助发言集》30 卷 21 页。

38 松下电器产业株式会社（1986）《松下电器 50 年略史》（该公司）146 页。

39 上述《一条路》123~124 页。

40 上述《社史资料》No.9，28 页。1940 年修改纲领，1943 年将信条也一并修改，据该资料记载，1943 年是"依据产业统制，顺应期待战时的国策"所做的修改，无法确定是否出于幸之助的真正意愿。战后 1946 年 1 月是重新回到"创业之时的使命观"而做出的修改。纲领是"贯彻产业人的本分，图谋社会生活的改善，以期有助于世界文化的发展"，信条是"向上发展，必须得到大家的同心协力才能实现；大家要以至诚为旨，团结一致，勤奋为上"。次月进行了表达上的补充和修正，此后一直延续至今，纲领"贯彻产业人的本分，图谋社会生活的改善和提高，以期有助于世界文化的发展"，信条"向上发展，必须得到大家的同心协力才能实现；大家要以至诚为旨，团结一致，服务为上"。

41 平本厚（1994）《日本的电视产业》（弥涅尔瓦书房）17 页。

42 上述《松下电器 50 年略史》151 页。

43 格蕾西拉·卡尔文托（1996）"战前与战时松下电器的商品开发与组织"《经济论丛》第 158 卷第 2 号（京都大学经济学会）41 页。据此著作研究，原资料是松下电器社史室资料（由松下电器调查部制作，提供给进驻军使用）各年起始为上一年 12 月 1 日至当年 11 月 30 日。

44 远山茂树、今井清一、藤原彰（1959）《昭和史（新版）》（岩波新书）219 页。

45 上述《松下幸之助发言集》22 卷 36 页。

46 上述《我的工作日记》。

47 上述《松下幸之助发言集》22 卷 44~46 页。

48 同上书，51~53 页。

49 同上书，59~69 页。

50 上述《松下电器 50 年略史》166~168 页。

51 上述《松下幸之助发言集》22 卷 77 页。

52 同上书，83~92 页。

53 同上书，104~105 页。

54 同上书，118~119 页。被判定为赔偿工厂的有松下金属的总部工厂、九州工厂、濑田工厂、松下飞机、松下航空工业（后来的松下电工）总部工厂、关目工厂、松下无线门真工厂、双叶机械八处工厂。

55 同上书，180 页。

56 上述《松下幸之助发言集》22 卷 121 页。

57 名为"PHP 研究和 PHP 运动"的小册子在这时发行，其中制定了第一次研究的十大目标，包括"第一，使工作者过上富裕的生活"，"第二，让工作变得自由和充满希望"，"第三，正确理解民主"，"第四，劳资双方都能正常工作"，"第五，首先要少做无用功"，"第六，国费虽少，效果要多"，"第七，租税要公正合理"，"第八，通过企业细化实现划时代的繁荣"，"第九，充分发挥劳动者的作用"，"第十，培训要实现人格健全"。收录在 1975 年发行的《PHP 的话（修订版）》（PHP 研究所）。

58 松下幸之助（1974）《灵活用人的经营》（PHP 研究所）150 页。

59 上述《社史资料》No.4，17~19 页。

60 同上书，16~17 页。

61 高桥荒太郎（1983）《口口相传的松下经营》（PHP 研究所）86 页。

62 松下电器产业工会（1966）《毫无松懈的创造》39~40 页。

63 同上书，《松下幸之助发言集》5 卷 227~228 页。

64 同上书，22 卷 126~132 页。始于松下内部的 PHP 研究所最终以幸之助个人活动的形式进行，1962 年 1 月改组为股份有限公司。

65 约翰·P. 科特著 / 高桥启译（1998）《灵魂的无限成长》（飞鸟新社）213~215 页中曾提及 PHP 研究所。科特认为"有人怀疑这或许是面向美国的一种宣传战略，出现这种看法也不足为奇"，同时他又以下面的角度看待 PHP 的活动，"如果这只不过是为了让 GHQ 对松下的

印象变好而采取的一种宣传战略，那么 1950 年之后它就应该变得没
有存在意义"。

66 福田和也（2006）《当滴水穿石那一刻来临（第 4 部）》（PHP 研究所）
46 页。

67 松下正治（1993）"与父亲松下幸之助一起度过的半世纪"《THE21》
1993 年 7 月特别增刊号（PHP 研究所）96 页。

68 高桥荒太郎（1979）《从废墟中走向"家电元年"》《President》
1979 年 9 月 1 日刊（President 社）54~55 页。

69 桥本寿朗、西野肇（1998）"战后日本企业经营者——松下幸之助"，
伊丹敬之、加护野忠男、宫本又郎、米仓诚一编《企业家群像与时
代气息(专题资料汇编日本企业的经营活动 4)》(有斐阁)135~136 页、
147 页。桥本和西野举出了下面的例子证明"上天安排好的"，首先
是"正当第一次世界大战进行得空前激烈的时候，对于创业来说十
分难得的商机不断扩大，有了可以挑战的机会"，其次是"由于松下
电器产业在第二次世界大战中几乎没有受到什么战祸，因此其事业
转换进展得比较顺利"，最后还有"1929~1930 年，金融危机之下产
品销售额减半，在做出决断时，幸之助对自己公司产品的品质有自信，
而且他也确信能够满足大众的欲望"，加上"金融危机下美国和欧洲
经济呈现出危机长期化的惨状，而与之形成对比的是日本经济的快
速恢复"，"幸之助的决定得到了大家的支持"。

70 上述《THE21》1993 年 7 月特别增刊 96 页。

71 松下电工株式会社人事部培训课（1971）《人的本质是钻石》（该社）
11~12 页。

72 这是幸之助自己对于释迦牟尼《诸行无常》真意的解释。和"生成发展"
有差不多相同意思，战后代表性的企业家门喜欢使用的著名表达有
藤泽武夫的"万物流转"、土光敏夫的"日日新"等。

73 上述《当滴水穿石那一刻来临（第四部）》48~49页。

74 上述《松下幸之助发言集》22卷155~164页。

75 同上书，171~175页。

76 同上书，177页。

77 上述《为什么》179~180页。

78 松下幸之助（1989）《培育梦想》（日本经济新闻社）34页。

79 上述《松下幸之助发言集》22卷347页。

80 上述《松下幸之助·走向成功的轨迹》349~350页。

81 高畑敬一（1982）《决断与挑战》（PHP研究所）113~114页。

IV 绝处逢生，飞跃发展

企业家幸之助充满了活力

1949 年（昭和二十四年）处于人生低谷的幸之助终于迎来转机。1950 年 6 月，朝鲜战争爆发，GHQ 取消了对松下的财阀判定，并撤销开除幸之助公职这一决定，日本搭上了"朝鲜特需"这辆顺风车，坚信一定能实现重建，并不遗余力地推动经营改革。

1950 年 7 月，松下召开紧急经营方针发表会，幸之助在员工们面前立下誓言："在这个关头，每当我想到日本真正的重建，勤奋工作的喜悦之情就油然而生，我的内心就会涌出巨大的热情，希望自己废寝忘食、日复一日地把事业做下去。我一定要让今后的经营不同于往日。"幸之助自己一直投入的 PHP 运动也"转变方式，不再呼吁外部（译者注：此前幸之助一直希望通过 PHP 向社会发声，引起人们的思考。）"。关于 PHP 的研究，幸之助表示"我相信这不是我一代人就能完成的事业，需要下一代继续做下去"，他还坚定地表明了自己的决心，"虽然研究会一直持续，但我还是希望将自己对劳动的全部热情投入到经营中去"。幸之助对松下全体员工说感受到大家"工作充满了活力"，"这是无比喜悦的事情"。[1]

同年 10 月，GHQ 对公司的其他限制也得以解除，幸之助越来越有干劲儿。这时，格力高（Glico）（译者注：总部设在大阪市西淀川区，主要生产休闲食品。旗下品牌有百奇、百醇、百力滋、菜园小饼等）的创始人，幸之助好友江崎利一（当时66 岁）的儿子因病去世，江崎痛失自己的继承人。在"无文会"[除了幸之助和江崎之外，还有三得利（译者注：总部位于大阪市北区，主要生产和销售洋酒、啤酒和饮料）的鸟井信治郎、中山制钢所的中山悦治、寿工业的常田健次郎、堀拔帽子的堀拔义太郎] 的聚会上，随着交流的深入，处于人生低谷的友人道出了自己的痛苦，表达了要放弃公司的想法。幸之助听到之后鼓励他说："江崎呀，都这个时候了你还说这种话做什么呢？你辛辛苦苦缔造出来的格力高已经不是你自己一个人的了，它是日本的格力高，继续做下去吧。"[2]

重新开业前往美国

在 1951 年（昭和二十六年）1 月 6 日的经营方针发表会

上（次年开始改为 1 月 1 日举办，到 2010 年一直是年初的惯例活动），幸之助宣布"今天起松下电器重新开业（此处有删减）。我们公司实际是 30 年前开业的，我希望把 30 年前那次当作第一阶段，把始于昭和二十六年的这次当作第二个阶段"，他要求员工们回忆当初创业时的热情，还表示自己将要首次出访美国。

"我们国家的产品能够卖出多少呢"？"我们要从海外引进什么呢？比如经营的方法、设备、资本、技术等"。为调查这些问题，幸之助决定"贸易方面能立刻决定的事情就要当场定下来"。他还认为"美国的经营有活力，而日本的经营毫无生机"，他表达了自己一贯的看法，日本经营出现损失，"50% 的责任在于政治和行政当局，40% 的责任在经营者，另外 10% 则是劳动者的责任"。幸之助说，为了尽快消除这个损失，他要亲自去体验美国的政治、行政以及经营方式。[3]

同月 18 日，幸之助前往美国。也是在这一年，日本国内开始收音机的民间广播。幸之助的随行者是松下电器贸易部负责松下海外贸易业务的三个人。他们先后在夏威夷、洛杉矶、纽约、芝加哥、华盛顿停留，亲身体验"美国"。出访一直到 4 月结束，这 3 个月的时间幸之助是以怎样的心情度过的呢？从留存的资料来看，可以推测出他不仅目睹了巨大的大众消费

105

以及产业社会的浪潮，还通过参观各种企业和工厂，洞察到美国繁荣的根源在于民主主义，这种社会的高生产率让幸之助大受刺激。

关于这次访美期间及其前后的发言，大部分都收录在《松下幸之助发言集》22卷、25卷和29卷中。据编纂者佐藤悌二郎说，战前和战时幸之助提及美国的次数很少，战后这种情况急剧增加，而且能看出战后一直到初次访美期间，幸之助提及美国时有一定的模式。那就是将日本与美国进行对比，进而把握和分析美国的优势及其原因，在此基础上指出日本与松下应有的形式，提出对员工的期望等。[4] 从中可以看出幸之助的坚强意志，一方面苦于美国占领时期的领导，另一方面却又以"美国"作为标准，力图构建复兴的基础。

视察中，幸之助将每天观察学习到的东西逐一报告给日本国内。当时的公司内部报纸《松下电器时报》中经常出现"现在是电视机的全盛时期""300美元崭新的汽车""随处可见女性活跃的身影"这样的文字。幸之助早在创业时期就十分擅长传递这样的消息。除了早会和晚会之外，幸之助通过很多媒介向员工传达自己的见解，比如向每月的工资袋里装入写有信息的印刷品，战前发行《步一会会刊》，战后的1954年，公司内部宣传杂志《松风》创刊，连载随笔"光云社杂记"报道近况等。

幸之助在纽约

松下幸之助十分重视"汇集众人智慧的全员经营",公司内部的提案制度可谓其中的典型代表,它的由来是《松下电器时报》(1950年9月1日)上大家纷纷呼吁提案运动,之后成为全公司的提案制度确定下来。

当然不只限于公司内部,面向全国零售店发行的杂志《松下电器月报》于1927年创刊,选取幸之助的部分想法并传达(后来成为《松下电器联盟店经营资料》《国民商店》)。面向股东发行的《松下电器股东通信》于1955年创刊。通过这种企业传播工具,松下不断向客户和合作方展现了幸之助共存共荣的事业哲学。

107

以美国的繁荣为指标积极变革

访美期间，幸之助把原来长期喜爱的寸头留成了三七分长发，回国后员工们都对这个"变化"感到十分惊讶。[5]

在当地视察了数十家企业之后，幸之助认识到松下迄今为止的组织战略是合理的，这使得他更加自信，回国之后更加积极地进行组织改革。[6]

首先进行改革的就是事业部制度。1951年（昭和二十六年）幸之助将电灯、荧光灯、真空管等灯管业务从自己兼任部长的第一事业部分离出去，设立第五事业部。1954年进一步细化，采用"四本部十事业部"制度。

另外，幸之助还了解到美国企业设立技术研究部门，大力培养技术人员，于是他1952年在总公司设置技术部，第二年新设综合性的研究部门中央研究所。在美国他还切身感受到即使品质和构造处于顶级的产品，也会由于设计不同呈现出很大的价格差异，[7]回国后幸之助很快在宣传部成立设计科。[8]

在人事劳务方面，美国工厂里的高龄劳动者也令幸之助感到吃惊。当时幸之助的退休年龄是55岁，而他所访问的那家公司的退休年龄是65岁。到了退休年龄不得不辞职，无论对公司还是对本人来说都是损失。幸之助认为从全社会来看，过早退休也是没有效率的，于是在1954年他将退休年龄提高到

57 岁。

另外，对于令日本企业经营产生很大损失的政治和行政，幸之助认为应该提出各种各样的建设性意见，于是他发起了国民运动，聚集经济界的权威人士和有识之士，在 1952 年成立"新政治经济研究会"，1966 年被 PHP 研究所接管。之前提过的江崎，还有后来与幸之助交流密切，被其称为"睿智的经济人"的大原总一郎参与策划该会。据说幸之助晚年设立松下政经塾的构想也在这一时期产生。[9]

选择荷兰的飞利浦公司进行合作谈判

20 世纪 50 年代初期，幸之助埋头于经营事业，此时国内著名的电器制造公司都纷纷签订技术援助协议。1951 年（昭和二十六年）美国的 RCA（译者注：美国广播唱片公司，全称为 Radio Corporation of America）与神户工业签订技术引进协议，次年又相继与日立、东京电气、早川电机等签署类似协议。[10] 创立于 1919 年（大正八年）的 RCA 是一家在电视机领域拥有重要专利和最前沿技术的美国企业。但是，幸之助选择技术合作的是一家总部位于荷兰的公司。

1951 年 10 月，回国半年后的幸之助再次访问美国，之后前往欧洲，在德国、法国、英国分别视察了 2~3 天，又在荷兰

109

待了两周，他用了 10 天以上的时间参观飞利浦。

实际上年初访美的时候，在纽约机场迎接幸之助的就是飞利浦公司美国的员工。[11] 到达美国当天，该公司的董事长帕内斯前来问候幸之助。4 月，幸之助回国时和飞利浦远东地区总经理乘坐了同一个航班。[12]

第二次世界大战之前，松下的中尾曾经接触过飞利浦，后来由于战争就中断了。幸之助说："在和飞利浦合作之前，我就在思考如果引进外国技术，哪个国家比较适合呢？为此我进行了很多调查。我去了美国，也去了欧洲，美国虽然有很优秀的技术，但是在规模和其他方面与日本有太大差异。在欧洲的荷兰，我发现这个国家也很小，或许适合日本，而且荷兰的飞利浦公司与松下的成长史相似，以个人为中心创业 60 多年，逐渐成长为一个大公司，于是我认为这个公司作为松下技术合作方是不错的选择，决定就按照这个方针谈。"[13]

这时的飞利浦已经是一家产品输出率达到 80%，在约 50 个国家开设直营工厂的全球企业。资源匮乏的荷兰企业拥有着不逊于美国的技术和销售能力，这一点对于幸之助来说也是很有吸引力的。[14] 开始谈判的时候，幸之助的老朋友通信局局长也很担心。据说幸之助的回答是"现在的日本是贫穷的，我们没有办法模仿美国。（此处有删减）我觉得飞利浦刚好适合我

110

们公司学习借鉴"。[15] 幸之助了解美国的实力,也了解日本的现状和自己公司的实力,为了追赶美国企业,他认为与荷兰企业合作是最佳选择。

将谈判交给"MR. 经营基本方针"

然而,松下与这家级别不同的合作方的谈判进展缓慢(飞利浦当时的员工数有 7 万人,而松下还不足 7 千人)。设立合资公司的时候,飞利浦一方要求松下拿出首期付款(一次性支付)55 万美元(约 2 亿日元)、30% 的出资(约 2 亿日元)、7% 的专利税(技术援助费)。而且还要求把首期付款充当出资金额,这样实际就变成要求由松下全额负担。当时松下的资金是 5 亿日元,对于这个巨额的负担,幸之助决定接受首期付款和出资条件。一想到飞利浦成立研究所要花数十亿日元,幸之助觉得现在自己用 2 亿日元就能利用他们研究人员的能力,也算物有所值。[16]

但是,幸之助没有同意专利税,因为美国公司只有 3%,飞利浦却比美国公司多一倍以上。为了将专利税降到 4%~5%,他开始与对方交涉。但专利税还是很高,这时幸之助想到了经营指导资金,[17] 他提议希望拿到(销售额)3% 作为经营指导资金,但是飞利浦拒绝了这个前所未闻的要求。在谈判随时可

111

能失败的情况下，1952 年 7 月时任专务的高桥和涉外科长一起被派往荷兰，这对组合也曾经负责与 GHQ 的谈判。

高桥的谈判态度是"当说则说"。"如果我们的主张不能通过的话，即使不签合同也没关系"，幸之助将谈判全权委托给高桥，他能贯彻自己的态度。飞利浦一方非常欣赏这种坚决的态度，于是他开始向签订合同的方向努力，情况出现好转之后依然坚持松下的主张。在谈到降低专利税的时候，高桥指出"如果现在不能降低专利税率，将来因技术原因出现问题的时候就要降低专利税，希望把这一点明确写入合同中"，他还强烈要求口头约定，并说服飞利浦的领导在"同意协商"备忘录上签字之后才启程回国。这个反复确认的谈判持续时间长达 3 周。高桥后来回忆道："他又一次认识到谈判这件事不需要一味地采用策略，只要有正确的主张，秉持着真诚的态度去谈，就一定能够成功。"[18] 在与 GHQ 谈判的时候，他们以同样的态度取得了成功。

其实这也是幸之助在谈判时所秉持的基本态度。"谈到买卖，人们可能总会不自觉地想到策略和手段，并不是说这种东西完全没有必要，但是最根本的还是必须把真实的一面直接展示给对方，诚心诚意地让对方了解到这一点。如果不这样，只靠手段和策略，是无法获得长久信任和长足发展的。（此处有删减）其实到最后能打动人的就是诚实。"[19] 幸之助和被称为"MR. 经营基本方针"的高桥完全就是"英雄所见略同"。

松下电子工业的经营

幸之助终于如愿以偿，双方在专利税问题上达成一致，松下公司向飞利浦公司支付 4.5% 的技术指导费，飞利浦公司向松下公司支付 3% 的经营指导资金。1952 年（昭和二十七年）10 月幸之助奔赴荷兰飞利浦公司签订协议，12 月合资公司松下电子工业诞生。

从松下电子工业初期的经营可以看出幸之助的用人之妙。作为社长的幸之助让富有热情的三由清二担任现场指挥，大概是考虑到人员性格的互补，他又让另一个性格完全相反的人，住友银行出身的松本三郎担任副社长。对于三由，幸之助要求他学习松下的态度，并写下了"改改急性子""不可因酒误事"等七项规诫，不知为何还署名"PHP"，交给三由。[20] 当时，松下和飞利浦派来的技师们的关系十分紧张，但是被任命为专务的三由发挥了自己强大的领导才能，为松下电子工业的发展做出了很大的贡献。[21] 三由的部下，后来成为松下副社长的水野博之回忆，三由曾说："总之，先（向飞利浦）学习，其他的都不要做。"在三由强硬的态度下，大家都认真贯彻落实了他的想法。[22]

幸之助确实把"看到员工的长处忽略其短处"作为自己用人的要点，并用心实践。把实力不足的人放在重要的位置上就有可能导致失败。但是这也没什么，幸之助认为更可怕的是总是担心把工作交给别人可能会失败，以至于越来越没有勇气。"丰臣秀吉留心看到了主人织田信长的长处，然后取得了成功，而明智光秀只看到了织田信长的短处所以失败"，幸之助对于这一段历史有很深的感触。他说"用七分之力看长处，三分之力看短处，这样才算得当"。[23]

另外，在各领域起用个性丰富的人才之时，幸之助还留心观察他们的适应性和优点，以此给予指导。对不同的人采用灵活的交流方式，也就是"因材施教"。

松下电子工业的电灯和真空管经营终于开花结果。除了技术层面之外，飞利浦公司独特的预算制度对松下会计制度的发展也做出了很大的贡献，对于幸之助本身来说也有精神上的收获。他说与飞利浦的谈判"是一件宝贵的事情，这件事让他思考经营的价值"。[24] 幸之助后来主张"必须改变把经营看作俗事的风气，要把现在的经营视作一件有生命力的、跃动的、最高的综合艺术，而且与艺术一样有着很高的价值"。[25] 明治维新时期，经商被认为是俗事，人们也瞧不起商人，这一时期广为人知的是涩泽荣一努力改变官尊民卑的社会意识，其实幸之助也有打破这种社会观念，提高经商和经营价值的气魄。

进军电视机和冰箱行业

1953 年（昭和二十八年）是日本开始电视广播的一年。1950 年，幸之助重新开始电视研发，在首次访美的时候他也看到了美国电视机的普及。毫无疑问在日本电视机也会广泛普及，战后进军这一领域的松下，于 1952 年发售电视机（17 型的豪华版），最初的价格是 29 万日元。

次年，"14 型电视机"以 14.8 万日元的价格发售并被市场认可，1955 年公司将价格降到 8 万日元。1959 年 4 月皇太子殿下成婚，以此为契机日本全国近四成的家庭普及了电视机，1960 年松下的产量也增加到 66 万台。

据经营学者冈本康雄分析：1958 年前半年"面对快速发展的家电市场，松下率先确立量产体制，借着整个产业快速发展的东风，确立了顶级家电制造商的地位，或者至少可以说采取这种积极的企业行为是原因之一"。[26] 松下传统的积极主义在电视机领域也发挥了作用。

另外，从 20 世纪 50 年代开始到 60 年代前半期，松下经历了企业合并与合作，对之后的事业发展产生了很大影响。

115

1952年幸之助的好朋友久保田权四郎（久保田公司创始人）向他介绍了自己的亲戚中川怀春（当时中川机械的社长）。在第二次世界大战后中川从事冰箱制造，主要客户是美国驻军，随着美国驻军的撤离，又转而面向国内客户生产冰箱，中川认为将销售交给松下是不错的选择。恰逢幸之助也希望正式进军冰箱领域，于是当即和中川机械合作。据说幸之助见到中川本人之后，没有看工厂就直接接受了他的提议。[27]

1972年，中川电机成为松下冷机，中川也成了松下总部的员工。中川回忆，进入松下集团后，"老实说开始的时候对幸之助的行事风格感到很吃惊"。这是因为他了解到销售公司的人来参观工厂的时候，"全体员工都拿着旗子出去迎接和送行，即使幸之助将客人接到旅馆招待，也会从吃到住照顾周全，早上的时候会向客人问候'早上好'"。当他问幸之助这件事的时候，幸之助对他说："中川先生，销售公司的人每天走街串巷，一边忍受着狗吠，一边帮我们卖松下的产品，一年中至少有一次为他们尽心尽力不也是应该的吗"。听到这些中川理解了他。[28]

幸之助与企业合并

1954年（昭和二十九年），幸之助同意挽救深陷经营危机的日本Victor，与其合作并提供资金支持。据他本人说这时在他的意识中是"国家利益"至上。母公司东芝处于重建的困难时期，作为社长的石坂泰三无法承担负债。幸之助回忆，"东芝没有了办法，就想到把 Victor 还给 RCA，但是一旦返还给 RCA，外国的资本就会进入，日本业界也会受到威胁，这一切传到我的耳朵里，我就决定把它接下来"。[29]

但是对于日本 Victor 来说，与 RCA 这种拥有电视机专利的美国企业维持技术层面的合作是不可或缺的。于是幸之助找到同乡前辈，曾担任海军大将和驻美大使的野村吉三郎，野村深受美国领导层的信任，幸之助拜托他担任社长。另外，幸之助将经营的实际业务交给了住友银行出身且刚刚到松下集团的百濑结，任命他为副社长。

幸之助说："我一个工厂都没有去看，直接接手这家公司，这是因为我认为 Victor 拥有与它自身品牌相符的技术储备价值，只是由于经营问题才导致业绩不振。"[30]Victor 的注册商标是一只狗侧耳听留声机里传来的主人的声音，也有一种说法是幸之助看重了 Victor 的品牌价值才接受合作的，不过 Victor 也确实拥有与自己品牌相称的技术和人才储备。

负责 Victor 经营的松野幸吉表示，Victor 有海军出身的电子工程学技术团队，这个团队的核心就是著名的显像管式电视机的发明者高柳健次郎。据说幸之助还对松野说："这个人

117

是公司的招牌，非常厉害，所以绝对不能让他辞职。"[31] 这次资本合作也给松下带来 VHS 录像机这一丰硕的成果。

1962 年，松下与在传真领域拥有先进研发技术的东方电机合作，同年成立以"风和空气"为业务关键词的松下精工。1970 年，成立松下电送机器公司，1982 年，更名为松下电送。为了让处于经营困境的日本电气精器大阪制作所的先进技术和人才有用武之地，松下停止电风扇业务，选择与这家公司合并，其中的缘分实在妙不可言。前面提到松下创立之初幸之助接到的 1000 个电风扇底盘订单来自川北电气（日本电气精器的前身），这家公司后来陷入经营困境，几经辗转成为松下旗下的公司之一。

幸之助把这个公司的经营权交给高桥，让曾经负责日本电气精器经营的岛田勉担任松下精工的会长。高桥认为有必要把业务拓展到风扇这种季节性产品之外的领域，他将目光聚集到换气扇，把当时被称作排气扇的产品作为换气扇销售。他发掘出了巨大的潜在需要，在"全国只能卖出 4.5 万台"的时候，松下自己一家第一年就销售 5 万台。[32] 之后，他们又向风扇和换气扇之外的领域进军，幸之助考虑到平衡与其他事业部的关系，指示说"最好把现在的工作专心做好。只在'风'这个领域做下去怎么样？"四五年之后，松下精工制造出了暖风机。

他们向幸之助介绍道，"电风扇吹出来的是凉风，这个是暖风，您说只要是和风有关的就行，我们就照您说的做了"，幸之助回答"真厉害"。[33]

这些子公司的管理当时由关联部负责。关于松下集团的企业合并，部长长井胜明确地说："没有一家相关公司是松下出于控制的目的去合作和出资的。"由此可以知道他深刻地认识到松下的经营基本方针是基于意见一致，也就是像说亲那样，不是管理而是促成和支持。[34]

干电池业务方面，虽然幸之助也曾尝试与海外著名公司进行技术合作，但是松下没有接受联合碳化物公司提出的条件，最终没有达成一致。这时负责研发的中尾对幸之助提议，希望不再寻求合作而是继续由自己公司开发。中尾认为把与海外企业合作使用的巨额资金投入自己公司的研发上，能够生产出更好的产品，在中尾的这份热情感染下，幸之助同意了他的提议。幸之助有一句话叫"热情让人联想到梯子（更上一层楼）"，中尾的热情最终还是有了收获，1954 年 4 月，HYPER 干电池发售。幸之助回忆道，"如果当时技术引进能够顺利进行，或许就没有今天的成果。这样想来，经营的精妙之处就在于有时候是无法用人的智慧推测出来的"。[35]

履行和社会的"无形约定"

20世纪50年代，松下追求业务专业化和精细化，不断进行企业合并，扩大业务领域。这一时期有一件事让人们认识到幸之助的经营能力，那就是在1956年（昭和三十一年）1月经营方针发表会上提出的"五年计划"。

奇妙的是在前一年年末，鸠山一郎内阁制订了战后日本第一个长期经济计划"经济自立五年计划"，幸之助的长期计划是到1960年的5年间，营业额从220亿日元增加近3倍变成800亿日元，同时员工数从1.1万人增加到1.8万人，资金从30亿日元增加到100亿日元。

虽说企业计划制度在1952年就确立，但是当说到营业额要增加到现在的4倍这个巨大的目标时，员工中甚至有人怀疑自己的耳朵听错了。[36]

此前5年间营业额增长了8倍多，所以，也不能说这是一个毫无希望的计划。基于幸之助的经营理念，计划明确表示应该注意到5年增长到4倍这个大目标，分解到每一年就是要增加3成。

实现这个计划就是实践对社会的义务。一般民众的需求是家电产品，满足这个需求的"无形约定"将松下与大众联结起来。[37]这就是幸之助的逻辑，具体来说就是经营理念的实

120

践。履行约定就是通过扩大生产规模，提供更加便宜的产品来实现的。幸之助提倡实践是对社会的义务，实践是产业人的使命，同时提出目标。虽然他没有被耶稣感化，却一直实践着自己的信念，那就是"太初有道"是成为领导者的条件，领导者应有的姿态就是把最初想到的东西通过语言传达给大家并领导大家。[38]

进一步说就是幸之助认为"每个人都像是越打磨越有光彩的钻石原石"，让每一个员工自主地、最大限度地发挥自己的能力对于双方来说都是一件幸福的事。对于幸之助来说，给员工们一个具体的梦想和目标，指引他们是非常必要的。"五年计划"就是幸之助这种经营观的体现。

幸之助虽然发挥着自己强大的领导能力，同时也认为"社长是带有方向指示器的泡茶人"。这句话的意思是领导者负责指明方向，剩下的就交给部下来做，自己在旁边协助即可。他还说，人数少的公司里经营者自己率先垂范是没有问题的，但是当员工增加到 100 人、1000 人的时候，仅靠率先垂范是远远不够的。这个时候需要告诉他们"请这样做、请那样做"。当员工增加到 1 万人、2 万人的时候，内心就必须想到"交给你了，拜托了"。内心想到这些与没有想到这些，对部下产生的影响是不同的。[39]

生活革命的引领者

在五年计划的指导下，第一年是组织层面上的改革，也就是在 1956 年（昭和三十一年），各事业部的名称从号码制改为产品类别，变成几乎是每一个产品都有一个事业部。事业部分为收音机、电视机、通信器、电子管、照明、干电池、灯具、蓄电池、洗衣机、电热器、暖气、电冰箱、电机、配电器、轮产品 15 个事业部。销售方面开始将代理点制度改为销售公司制，1957 年开始在全国范围内成立 National 销售店和销售公司。[40]

另外，作为第二次世界大战后生活革命的引领者，松下于1957 年创办"移动的电气化教室"。让车辆走遍全日本，实际演示电器产品的使用方法，广泛宣传电气化生活的意义。农村家电产品普及率低不仅是因为电力基础设施不完善和经济能力低，也有意识层面的原因。农村的妇女认为使用昂贵的洗衣机等是一件很奢侈也是过于安逸的事情，对于松下来说非常有必要扫除这种旧有的观念。[41] 同年文化日张贴的广告就是为了打破这种旧观念。[42]

广告内容为："从地球上 14 亿女性中，您选择了其中一位做您的妻子"。那是一位提着篮子的典型的家庭主妇形象，通过一个代表女性一天时间分配的饼图展示女性的"自由"时间。

欧美文化圈国家为 9 小时，日本城市为 3 小时，日本农村则为 0 小时。日本农村女性在家务和农活上花费的时间是 13 小时，占每天一半时间以上。广告还对社会上的男性说："爱妻子、重视家庭、提高每个家庭的文化水平，事关国家文化水平的提高。"其中，没有任何关于产品的宣传。[43]

顺便说一下，这个广告文案出自一位女士，这位女士就是从松下独立出去成为 National 宣传研究所社长并承接松下宣传的竹冈谅的妻子美砂。在幸之助的建议下她成为常务并设计了这个文案，竹冈把这个文案打造成适合松下宣传的广告，就这样巧妙地展现出幸之助的想法。

自创业以来幸之助一直很关注广告宣传，即使企业规模变大也没有发生改变。广告费用支出最终变得特别大，松下的主要业务往来银行住友银行也曾指出松下广告费占销售额的比重过高。[44] 实际上，1957 年东芝和日立的广告费约为 13 亿日元，而松下约有 20 亿日元。[45] 社会学者加藤秀俊评价松下的成功不是因为"赶上了电气化热潮"，而是"制造了电气化热潮"，"家庭电气化对于日本国民来说是一件幸福的事"，基于这样的理念松下实践了"电气化运动"。[46]

1961 年幸之助获得日本宣传奖，获奖之际他说："我认为正确的宣传是善事，是社会上不可或缺的一件事。""基于共存共荣的理念，不诋毁他人，进行正确的宣传"，松下后来的宣传也一直秉持这种行事风格。[47]

五年计划里的经营掌舵者

五年计划中，幸之助是如何掌舵经营的呢？从经营方针发表会的记录我们可以知道，他看到良好的经营状况后，每年都会谨慎地上调企业计划，并解释这么做的原因。

进入五年计划的完成期，在1959年（昭和三十四年）的经营方针发表会上，幸之助提到自己老师的名字，也就是丰田汽车的石田退三。他说现在丰田高质量地快速发展，是石田社长坚定信念下定决心，全体员工众志成城的结果，他希望大家都学习这种态度。但是，在最后一年，他又对大家提倡说，工作"50%是为了社会，50%是为了我们自己"。由此可以看出，幸之助通过企业计划控制油门，及时调节，在此基础上追求基于经营理念的工作，使工作一直秉持社会正义，免于走向赚钱第一。这一时期，松下之外的其他著名家电制造商也有很大的成长，整个业界都取得长足发展。从销售额的增长率来看，第二次世界大战后成立的东京通信工业（后来的索尼）高于其他公司。日立和东芝也着力发展大型电器之外的产品，保持较高的增长率。[48]从20世纪50年代松下的业绩来看，1950年的销售额约为 27.1 亿日元，1953 年也就是所谓的电气化元年该数值突破百亿日元达到 138.6 亿日元。[49]

员工人数之前虽然一度减少到近 3500 人，这一时期也增加了一倍多，恢复到 7900 人，五年计划结束后第二年销售额突破 1000 亿日元，员工人数也达到 2.3 万人。

九州松下电器的经营

1956 年（昭和三十一年），在福冈市成立九州松下电器。幸之助的愿望是把它建成一个理想经营的试验公司，于是把它交给高桥荒太郎。高桥起用青沼博二（当时 35 岁，后任专务社长）等本部来的员工担任实际负责人。这个公司里悬挂着锦旗，上书"为停滞的九州经济重建做出贡献"，在这里青沼等人将降低成本一直贯彻到办公室和工厂的建设上。他继承了幸之助的事业哲学，认为只有严格要求才能有成果，因此不会作出指示命令，而是将具体的执行交给青沼等人。但是据说在青沼看来，他曾多次被教育要学会思考。[50]

在九州松下电器的经营中，高桥提拔了只有高中学历的发动机部门现场主任，这是一位 32 岁的年轻员工，高桥让他担任佐贺的新工厂厂长，以期优化经营。关于这一时期，经济评论家三鬼阳之助写道："高桥将两千多名员工分为各个阶层，

125

开会近 20 次，与青沼一起说明提拔情况。'新工厂厂长虽是破格提拔，但是我们约定一年为限，一旦判断他不能胜任，我们就毫不留情地让他回到原来的位置，但是倘若 2 年过去，到了第 3 年大家都觉得他没有问题，那就让他在这个位置稳稳地工作吧。新厂长很年轻，和你们一样只有高中学历，但是对他的留任大权都掌握在你们手里。各位，请尽全力支持这位新厂长吧'，高桥满怀热情地呼吁大家。"后来三鬼向幸之助说起这件事的时候，幸之助十分高兴地握着三鬼的手道："我选择的高桥君还真是出色啊……" [51]

高桥的领导才能对于幸之助来说也算是"深得我心"。实际上在提拔任用下属时，幸之助有自己的一贯看法，那就是"提拔新人需要在一旁帮一下他"，不能因为"私情驱使"，"因为是自己喜欢的类型"就让一个人升迁。"即使十分看不惯一个人，也要想如果没有这个人，工作就没办法进行，为了工作自己就低头迁就一下"，只有贯彻这种态度，其他的员工才能信服并支持我们的人事工作。[52] 另外幸之助还提到各种人事技巧，如"只要认为有 60 分的实力，就把他当作合适人选"，"只要能在一定程度上做到赏罚分明，就适合做领导"。

九州松下电器克服创业期的困难稳步发展，松下后来又积极推进了面向不同地方的发展和贡献。九州地区虽然没有合作工厂，也存在运费成本和工资方面的问题，但是依然获得了成功，幸之助坚信个中原因是"松下的经营是把对地区的经济贡献放在第一位"，幸之助还主张"国家、公共团体建设哪里，我们就去哪里，那不就失去作为企业家的主体性了吗？企业家自己的想法就能使地区与企业的利益达成一致。这也是我们作为一个拥有 70 年历史的企业应该选择的路"。[53]

从社长退任为会长

在 1961 年（昭和三十六年）1 月的经营方针发表会上，幸之助突然宣布将退任为会长。松下正治就任社长，这一年幸之助 66 岁。除了事前紧急会议上通知的董事成员，此项宣布如此突然以至于连大会的主持人都不知道。幸之助说 50 岁的时候就考虑过要引退，但是之后历经战争时期、战后重建期以及困难时期，自己一直下不了决心。但是，其后的五年计划取得了比预想要好的成绩，再加上自身体力的原因，最终决定退任。

在作为社长参加的最后一个经营方针发表会上，幸之助告诫大家，"强化与飞利浦的关系""增强独立自主的精神""珍惜作为生意人的本领""大家要团结和睦，成为一个具有快速反应力的整体"。另外，自 1932 年阐明产业人的真正使命之后，一直坚持松下的使命没有改变。幸之助说虽然经营团队会发生

幸之助、正治（右）、高桥（左）在记者发布会上

变化，但是希望松下永远是一家为社会做出贡献的公司。[54]

虽然没有办法确定幸之助什么时候决定的退任，但是他在退任后的记者发布会上曾经这样说："这个人（正治）有相当强的责任感，高桥（荒太郎）副社长资历非常深，我认为这两位团结合作的话，能产生比我更好的效果。我若做下去有一点儿单打独斗的感觉，我觉得这次高桥君和社长能比我一个人更加出色。"[55]

实际上，在宣布退任一年前，也就是在 1959 年年末，幸之助进行部门改组，成立企划本部，展现了正式实行现代科学经营的决心。在 1960 年的经营方针发表会上，幸之助还表明会尽量用"社长和副社长以及专务的合议制"处理每天的经营

幸之助研究时的情景

业务。[56] 可以想象，这一年正是幸之助下定决心将企业继承给下一代的准备时期。

重新开展 PHP 研究

担任会长之后，幸之助重启 PHP 研究。就任会长前幸之助有幸得到位于京都东山山麓的一所建筑，他把这个地方作为 PHP 研究所，并从庭池开始着手大改造。这个池泉环游式庭园由著名的园艺设计师设计，可是由于年久失修，他决定自己尝试改造。岩井虔（现为 PHP 客座人员）在进入松下之后就被派往 PHP 研究所，后来接受幸之助的直接指导和熏陶，对他来说帮忙改造庭园是他在 PHP 的第一份工作。改造后的庭

129

园借景东山，每到冬天，就能在雪花静静飘落的在景色中探究真理，所以取名为真真庵。

PHP 研究重启后，幸之助称其为自己的"乐道"。他想要表达的是 PHP 研究始于第二次世界大战后，当时整个日本处于困境中，现在重新埋头于这项研究是自己应走的"道路"，也是自己的"乐趣"，他精力充沛地开始向社会宣传研究成果。

例如他投稿于《文艺春秋》1961 年（昭和三十六年）12 月刊忧国论的题目是"收入倍增的宿醉"。日本明明对贸易自由化是有控制的，却没有认识到高速经济增长是坐享其成实现的，反而产生一种飘飘然的感觉。幸之助对这种现状敲响了警钟。

他写道："收入倍增当然是好的，收入增加三倍也是没有问题的，但是不管怎么说必须有实现这个目标的基本能力。如果因为收入倍增让在此之前时速 50 公里的汽车变成时速 100 公里，就必须对这个汽车本身进行研究，也必须考察司机的技术好不好。如果不这样，虽说时速 50 公里的时候可以安全驾驶，不见得时速达到 100 公里的时候还能安全运行。同时，还必须把收入倍增放在国民精神基本的振兴运动这个基础之上"。这篇随笔引起了很大的反响，获得了文艺春秋读者奖。

但是，幸之助的企业家人生并没有就此结束。虽然他决定每周只去一次松下本部，但是在真真庵他也会和政经界名人、有识之士、松下集团各公司的员工以及代理店的社长们谈话。作为创始人，幸之助的心里不可能放下松下的经营。

注释：

1　PHP 综合研究所编（1991~1993）《松下幸之助发言集》22 卷（PHP 研究所）186~187 页。这之后幸之助将 PHP 的活动限定于《PHP》杂志的发行。

2　江崎利一（1977）《商道记》（日本实业出版社）200 页。

3　上述《松下幸之助发言集》22 卷 198~204 页。

4　佐藤悌二郎（1997）《松下幸之助·走向成功的轨迹》（PHP 研究所）408~419 页。

5　幸之助原本并不在乎自己的外表，回国之后这一点也没有改变，1955 年的某一天他经常光顾的一家理发店店员对他说"您的头部也是贵公司的广告塔"，幸之助深受触动，此后更加注意。1976 年发行的自著《经济讲义》中他甚至说道，经营者为了让自己的公司有一个良好形象，有必要"做好心理准备去接受不管是整容手术还是其他任何事情"。

6　虽然无法知道幸之助视察的十多个企业的名字，但是据说在访问 RCA 的时候他对这家公司的研发资金调拨方面感到很佩服。

7　上述《松下幸之助发言集》8 卷 243~244 页。

8　同上书，30 卷 36 页。

9　谷口全平（1999）"《新政治经济研究会》的本意"《松下幸之助研究》1999 年春季刊（PHP 研究所）。

10 平本厚（1994）《日本的电视产业》（弥涅尔瓦书房）23 页，平本的
   记述参考了电子机械工业协会 1968 年发行的《电子工业 20 年历史》
   310~314 页。另外，1953 年 7 月松下也与 RCA 就"收音机、电视机、
   FM 非广播通信装置、工业用电视机装置回路的专利"签订合同（据
   有价证券报告书）。

11 松下幸之助口述、石山四郎·小柳道南编撰（1974）《松下幸之助经
   营回想录》（钻石时代公司）186~187 页。

12 《松下电器时报》1951 年 4 月 15 日刊。

13 松下幸之助（1979）《决断经营》（PHP 研究所）73 页。

14 P.J. 鲍曼著、高桥达男译（1964）《安东·飞利浦》（纪伊国屋书店）
   所收录的幸之助写的"推荐本书"。

15 《松苑》第四号（松下电器客座会）30 页，所收录的浦野哲雄回想。

16 上述《松下幸之助发言集》7 卷 161~163 页。

17 说到经营指导费这件事，幸之助在美国拜访 Consulting Farm 的博
   思艾伦时得知经营指导也算是生意的一种。收录于上述《松下幸之
   助发言集》25 卷 54~55 页。幸之助把这家公司叫作"博思艾伦"，
   并把其当作"经营指导公司"。

18 高桥荒太郎（1983）《口口相传的松下经营》（PHP 研究所）96 页、
   98~99 页。

19 松下幸之助（1975）《指导者的条件》（PHP 研究所）109 页。

20 石山四郎（1967）《松下联邦经营》（钻石社）64~65 页。

21 PHP 研究所研修局编（1980）《PHP 研讨会特别讲话集·向松下顾
   问学习·第四集》（PHP 研究所），通过里面收录的松本三郎的讲话
   等可以了解当时情况。

22 2009 年举办的"松下幸之助逝世 20 年会议"上水野博之的主旨演讲。

23 山下俊彦（1987）《我当上了社长》（东洋经济新报社）124~125 页。

24 松下幸之助（1973）《经商心得帖》（PHP 研究所）78~79 页。

25 松下幸之助（1989）《培育梦想》（日本经济新闻社）47 页。

26 松下幸之助（1968）《我作为一个日本人的愿望》（实业之日本社）224 页。

27 冈本康雄（1979）《日立和松下（下）》（中公新书）49 页。

28 上述《松下幸之助发言集》6 卷 43~46 页。久保田去世后的 1962 年，幸之助应久保田铁工股份有限公司的邀请在销售培训会上演讲。在那里他详细讲述了当时合作前后的原委。

29 读卖新闻大阪总部政经部编（1984）《松下企业联邦的人才力量》（读卖新闻社）158~162 页。

30《经济学人》1966 年 3 月 8 日刊（每日新闻社）所收录的对安藤良雄的采访，86~87 页。

31 松下幸之助、路易斯·伦德伯格著，石山四郎编（1980）上述《日美·经营者的想法》（PHP 研究所）184 页。

32 上述《松下企业联邦的人才力量》163~165 页。

33 高桥荒太郎（1979）《从松下幸之助身上学到的》（实业之日本社）161 页。

34 松下幸之助（1976）《经济讲义》（PHP 研究所）226~227 页。

35 上述《松下联邦经营》181~193 页。

36 松下幸之助（1974）《经营心得帖》（PHP 研究所）19 页。

37 例如幸之助的亲信锦茂男在"独具慧眼之人"《PHP 的真正时代》2001 年 10 月特别增刊（PHP 研究所）中回顾了当时的状况，33~34 页。

38 上述《松下幸之助发言集》22 卷 359 页。

39 上述《经济讲义》211~213 页。

40 上述《经商心得帖》94~95 页。

41 这一时期快速发展的电器产业竞争激烈，出现低价抛售的情况，连正价销售的百货店里一部分电视机也开始廉价出售。幸之助在1958年的经营方针发表会上指出"各地都出现了低价抛售的问题，一般的顾客对电气器具的价格非常不信任"，对此他表达了自己强烈的担忧。

42 参考自记者柳田邦男在月刊《现代》（讲谈社）上连载的"经济元年"第六回（1977年10月刊）。

43 竹冈美砂的"National宣传研究所和幸之助先生"《PHP商业评论松下幸之助私塾》2014年11～12月刊（PHP研究所）详细记述了与这个广告相关的内容，28~29页。

44 家庭电器化使女性从家务劳动中解放出来，关于幸之助对此的贡献，本书参考了川上恒雄（2012）《"商业书"与日本人》（PHP研究所）167~172页。

45 青地晨"电器化浪潮的领袖、松下幸之助——三度荣登富豪榜之首的男人"《中央公论》1958年7月刊（中央公论社）268~269页。

46 玉成芳治（1977）"家电营销与商业——体系化·被体系化的逻辑"《同志社商学》第28卷第5·6号（同志社大学）112页。

47 加藤秀俊（1962）"电器化革命的领导者"《中央公论附刊经营问题》秋季刊（中央公论社）349页。

48 松下电器产业株式会社（1968）《松下电器50年略史》（该公司）328~330页。

49 据上述《日立与松下（下）》记载，大致与"五年计划"期间重合的20世纪50年代后半期，从生产额看家电机器整体的年平均增长率很轻松地超过了50%（参考该书43页表7）。

50 1953年8月，三洋电机发售首个国产角型喷流式洗衣机，这款新产品的价格只有旧式搅拌式洗衣机的一半，因而获得了巨大的人气，后来评论家大宅壮一将这一年称为"电器化元年"。参考自三洋电机株式会社（2014）《三洋电机经营史（1950—2011）》1994 年 1 月刊（President 社）74~76 页。

51 上述《松下联邦经营》129~133 页。

52 三鬼阳之助（1994）"优秀的经营者背后有优秀的主管"《President》1994 年 1 月刊（President 社）74~76 页。

53 松下幸之助（1980）《注意到这些经营技巧，价值百万两》（PHP 研究所）38~39 页。

54 松下幸之助（1970）"'坐待'已经过时"《钻石周刊》1970 年 1 月 12 日刊（钻石社）25 页。

55 上述《松下幸之助发言集》23 卷 185~224 页。

56 同上书，20 卷 137~138 页。

V 重新上场，尽心竭力

担任会长期间的主要职责

1962 年（昭和三十七年），幸之助登上了美国《时代周刊》杂志的封面。作为在全球市场飞跃发展的日本企业家代表，幸之助的知名度越来越高。1964 年 9 月 11 日，东京奥运会前夕，《时代》杂志介绍他"最优秀的产业人、最优秀的商人、思想家、出版人、畅销书作家"。这部在当时印刷量达到 800 万册的杂志，称他身上同时兼具"汽车大王"福特和阿尔杰（美国的牧师兼作家）两人的特质。《时代》杂志的采访在真真庵进行，杂志记者看到幸之助站在庭园一角的"根源社"前面合十拜神，非常感兴趣。幸之助告诉记者，在真真庵做研究的 PHP 不是宗教团体，根源社是显示宇宙的根本——幸之助有时会解释说是一种像"神"一样的东西——的地方，所以自己要在它前面正心。此后，真真庵也发挥着迎宾的作用，成为幸之助与国内外有识之士深入交流的场所。海外学者、历史学家阿诺德·约瑟夫·汤曾经到访这里，两人的对谈记录刊登在 1968 年 3 月发行的《PHP》上。另外，肯尼迪政权时期担任驻日大使的亲日派赖肖尔[1]也曾来访。

松下总部也有很多国外知名人士到访，1961 年 8 月，幸之助与苏联第一副主席米高扬举行会谈。[2]由于米高扬是人民解放的领导者，幸之助对他说："米高扬先生，您是勇士，将苏联人民从贵族统治中解放出来，其实我们也可以说自己是勇士，我们将女性从繁重的家务中解放出来。"这件事后来成了人们津津乐道的话题。[3]此后，除了欧美发达国家，非洲和亚洲的各国首脑们也都来视察过。1963 年，荷兰的贝娅特丽克丝女王和泰国国王及王妃也相继前来视察。

幸之助的会长工作一切顺利，但是他并没有将松下集团所有公司的经营都交给别人。1961 年年初，幸之助宣布由于保持着"和飞利浦的合作关系"，自己将会继续担任松下电子工业社长，[4]幸之助实践了这一点，直到 1966 年 2 月才卸任电子工业社长。[5]20 世纪 50 年代后半期，幸之助在电子工业辛苦经营的真空管业务被晶体管取代。很有意思的是幸之助一直担任社长，关注着日新月异、不断发展的前沿领域。幸之助一直担任松下通信工业（1958 年设立）社长，直到 1966 年 2 月交给田中克己。另外，从 1964 年开始，幸之助会召集松下的

137

经营干部举行经营研究会。

经营松下通信工业的过程中有这样一个故事。20 世纪
60 年代前半期，迈入贸易自由化的日本逐步实行开放经济体
制，所有的公司都面临着全球化竞争的浪潮。虽说汽车产业从
1965 年才开始进入这种激烈的浪潮之中，但在 1961 年丰田汽
车就要求松下在半年之内将成本削减 20%，当时松下通信工业
为丰田生产车载收音机。幸之助听说后首先让松下通信工业的
干部们理解丰田的要求是有重要意义的，他说丰田迫切需要具
备不逊于美国汽车产业的力量，松下应该帮助他们。在此之上，
幸之助积极寻求改革之路。幸之助说当时的车载收音机产业"只
有 3% 的利润，若（按照丰田的要求）降低 20% 的成本，就
会出现 17% 的赤字"，那么还不如在不降低性能以及设计水平
的基础上进行彻底的设计变革，大幅度降低成本，这一根本性
的对策最终获得了成功。[6]

幸之助还直接指导了后来的松下通信工业社长小蒲秋定。
松下通信工业也有无线业务这种需要高科技的部门。在经营持
续不理想的状况下，有一天幸之助问小蒲"你知道聪明的人和
伟大的人有什么不同吗？""你听着，聪明的人是博学的。读
了各种各样的书，通过学习变得知识渊博的人是聪明的。（此
处有删减）而伟大的人是不知道历经了多少苦难的人。越过苦

难山丘的次数越多，这人就越伟大。"幸之助这样教导处于困境中的小蒲。但是幸之助并不总是这样慈祥地说话，他也曾严肃地斥责小蒲"用着社会上的人力和财力资源，却出现了赤字的是罪人，你应该进监狱的"。[7]"赤字就是罪恶"，幸之助的这种事业哲学就是在指导经营干部的过程中说出来的。

像这样直接指导经营干部的事例不胜枚举。松下独立开发出了 HYPER 干电池等产品，干电池业务顺利发展，于 1963 年推出 Hi-top 干电池。那时干电池事业部部长是东国德，自进入公司以来他一心扑在干电池领域。这位部长在松下集团也努力营造"松下风格"的环境，幸之助评价他"非常信赖他人"，而且"拥有值得人信赖的品格"。[8]Hi-top 干电池诞生之际，山本昌平（原松下电器常务）和东国德一起向幸之助做介绍，幸之助对他说"这款干电池正是松下经营理念的具体化体现，其性能提升了一倍，但是价格只提高 50%，我们将剩下的 50% 还给了顾客，这是为了报答他们多年以来的厚爱。你们卖这款产品的时候也要满怀信心"。[9]毋庸置疑，山本很感激。

松下的海外发展

国内业务面临着全球化浪潮，松下也加快了海外拓展的步伐。1963 年（昭和三十八年），幸之助在某个演讲中谈到了进军海外的方针，幸之助在强调必须要有时代感的同时，还提到进军海外是社会的需求，对日本的发展也很必要，他深刻认识到这种使命感是十分重要的。在此基础上幸之助还提到了三点，简单来说，第一点就是"人"；第二点是适合对象国的产品和销售方法；第三点是"生产出前所未有的产品"。所谓的"人"指的是懂经营、能经商的人，如果没有这样的人才就先不要进军海外。其中的第三点是"最具决定性的"，"如果各位的手中能有幸制造出这种优秀的产品，即使第一点和第二点稍微弱一点也可以进军海外。"他认为以此为基础，再加上资金、宣传和公关，进军海外就能成功。[10]

在1964年年初的经营方针发表会上，幸之助向员工强调，积极进军国际市场已经成为一项社会使命，也是一种义务。"在30年前，我们考虑的是在大阪能卖多少，然后生产多少，刚好在大阪就能卖掉，这样我们的经营大体上就能有利可图。(此处有删减)我认为我们不能忘记这一点。但是松下电器现在的经营舞台已经发生变化，目前松下电器所处的状态是在思考行事时必须着眼于世界，我认为如果不这样做就是懈怠，当为而不为，是不能被原谅的。"[11]

幸之助的这一发言是在社长松下正治发表经营方针之后，正治将国内与国外经营分割开来在全世界开展业务。幸之助希望改变将这种分开考虑的现状，将经营放在世界这个大框架下进行改革。同年1月，高桥成为新设的海外经营局的负责人，他也竭尽全力地贯彻这一基本方针。"我不厌其烦地对派往海外的人说'不管你们在国外做什么工作，希望你们自始至终都不要忘记遵循松下电器经营的基本方针。你们首先要考虑和探讨的就是卖什么样的产品才能对那个国家的人有益，怎样做才能对该国家有所贡献，这一点很重要。如果不管不顾，觉得只要能卖就行，只要赚钱就行的话，一定会走上绝路。"[12]

高桥的活跃在前文一直能看到，他在会计方面也培养了人才，其中一位就是樋野正二。他把从飞利浦引进的系统改良为适合松下经营的财务制度，为松下的水库式经营做出了贡献。"财务就是经营管理"，樋野将此奉为自己的信条，这是基于幸之助的信念——财务不仅仅指公司的会计相关内容，它必须发挥企业经营指南针的作用，也就是所谓的经营管理，可以说这也是松下经营理念实践的一种形式。[13]

另外高桥作为大管家也考虑到一些细节，他在贯彻经营基本方针的同时"也直接整治和建设了实际的职场环境。"他认为"如果不改善员工食堂、洗手间、更衣室等与员工有直接关系的场所，绝对不会生产出好的产品。每个员工都自然而然地养成心情愉悦、认真处理事情的心态，这是在生产产品时最重要的事情"。

他还说"在松下电器，造物先造人是基本。因此，为了培养人心，自然而然也需要重视环境建设。（此处有删减）即使一家工厂由于赤字，很难再为此投入相关的经费，也不能因为有困难就搁置起来，在这件事上投入经费能够获得更大的回报，因此，我们一直优先创造良好的职场环境"。[14] 在人才培养方面就需要这种踏实的努力。

重大危机面前做出的撤退决断

在松下产品进军国际市场的过程中，东京通信工业（后来的索尼）的营业额不断攀升，尤其是半导体收音机、磁带读取器等民用电器，在美国市场处于领先地位。[15] 另外，东京芝浦电气、日立制作所等重要生产厂商进军弱电领域，成为松下的竞争对手，他们也对计算机商业寄予厚望。通产省也明确表示相较于当时总生产额快速增长的国内民用器械，将重点发展产业用途的电子器械，那是一个官民共同谋求进入计算机领域的时代。[16]

据经济史学家长谷川信、武田晴人等人研究，1960 年（昭和三十五年）8 月，通产省会议决定了"今后电子工业的振兴方针"，方针背后的想法是"日本的电子工业也要像美国一样，

必须以产业电子工程学为中心"。1961 年，日本国内主要的 7
家计算机生产厂商（富士电机制造、日本电气、日立制作所、
东京芝浦电气、冲电气工业、三菱电机、松下通信工业）共同
出资 10.5 亿日元建立日本电子计算机（JECC）。各家公司在
合作的同时也趋向不断地竞争，除了决定进行独自开发的富士
通以外，其他各家公司也纷纷同国外著名公司签订引进技术合
同。幸之助也曾有意投身于这项竞争之中，但是，同年 10 月
他做出了一个重大决断，就是从有意见分歧的大型计算机领域
撤出。当时有人批判说"是不是因为没有技术而放弃的呢"，
幸之助说"关于电子计算机，松下以实现量产为目标，投入十
多亿日元的研究费用，历经 5 年研究，目前已经有一两台迈向
了实用化阶段。"

即使这样幸之助仍然决定迅速撤出，他的理由如下：这
一时期，大通曼哈顿银行的副总裁来到松下，聊到电子计算机
这一话题，他对幸之助说："我们的银行在全世界范围内贷款，
但是几乎所有的电子计算机制造商的经营都不太理想。"他还
说："由于其他部门在盈利，所以公司还不至于倒闭，但是电
子计算机部门都是赤字。除了美国 IBM 之外，其他公司都逐
渐走向衰退"，听到这些，幸之助做出了上面的决定。[17]

美国的计算机产业被称为"白雪公主和七个小矮人"，众

143

所周知 IBM 有着明显的优势，其他 7 家企业（斯佩里公司、BAROWS、NCR、CDC、GE、RCA、霍尼韦尔）通过不断地激烈竞争，逐渐缩小了 IBM 的市场占比。幸之助一贯厌恶过度的企业竞争，他甚至还和美国企业家有过争辩。这位企业家说"人的本性就是不管赚多少钱，还想赚得更多"，幸之助反驳他说"即使这是人的本性，不管是从抑制本性的理念还是从精神文化来讲，都必须站在一定的高度上抑制本性，也就是必须用理性压制欲望，经营者的责任就在于此。"他还曾经在其他场合说过"国与国之间出现过度竞争的话就有可能引发战争"。[18]

但是对于幸之助撤出大型计算机领域的决定，前面提到的水野博之说过这样一段有趣的话。"幸之助考虑的并非做不做计算机的问题。'我率先使日本家庭电气化走上了正轨，打造了很多网络，我的天命就是以家庭为中心的电子工程学'，这才是关键所在。所以他在昭和三十九年（1964 年）撤出，是因为当时的计算机和家庭电气化没有什么关系。但是如果现在说'家庭电气化的计算机时代到来了'，幸之助就不会有过激的反应，他会说'是呀，知道了，我们得做计算机了'。"[19]

总之，除了松下之外的 6 家公司（总部都位于东京的计算机制造商）继续开发通产省主导下的大型通用计算机。这 6 家公司并不包括在电视机和收音机技术开发能力上广受好评的关西早川电机，早川选择的是民用计算机这一领域，1964 年开发出世界上第一台计算器，之后又将液晶技术应用于计算机并逐渐发展为自己的核心产业。另外，松下重新确认了自己作为民用器械制造商的方向之后，销售额不断攀升，1965 年之后资金也呈现出强劲的增长。

从大型计算机领域撤出，回避投资风险的这一选择在接下来的经营危机中也发挥了作用。

"热海会谈" 前后的幸之助

1960 年（昭和三十五年），池田勇人内阁提出了收入倍增计划，也就是 10 年之后国民收入翻番。20 世纪 60 年代前半期，日本实际的经济增长超过了这个计划。用投资吸引投资——很多日本国民享受到了这句话结出的时代果实。幸之助是其中获益最大的人，他在国内收入排行榜中久居第一，名声也水涨船高。

但此时家电产业面临着一场巨大的考验。在昭和四十年的萧条时期，家电产业各公司都陷入了经营危机。在 1964 年 11 月的（半年）决算中，连上一年度收益率在 10% 左右的松下，也陷入了第二次世界大战后减收减利的状态。有人说这是金融紧缩造成的，其目的是给同年开幕的东京奥运会之后的过热经济降温，也有人认为家电产品的购买量已经足以环绕日本一圈，至于幸之助是什么时候预感到这场危机以及是如何把握的，我们不得而知。但是从数年前开始，他就经营体制训斥员工也是事实。

例如，在1962年3月的会长讲话中，他提到一位长期合作的代理店主到访真真庵的事，并斥责了松下员工的官僚化。大概是代理店主透露连锁销售店对营业所表示希望要辆汽车时，得到的回答是预算已经用完等到下期再说吧。幸之助严厉地训斥道，这不就成了无法用"刀"，只能"徒手"战斗吗？如果这么做，公司的方针不就形同虚设，失去了它的作用吗？[20]

幸之助在自己的著作中写道："根据预算做生意当然很重要，但是这自始至终都是我们内部的一个计划。面对外部需求，必要的时候即使借钱也要做，我认为大家做生意必须懂得灵活变通。"[21]

不只是人心，幸之助更早察觉到了"金钱"方面的危机。1959年10月，在经团联[译者注：经济团体联合会（简称"经团联"）是日本最大的经济团体。日本各大企业、商社的社长或总经理几乎都参加了经团联，并担任各种领导职务。经团联对日本政治、经济发展有着举足轻重的影响]记者俱乐部的记者会上，幸之助就已经发现零售店的情况正变得越来越严峻，其中存在利率问题。[22] 这种危机感越来越严重，于是在上面提到的会长讲话上，幸之助提醒大家一味进行票据形式的销售有可能导致资金周转出现恶化。[23]

另外，1964 年 6 月新潟县发生大地震，营业所库存过剩，松下损失惨重，幸之助在自著中的记叙虽然有些不明确，但也提到自己已经意识到了危机。"我听到损失额之后感到不太能接受。一言蔽之，我觉得这个损失太大了。（此处有删减）原因还是在于我们把一些不必要的物资运到新潟地区，导致当地库存过量。如果我们供给的物资合理，库存量也合理，就不会出现这么大的损失。（此处有删减）这件事情不能就此作罢。鉴于新潟这个例子，我们调查了全国的销售部门，发现几乎所有的地方都是这种状况，这样肯定不行，于是我们做出了各种检讨和改变。最终成功改善了经营体制。"[24]

这正是次月热海会谈前后的事情。当然幸之助肯定还有其他各种各样的信息来源。例如，樋口广太郎（朝日啤酒原会长）就是其中之一。由于当时他是住友银行一个支店的店长，和松下的代理店有生意上的来往。樋口察觉到一个代理店的商品物流有问题，就把这个消息告诉了松下的樋野（时任财务董事）。这是热海会谈 3 周前左右的事情，会谈结束几天之后，幸之助

直接给樋口打电话致谢："您给樋野的报告很好啊，让我醒悟
过来了。谢谢您。"[25]

热海传递的"共存共荣"

1964 年（昭和三十九年）7 月 9 日，在掌握自己公司和
整个业界的情况，并思考应对策略之后，幸之助将松下的经营
干部和 170 家左右的销售公司、代理店的总经理共计 200 人
召集到热海新富士屋（New Fujiya）饭店。[26] 时任静冈营业所
所长的山崎孝也在其中。

山崎在退休之后经常对后辈员工提起热海会谈，并强
调危机意识的重要性。后来成为松下社长的中村邦夫（现任
Panasonic 顾问）年轻的时候就曾经接受过山崎的直接指导。
据说在新潟大地震发生后次月初，山崎就接到总部的通知，让
他与自己负责的销售公司和代理店的总经理们于 7 月 9 日一起
到热海集合。[27]

在热海的 3 天，幸之助真诚地面对销售公司和代理店的总
经理们，与他们推心置腹地交谈，但销售公司和代理店还是多
有抱怨。幸之助在一开始的发言中指出参会的总经理们不够努
力，并督促他们改革。"大家有没有拼命到小便带血的程度呢？"
这句话正是这时幸之助严厉质问大家的。但是，各总经理也确

实很努力，因此大家的反对情绪高涨，幸之助甚至一度陷入沉默。就这样一直僵持下不中，热海会谈迎来了最后一天。

最后，幸之助得出的结论还是走共存共荣之路，他眼含热泪地向参会人员真切地表达了自己的心情，他说自己坚定地认为要报答他们协助松下销售的恩情，会场顿时一片安静，双方都找到了各自应该走的道路。

临别之际，幸之助将事先挥毫写有"共存共荣"字样的厚纸笺分发给参会者。幸之助会谈后满怀共存共荣的心情，与会谈之前写下这四个字的时候相比，心境究竟发生了怎样的变化，我们不得而知。但是，他确实采取了行动，代替当时生病疗养中的安川洋，亲自代理营业本部长，倾尽全力将一直协助自己与松下的合作方从困境中救出来。

会谈后的经营活动

热海会谈之后，幸之助迅速地进行了销售制度改革。幸之助反复召开营业所长会议，让这些改革的当事人思考对策，创造了一个集思广益的平台，这样的事情持续了大概半年。1965年（昭和四十年）2月。幸之助开始争取各销售公司和代理店经营层对新制度的协助。他负责大阪，作为社长的正治负责神户，将东京地区交给了出身于营业部门的常务藤尾津与次。实

149

行一个地区一个销售公司的制度需要重新划分负责区域，这样一来各销售公司的既得权利就会出现重合，因此事情进展得并不顺利，于是他们设立新制度意见室，倾听零售店里的日常意见，并将这些意见告知各销售公司的总经理以期得到改善。

这一时期，幸之助遇到了支撑自己此后人生的一句话。"青春指的是心态年轻，只要一个人满怀信念与希望，每天都充满勇气地面临新挑战，这个人就会青春永驻"。这是根据塞缪尔·厄尔曼一首诗的中心思想改写成的具有幸之助风格的一句话，幸之助把它贴在真真庵的墙上反复诵读和体会。[28]

幸之助下定决心进行改革，他说"松下的生意大约会减少三成，两年内也不会有收益。如果按照年利润是 150 亿日元计算，两年大约就要丢掉 300 亿日元，如果这样能够成功也算便宜了"。幸之助指示地方各营业所借此时机将此前使用的"4%的经费变成 1%，实现合理化"，"剩下的 3%"让利于销售公司和零售店以及其他需求者，为了削减经费，他甚至还让营业所停止使用电子计算机。[29] 此外，他还推行了"事业部、销售公司间直销体制""新的月销制度"以及"分月订单制度"，这些努力都没有白费，1966 年 11 月的决算中达到了史上最高利润，销售额为 2565 亿日元，净收益达到 287 亿日元。

这个让幸之助发挥领导才能并使之名声大噪的舞台，不到两年的时间就顺利落幕了。此后，全国的销售公司和代理店都各自进行了改革，大家实行重组再编，也改了名称。虽然GMS（综合超市）和家电大卖场等竞争店逐渐夺走了一些销售份额，但是直到20世纪80年代后半期，连锁零售店的数量一直在增加，最多的时候达到了2.7万家。[30]

热海会谈之后进行这次改革时，疗养中的安川"提出了辞任常务和营业部长的申请，降为董事，但是后来又担任常务、专务"，最终担任副社长。高桥在自己的著作中提到了这件事，并写道，"对待有能力的人要让他们发挥出自己的能力，这是松下电器培养人才的一大要点"。[31]

被视为问题的松下产品价格

20世纪60年代后半期，热海会谈后进行的一系列改革告一段落，在当时的国内市场，说到松下的主力产品，肯定要属彩色电视。1964年（昭和三十九年）东京举办奥运会，加之伊奘诺景气（译者注：伊奘诺景气指日本经济史上自1965年到1970年期间，连续五年的经济增长时期）的影响，彩色电视机的需求快速增加。但是伊奘诺景气结束之后，日本经济停滞不前，国家、企业以及国民之间产生了各种各样的摩擦。1960年安保斗争之后，学生运动有过激化倾向，全共斗运动[译

151

者注：全称是全体学生共同奋斗会议，1968 年（昭和四十三年）——1969 年（昭和四十四年）发生在日本的学生运动。]等反体制运动逐渐导致政局不稳，社会越来越混乱。经济高速增长的弊端也开始在产业的各个方面呈现出来，反对（产品）不当说明和食品公害的消费者运动逐渐高涨，司法行政也开始有所行动。1968 年出台了消费者保护基本法。

在家电产业界，1966 年年末公正交易委员会采取措施，劝告当时的六大企业（松下、日立、东芝、三菱、三洋、夏普）取消它们的电视机价格协定，各公司都接受了这一意见。次年，松下和索尼被怀疑"非法转销"，索尼接受劝告，松下则彻底抵抗。[32]1968 年，美国电子机械工业协会认为日本的彩色电视机制造商在美国市场存在倾销行为，向财务省提出诉讼。继纤维和汽车行业之后，家电产品领域也开始出现贸易摩擦。

这种倾销嫌疑是因为出口价格与国内价格之间的巨大差异，这和国内标价与市场的实际交易价格之间的巨大差异问题重叠，导致消费者信任流失，松下面临着"两个双重价格"的问题。[33]

此时，日本国内的零售业和物流行业出现了巨大的创新。与"破坏价格""物流革命"等预感到新时代的词汇同时出现的还有中内功的大荣、堤清二的西友、伊藤雅俊的伊藤洋华堂、冈田卓也的 JUSCO 等，它们在零售界的影响力不断增强。

尤其是中内对松下，应该说对幸之助采取了破坏价格战，他们的销售价格大幅度低于正常价格，松下也采取对策，停止从大荣采购商品。伊藤和堤对幸之助表达了敬意，幸之助和他们的交情更加深厚，但是在大约 30 年的时间里幸之助和中内的抗争一直在持续。生活革命的领导者与物流革命的先导者之间不同的人生观、社会观的冲突，或许就是历史造就的必然。然而对于幸之助和松下集团来说，这场对立对证明自己经营理念的正当性具有重要的意义。

关于中内的物流革命理念，简单来说就是价格是由消费者决定的。在幸之助看来，价格应该是由生产者决定的。生产者尽早开发出社会上期待的产品并推向市场，虽然最初的价格高，但是他们会在成本的基础上附加适当的利润之后进行销售，再通过增加产量尽可能地让价格降下来。当然并不是所有的产品都是根据成本加适当利润来设定价格的，在开发电熨斗的时候就是先调查了市场价格，再进行后续工作。即便如此，幸之助的生产商决定价格这一经营方针是不可动摇的。

那么关于这个价格政策，如何在接受幸之助经营方针的同时又能顺应时代呢？时常面临这个难题是第二代社长松下正治的宿命。改变到什么程度是可以接受的，什么地方是绝对不能改变的呢？其实这不仅是松下要做出的经营判断，在其他成功创业的企业，第二代及之后的社长都面临着类似的问题。

在 1972 年的经营方针发表会上，关于价格问题，正治是这样说的，"价格本来就不是由销售店和生产商最终决定，而是由消费者全体根据商品的效用判断出相应的价值决定。而且价格围绕着一条平均线上下有小幅度的波动，我们只不过是找出消费者们决定的那条平均评价的线，然后沿着这条线，制定出价格作为买卖的合适标准。如果我们产生误判，制定的价格过高就行不通，也无法赢得消费者的信赖，相反，如果价格过低，那么之前采取的降低成本生产就收不到效果，我们也将失去合适的利润。消费者整体认可合适的价格并以此定价，这个合适的价格与成本之间的差额就是我们的利润"。[34]

这一发言似乎能看出幸之助回到了自己在创业时期奔走于批发商之间兜售产品并决定价格的那个原点。在 1995 年出版的自著中，正治将松下的定价原则明确定义为："市场价格 − 成本 = 利润"。[35]

幸之助的消费者观和物价观

幸之助在思考二重价格问题的时候，他的经营思想、经营哲学以及价值观真的没有一点儿动摇吗？20 世纪 60 年代发行数量快速增加的《PHP》杂志正是寻找这一问题答案的宝典。在 1969 年（昭和四十四年），该杂志的发行数突破 100 万，除了客户之外，与松下竞争的公司的员工们也纷纷购买阅读这本杂志。

在 20 世纪 60 年代后半期，杂志封面的连载是幸之助的"新日本·日本的繁荣年谱"。虽然幸之助热切盼望富足时代的到来，但是面对政治、经济、教育等各方面的问题，幸之助越来越不安。以这种不安为题材写成的忧国论和幸之助作为企业家的实际经营行动是一致的。

例如，幸之助的物价原则是"社会越发展工资就会越高，物价就会下降"。另外，幸之助的理想是通过稳定物价让社会上的国民放心地生活，在这一点上他的主张是始终如一的。这个想法体现在 1965 年 2 月《PHP》杂志的文章"这样做物价就能降下来"，以及 1970 年 6 月的文章"关于物价的思考"。

在 1970 年 7 月的杂志中，幸之助以"消费者就是君王，因此……"为题，向读者提出疑问："不管君王的要求多么无理也要倾听，这真的是作为家臣的正确职责吗？"他在论述中写道，"例如产品价格问题，牟取暴利这样的事情是绝对不被允许的，但是认为越便宜越好就无视利润的随意交易，实在不能称得上是诚实和令人满意的态度。因此还需要考虑到很多方

155

幸之助愉快地骑着自行车

面，比如社会的看法以及生产者的立场等，在此基础上决定合适的价格。我认为生产者充分体会这一点，并让消费者充分理解这一点是十分重要的"。可以说，这段话将幸之助的价格政策解读得简单易懂。

为了让读者理解他这一观点，幸之助说："生产者既是消费者，消费者亦是生产者，这是基本原则。"消费者"既是君王也是家臣"，因此如果双方都只顾自己的利益，很有可能变成"自我折磨"。

幸之助的发言有时也能反映出与松下经营活动有着直接联系的价值观。在 1968 年举行创业 50 周年纪念典礼时，幸之助宣布企业理当应对地方人口过度减少的问题，采取积极地向地方发展的方针。

1969 年 4 月发行的《PHP》杂志中有一篇名为"地区发展均衡的国家"的文章，论述了这一想法，此后松下的确实现了向地方的发展。1967 年 7 月，松下开始实施资本自由化，同年 7 月该杂志主张推动"股份大众化"，松下于 1972 年建立员工持股制度，逐渐渗透这一理念。

另外，从 PHP 的社会实践上来看，松下是日本国内最早导入双休日制度（1965 年）的企业，在 1967 年的经营方针发表会上还提出"未来 5 年要超越欧洲的工资水平，向美国看齐"，此后也确实做到了这一点。

消费者运动高涨之下

20 世纪 60 年代消费者运动逐渐兴盛，70 年代出现拒购松下产品运动。经营顾问堀纮一认为，这一年是"消费者运动促进企业伦理从生产第一转向社会性并蓬勃兴起的一年"，这一时期对于松下来说，"消费者运动将矛头指向自己，品牌形象面临着受损的危机"。他还记载道，同年 8 月"地方妇女团体联络协商会在首都圈调查家电产品价格，认为彩色电视机制造商的标示价格与店铺实际销售价格差距太大，于是要求降低标示价格，以解决二重价格问题。但是各制造商并没有回应这一诉求，于是从 10 月开始出现针对顶级制造商松下电器的拒购运动"。[36]

经历过贸易摩擦问题、来自公正交易委员会的价格协定、非法转销的劝告以及消费者运动的幸之助，说过要相信市场、社会基本上是正确的，但这次市场和社会甩到他面前的是大写的"NO"。随着市场的成熟价格就会下降，这是经营理论。或许是为了证明这个理论的正确性，面对一系列的消费者运动，作为社长的正治抛出下面的论述，让人们看到他作为第二代社长的自尊。他说，尽管人们不断努力降低家电产品的价格，市场依然会萎靡。从 1967 年公正交易委员会提出劝告后的 4 年间，正治站在备受质疑的立场上不断强调着松下经营方针的正当性。

正当事态发展到拒购运动的时候，1971 年年初幸之助终于采取了行动。他重新回到"社会是正确的"这一信念，幸之助在自己的著作中这样写道，"我认为'如果所从事的是正确的工作，就不会产生烦恼。如果有烦恼，改变一下自己的做法就可以了。社会的看法是正确的，让我们和这个正确的社会一

158

起努力工作吧'。这样，自然而然地就会有强大的力量"。他还写道，即使偶尔遇到错误的判断、受到不公正的对待，长远来看，社会还是正确的，是值得信赖的。这样一想就会感到非常安心，就能专注于每天的经营。[37]

幸之助将上面这段话付诸行动。在 1 月 10 日召开的经营方针发表会上，他向员工们呼吁：让我们抛掉之前所有的不服和愤怒，彻底反省，深怀感激之情吧；让我们忘掉松下是个顶级制造商，就当它是一个刚刚成立的生产商吧。[38]

地方妇女团体联络协商会发行的《地方妇女团体联络协商会 30 年发展历程》中记载，"时隔 5 年后，松下电器决算再次呈现收益减少的情况，松下幸之助会长在经营方针发表会上发言表示，'要把今年作为彻底反省和感恩的一年，要尊重消费者运动'，此发言使得一直暧昧不明的业界态度发生改变。第二日，也就是 1 月 11 日，对于处在行业指导地位的松下，通产省破例提出降价指导，'希望今后发售的新种类产品的零售价格比现行种类的产品价格降低 15%'。据说'最低降价 15%'这一标准是公正交易委员会通过调查产品点评、听取制造商意见之后，判断出降低 15% 是有余地的。这样一来瞬间就向解决'拒买运动'迈出了很大一步"。[39]

对于地方妇女团体联络协商会来说，虽然他们并非有意针对松下公司（相当于幸之助），但这样做确实有一定价值。拒购运动结束之后的同年，松下接受了公正交易委员会的劝告，此事件告一段落。

正确经营理念的背后

1962 年（昭和三十七年），美国总统约翰·肯尼迪在关于保护消费者权益的特别咨文中提出消费者的四大权利（有权获得安全保障、有权被告知基本事实、有权自由决定选择、有权提出消费意见），成为支撑上述消费者运动的依据。肯尼迪对于支撑富足消费生活的大型超市的未来发出祝福信息，对此中内功十分感动，对物流革命的领导更有信心。正如前面所说，幸之助在第二次世界大战后初次访美，看到美国的繁荣，深刻感受到自己的 PHP 理念，也就是实现身心富足的社会并不是梦。此后成为美国总统的肯尼迪在就职演说（1961）中有这样一句话："不要问国家能为你做什么，而要问你能为国家做什么"。幸之助很喜欢这句话，而且经常提到，因为这句话和自己的自主责任经营这一事业哲学是相通的。

被肯尼迪的不同名言所吸引的这两个人曾在真真庵有过对峙状态的谈话。某一天，幸之助邀请中内来到真真庵，然后向他抛出"反对霸道，提倡王道"这句话。[40] 与大荣的斗争持续

160

了 30 年，直到幸之助去世、正治成为会长才算落下了帷幕。但是中内并没有否定幸之助的全部，他在自己的著作中也提到自己对于幸之助的"PHP（Peace and Happiness through Prosperity，通过繁荣实现和平与幸福）理念没有异议"，对于自来水哲学也表示赞同。[41]

幸之助曾谈道，"经营的时候只考虑利害关系、企业扩张这些事情是行不通的，还必须从根本上拥有正确的经营理念。经营理念这个概念也必须深深植根于某个人生观、社会观、世界观之上，认识到什么是正确的。只有这样产生的经营理念才算得上是真正正确的"。从相反的角度看这句话，也可以说幸之助已经认识到人生观和社会观是各自理念和行动的基础，由此也会产生差异。

总之，松下走出了 20 世纪 60 年代后半期的这一困境，并渡过了 1971 年的美元冲击，并于同年 12 月，在纽约证券交易所上市。前文提到的冈本注意到这一时期松下的"价格政策的机动性"增强，他指出松下根据不同的市场占有率采取了涨价、不变、降价等不同的价格政策。[42]

终于完成《思考人生》

幸之助在后方支持正治社长和高桥副社长的同时，真真庵的 PHP 研究也进入了最后的总结阶段。幸之助认为"所谓的经营就是人们为了幸福而相互支持的一种活动",但是对于他来说最想知道的还是人,是人心。"人的容貌和外表各不相同,每个人都不一样。因此我认为人心也各不相同,如果有一种显微镜能观察到这种差异……"幸之助关于人的研究成果《思考人生》于 1972 年(昭和四十七年)付梓。这本书一经发售立刻成为话题,销量超过 20 万册。

《人是万物之王》(1953 年发行)一书中也记载了这句人类宣言,该书总结了始于第二次世界大战后的 PHP 研究成果。此后 20 年的时间里,幸之助的人生观没有发生丝毫动摇,重新开始研究之后,他更加深入地思考并最终完成《思考人生》这本书。出版前幸之助把其中的内容拿给友人们看,大家看法不一,幸之助无论如何都想让社会来评价一下,于是出版此书。我将会在第三部分中谈到该书表达的人生观、社会观以及宇宙观与幸之助作为企业家的经营有怎样的联系,在这里我们选看一下其中的内容。

幸之助说,人是伟大的,是万物之王。正因为如此,人不应傲慢,而要保持谦虚的姿态,让万物发挥出自己的作用。他认为要想保持这种态度,需要大家包容一切,拥有率真之心和涵养。让万物发挥出作用的经营不仅是对松下的要求,这一点

在根源社前面

对 21 世纪所有企业来说都应该做到。

幸之助还说，如果问他相信"性善说还是性恶说"，他会回答两个都可以。人可能会向善也可能会向恶，这一本质就像是钻石原石，越磨越亮。这种人生观可以说是松下尊重人的经营理念的基础。

那么《思考人生》一书中出现 50 次的"生成发展"究竟是什么意思呢？这个词语描述的是诸行无常、万物流转的社会面貌，表达了日日都有新生的状态。经营上的生成发展指的是不断探索新的创意，不断制造出社会需要的新产品，实现持续创新。另外，幸之助也承认不管是个人、企业还是国家都会走向灭亡，他还说死亡又会变成生成发展，即使是松下也有寿命，当社会不再需要它时松下就会消失。但是，幸之助也领悟到在这期间要为自己的使命而活，这才是我们作为人应该做的。

《思考人生》一书凝聚了幸之助的思想和哲学的精髓，而幸之助长期的企业家活动也即将迎来最后的时刻。

注释:

1 赖肖尔后来称赞幸之助"他以惊人的创造力为武器活出两个人生"，他也表示理解幸之助作为企业家之外的活动。埃德温·赖肖尔（1982）"想象力·洞察力·指导力"《松下幸之助全研究 5 走近真实的幸之助 72 人的随笔》（学习研究社）201~210 页。

2 《社史资料》（松下电器产业株式会社）No.9，37~39 页。

3 《妇人公论》1966 年 10 月刊（中央公论社）198 页，三鬼阳之助"从工作中发现生命意义的男性十二章"。

4 PHP 综合研究所编（1991—1993）《松下幸之助发言集》（PHP 研究所）20 卷 136 页。

5 《松下电器社内时报》1966 年 3 月 1 日。继任者是松本三郎，幸之助成为会长，并于 1971 年辞退该职，由松本担任会长，三由清二担任社长（该报 1971 年 3 月 21 日）。

6 松下幸之助（1979）《决断经营》（PHP 研究所）123~127 页。

7 小蒲秋定（1979）"把困难的事情做成功"PHP 研究所研修局编《PHP 研讨会特别发言集续·向顾问松下先生学习》（PHP 研究所）152~153 页。

8 《President》1971 年 1 月刊（钻石时代公司）173 页的石山四郎、小柳道南"给心充电吧"。

9 池上确编(1994)《日本干电池工业会史》《日本干电池工业会》686 页。

10 上述《松下幸之助发言集》2 卷 31~40 页。

11 同上书，23 卷 281 页。

12 高桥荒太郎（1983）《口口相传的松下经营》（PHP 研究所）114~115 页。

13 樋野正二（1982）《"松下财务大学"教材》（实业之日本社）收录的幸之助的"序文"。

14 高桥荒太郎（1979）《向松下幸之助学习》（实业之日本社）158 页。

15 冈本康雄（1979）《日立与松下（下）》（中公新书）263~270 页。

16 长谷川信、武田晴人（2010）"产业政策与国际竞争力"石井宽治·原朗·武田晴人编《日本经济史 5 经济高度发展期》（东京大学出版会）234~236 页。该书指出，1958 年（昭和三十三年）东京芝浦电气以部务会议决定的"电子工业振兴五年计划为基础"制订事业计划。

17 上述《决断经营》93~96 页。

18 上述《松下幸之助发言集》2 卷 21 页、66~67 页。

19 水野博之（1985）"松下在家庭电器化计算机革命中胜出"《NEXT》1985 年 11 月刊（讲谈社）16~17 页。采访人是记者二官欣也。1970 年 2 月松下内部的经营研究会上幸之助的一段话似乎证明了这段发言。他说"5 年前我们认为松下电器最好中止电子计算机的研究生产，让内部这个整体更加坚固可靠，于是我们一度放弃这一领

165

域，但是今后我们要从另一个不同的角度重新审视电子计算机"，由此向人们展示意欲进军终端机行业。上述《松下幸之助发言集》28卷153页也收录了相同的内容。

20 上述《松下幸之助发言集》26卷96~103页。

21 松下幸之助（1974）《经营心得帖》（PHP研究所）57页。

22 上述《松下幸之助发言集》20卷15~20页。

23 同上书，26卷88~92页。

24 上述《经营心得帖》40~41页。

25 樋口广太郎（2001）"松下幸之助先生身上的琵琶湖哲学"江口克彦监修《经营大原则》（PHP研究所）61~62页。

26 参考自热海会谈统筹负责人土方宥二（Panasonic客座人员）的谈话记录。

27 参考自山崎孝题为"热海会谈与新销售制度"的演讲记录。收录于松下电器培训中心中央员工研修所1994年发行的《第三回创业之心研究会》。

28 松下幸之助（1966）《写给年轻人》（讲谈社）9页。

29 松下幸之助叙述、石山四郎·小柳道南编（1974）《松下幸之助经营回想录》（钻石时代公司）258~259页。

30 伊丹敬之·田中一弘·加藤俊彦·中野诚编著（2007）《松下电器的经营改革》（有斐阁）102~103页。

31 上述《向松下幸之助学习》271页。

32 石原武政·矢作敏行编（2004）《日本物流100年》（有斐阁）115~116页。

33 新饭田宏·三岛万里（1991）"物流体系化的扩展——家庭电器"三轮芳朗·西村清彦编《日本的物流》（东京大学出版会）113页。

34 松下电器产业株式会社（1978）《松下电器激荡的十年》（该公司）

320~321 页。

35 松下正治（1995）《经营之心》（PHP 研究所）40 页。

36 中山素平·堀纮一（1995）《什么是冒险精神》（President 社）106~107 页。

37 松下幸之助（1973）《经商心得帖》（PHP 研究所）6~7 页。

38 上述《松下幸之助发言集》24 卷 87~107 页。

39 全国地区妇女团体联络协商会（1986）《全国地区妇女团体联络协商会 30 年历程》（该会）102 页。

40 中内功（1994）"一个下雨天，幸之助在真真庵对我说'反对霸道，提倡王道'"《一本书了解松下幸之助》月刊经营塾 1994 年 12 月临时增刊（经营塾）114 页。

41 中内功（1969）《我们的减价哲学》（日本经济新闻社）42 页。

42 上述《日立与松下（下）》88~90 页。

VI 企业家最后的日子

从会长职位引退，作为顾问给出的训示

1973 年（昭和四十八年）松下迎来成立 55 周年。当初仅有三个家人经营的小镇工厂成长为家电行业的龙头企业，不知从何时开始幸之助被人称为"经营之神"。同年 7 月，幸之助决定辞退会长一职，担任顾问。高桥荒太郎接替他成为会长，松下正治继续担任社长。距离热海会谈后作为会长回归生产一线已经过去差不多十年了，会谈后的改革十分成功，幸之助的名声也越来越大。他带领松下渡过了 20 世纪 60 年代后半期的消费者运动这一巨大考验，还出任灵山显彰会首任会长、飞鸟保存财团首位理事长等，在社会文化活动上倾注自己的精力。

此后与幸之助有过交流的天谷直弘（原电通综合研究所所长）这样评论他，"他是一位优秀的产业人，但是又没有被产业所埋没。他是大众的一员，同时又没有随波逐流。他投身于时代的洪流，又时常从洪流中抬头远望"。[1] 当幸之助抬头远望，

针对社会上的现象敲响警钟的时候，PHP 研究所的出版活动发挥了作用。幸之助直到去世都在担任 PHP 研究所的所长。除了创立以来一直发行的《PHP》杂志之外，幸之助还陆续出版了几本著作，这使得大众对于他的观点和想法有了进一步的了解。

相比于辞任社长一职，幸之助在辞任会长时对继任的经营干部们给出了更加明确的指示。包括以下六项：[2]

一、会长和社长要真正做到团结一致，统率公司整体业务。

二、会长和社长要认真遵守公司稳健的基本经营方针，同时积极地正面回应社会广大群体对公司的要求和期待。

三、生产一线的工作交给专务或者常务；副社长负责多个领域，要从大处着眼；会长和社长要指出经营中重要的、基本的问题并做出指示，最好不要对各个领域做出具体的指示。

四、即使会长和社长按照上面的方针勤勉工作，还是会有很多负责人向你们报告并寻求具体指示，这时应当坚持依照上述方针处理。

五、强化实施本年度的基本方针"新生松下"。

六、会长、社长以及各位生产一线负责人要率先垂范，以社会上所有的人为师，把他们当作重要的客户，重视礼节、以谦虚的态度相待，同时要向全体员工说明这些准则的重要性。

在董事会上宣布引退之后，幸之助又在随后的记者发布会上公布了这一方针。幸之助接受了各种各样的提问，他颇为感慨地说，"想摸着自己的头对自己说'你已经做得很不错了'"，对于新的领导成员，他充满期待地说，"我认为只要国家还存在，松下电器就会不断发展，或许这就是我的梦想"。[3]

六项指示中的最后一项再次确认了松下不可改变的传统精神，这是幸之助自创业以来作为生意人一直看中的态度，他还说过"路上行人皆为顾客"。实际上，只要是作为家电制造商从事经商活动，材料部的客户、给予批评的媒体都可能成为顾客。他最后谈到只有切实贯彻第六项，松下才能实现持续发展，从这一点可以看出幸之助的风格。

幸之助在这一时期就任顾问，仿佛预测到了后来时代的巨大波涛。同年10月第一次石油危机爆发，此后日本经济经历了资源不足导致的物价混乱，1974年出现第二次世界大战后首次0.5%的负增长。此前的经济高速发展呈现明显的钝化态势，供需差距令各企业苦恼不已。

社史《松下电器激荡的十年》记载了这一时期的经济动向。"'出口依赖型的经济'呈现'大幅贸易收支顺差'，同时也加剧了'与欧美各国的经济摩擦'。'美元贬值、日元升值'的基本趋势就是始于这一时期，'日元升值使得日本的国际竞争力'

开始丧失"。很明显这时候单靠之前的成功经历已经起不到什么作用，但是松下继承的幸之助的事业哲学有一重要特征，那就是不把经营环境作为任何事情的借口。幸之助说："经营方法是无限的，如果方法得当一定会成功。因此应该相信不管是遇到了不景气的社会环境还是别的什么情况，一定会有解决的办法，如果带着这样的想法努力，一定会取得相应的成就。与景气的时候不同，经济萧条期间需求者和社会将更加严格地审视我们的经营和产品，只有真正的好产品才能卖得出去。因此对于经营有方、符合社会要求的企业来说，萧条反而是发展的机遇，也就是'景气很好，不景气更好'。" [4]

继承——幸之助和新社长山下俊彦

辞退会长之后，1976 年（昭和五十一年）幸之助的著作《坦率之心》出版，这本书的出版耗时数年。据曾在 PHP 研究所从事编辑工作的岩井虔回忆，幸之助强烈感受到自己"还没有完全做到坦率"，因此希望制作一本能让自己拥有一颗坦率之心的教科书，于是出版本书。虽然幸之助在心中已经无数次告诉自己要"有一颗坦率之心"，但是直到此时他依然没有达到这种境界。从表面上看，幸之助从企业中引退，然而作为顾问的他依然每天面对着各种各样的事情。

1977 年 2 月，山下俊彦当选为松下幸之助的继任者，在 26 位董事中排名末位的他一跃成为名列第二的董事会成员。山下一直在拒绝这个职位，直到最后无法拒绝才接受这个决定。至此第一个非松下家族的社长诞生，三人（幸之助、正治、高桥）都一致同意山下担任这一职务。

"今后必须根据日本的国情去发展企业，迎接全球繁荣。为此，必须有一个人在这一职位上持续不断地做下去，然后有更新的想法、有创新性的产品设计去实践、并取得成果，所以新的社长必须是能至少工作 10 年的人。"[5] 基于这样的想法，幸之助选择了山下。谈到山下的个人工作状态，幸之助说："其实他经常到处走访去了解人们的意见"。[6] 他还说："山下能很快做出决策，有时候也会问他工作状态，有时候看到业绩就能知道他的工作状态。能很快做出决策就意味着有一定的判断力，作为社长这一点是最重要的。"通过杂志的采访，人们才知道山下被派往西部电力的经历是幸之助的"一大判断依据"，幸之助直到做出决定都不知道山下并不是大学毕业生。[7]

顺便说一下，山下被派往西部电力大约是在 1956 年。据高桥说，这是一家专门生产拍照用闪光灯的企业，很久之前就与松下的电灯部门关系紧密。西部电力陷入经营不振之后，希望松下助其实现重建。然而由于工会的强烈抵制，实现经营重建困难重重。山下时任松下电子工业的电子管部门副部长和零部件工厂厂长，松下派他前往西部电力进行重建。作为常务董事的山下完成了公司交给自己的任务，帮助西部电力发展成为优良企业，3年后回到公司总部。出任空调部门事业部长时山下也表现不凡，他从零开始，建起马来西亚的空调出口专门工厂，并在短时间内取得成功，切实积累了实际的业绩。[8]

据说山下就任社长之后，幸之助经常去他那里。生性敏感的幸之助在年轻的时候"经常因为思虑过度而夜不能寐"，因此"出现脉搏间歇这种情况已经不止一两次"。但是他鼓励自己说，"如果社长什么都不操心，什么事情都很轻松做到，那么人生的意义何在呢？如果这样还不如直接辞掉呢"。他还认为"领导者要做好心理准备，倾听部下诉说他们担心的事情"。他还说社长就像是"能消解烦恼的总寺院"。[9]因此，在幸之助看来，作为顾问一定要倾听全公司的烦恼，然后成为消除这些烦恼的总寺院。

山下回忆道，"我当上社长之后没过多久，顾问就拿着一个匾额来到我的房间，上面写着'大忍'二字，署名是松下幸之助。就任社长以来，我践行着自己坚持的信念，坦率地说出了自己该说的事情。有时候顾问或许并不同意这些言行，在人事和措施上我们也有意见不一致的时候。因此有传言说'那两

173

个人之间是不是有什么矛盾啊'。另外有人看到我做出决策的速度很快，甚至还有些急性子，就说'那个男人很冷酷，很难和他说话'。看到这样的我，顾问应该是很担心的。我觉得他是为了告诉我人有时候需要忍耐，才特意给我带来'大忍'那块匾"。据说幸之助是这样对山下说的："我自己的房间里也挂着一块这样的匾，你看到这块匾的时候，就想着我应该也在看着它吧。"[10]

山下领导时期设立了由8名最高经营干部组成的咨询机构，名为全松下经营咨询会议。据社史《松下电器激荡的十年》记载，这8人都是由幸之助推荐，顾问、会长、社长作为特别议员参加。看起来不是只有幸之助一个人倾听生产一线的苦恼和不安。

新社长山下大显身手

1977年（昭和五十二年）山下就任社长时，松下的销售额是14345亿日元，净收益是967亿日元。这个业绩是正治时代的成就，可想而知山下背负着巨大的压力。但是，山下在任的9年间，销售额达到原来的2.2倍，净收益达到原来的1.9倍（1986年松下的销售额是31692亿日元，净收益是1851亿日元）。除了彻底贯彻事业部制度，山下还快速推进了员工的新老交替，此外，他还积极推进国内营业部门重组以及家电销售公司整合。此前，营业部门是按照商品分类的，山下按照行业分类对其重新整合，在此基础上也采取了措施应对不断扩大的家电卖场规模。[11]

还有一件广为人知的事情，VTR（磁带录像机）业务正是由这个新社长和幸之助、正治三代社长共同参与并取得成功的。对于松下来说，VTR 是仅次于收音机、电视机的核心业务。记者佐藤正明的《影像媒体的世纪》（日经 BP 社）一书中详细描述了这一领域的发展历程。这本书后来被拍成电影，使得一般民众也了解到松下等日本家电制造商当时奋斗的情形，电影的名字叫作《太阳还会升起》。

社史《松下电器变革的 30 年》中也详细记载了 VTR 业务的相关情况。现对当时的经过快速梳理如下：首先松下发售 VX-2000 这种型号的机器，但是幸之助对日本 Victor 研发的 VHS（家用录像系统）格式的优越性能十分着迷。1977 年松下宣布进行战略转换，"VHS 派——松下电器、日本 Victor、夏普、三菱电机、日立制作所"和"BATE 派——索尼、东芝、三洋电机、日本电气"这样的格局逐渐形成。

VTR 是一种需要国际化思维的产品，而这种思维也是幸之助担任会长时所提倡的。同年 2 月，也就是山下刚刚就任社

175

长不久，美国最大的彩色电视机制造商真力时电子公司就宣布将在 VTR 领域与索尼展开全面合作，如果第二位的 RCA 也和索尼合作，松下就会陷入十分被动的境地。于是正治紧急与 RCA 接触，对方提出了美国市场独有的要求——录像时间需要能达到 3 小时以上，此外，对于价格和发货时间等也提出要求，面对这些苛刻的条件正治都逐一答应下来，双方开始商谈合作事宜，幸之助也参与了价格谈判。通过与 RCA 合作，松下的产品席卷美国市场。

当时 VTR 开始真正普及，最初的两三年 BATE 格式占据了优势，1980 年形势发生了逆转，VHS 格式占据优势，并成为全球通用格式，在国内外市场稳固下来。根据松下社史记载"20 世纪 70 年代后半期之前营业额不足 100 亿日元，到 1978 年突破 100 亿日元，此后按照成倍的速度增长，到 1985 年已经达到约 8000 亿日元的规模。同年该公司的全部营业额约为 34000 亿日元，因此 VTR 占到了整体营业额的 1/4"。[12]

很明显，幸之助对 VTR 领域的过问要比电影《太阳还会升起》中描述得多一些。日本 Victor 影像部部长高野镇雄在日本被人们称为 Mr.VHS，据说 1975 年幸之助手中拿着 Victor 的 VHS 样品之前两人就已经见过面，那应该是前一年幸之助在 Victor 工厂参观便携式彩色录像机时的事情。当时幸之助已经是松下的顾问，或许是由于那款产品，幸之助很信任高野，之后两人一直保持着直接联系。从《怀念 Mr.VHS 高野镇雄先生》一书中可以了解到这段开发趣事。[13] 虽然是一家子公司，但是日本 Victor 的独立性很强，即便如此高野依然是幸之助的追随者，一边与幸之助保持直接联系一边从事开发工作，这也无疑点燃了他的工作热情。

负责人需要的不是才能，而是"不输于任何人的热情"。高野实践着幸之助的这一观点，日本 Victor 把高野当作核心人才开拓 VTR 业务的未来，通过与松下联合席卷市场，VTR业务也立刻成为山下社长时期的核心业务。山下提名的第四代社长，正是松下影像事业部经营情况堪忧之时发挥领导才能的部长谷井昭雄。

那么幸之助对于这份事业的热情又持续到了什么时候呢？有人说这一时期幸之助还直接向光盘等其他领域的一线开发人员了解情况，理解零部件和产品构造并参与经营判断。[14] 正治虽然感到幸之助"自八十五六岁开始精力就明显下降"，但是"直到最后一刻他对于自己创立的这项事业是十分执着的"。[15]另外，1979 年 6 月，幸之助访问中国，与邓小平等领导层进行了亲切的会谈，此后松下开始进军中国市场。回到日本之后，幸之助说"不能把中国当作世界上的一个国家来看待，那是一个小小的世界"。[16]

对松下政经塾寄予的希望

1980 年(昭和五十五年)4 月,松下政经塾开学。此前一年,幸之助自己拿出 70 亿日元以财团法人的身份设立了这个学校。第一批学生野田佳彦(原总理大臣)等就是由幸之助直接面试招收进来。和之前提到的新社长山下一样,野田这些学生们的房间里也挂着由幸之助提笔写下的"大忍"匾额。

第二次世界大战后为了专心重建松下,PHP 研究曾经一度中止。幸之助就任会长之后重新开始这一研究,政经塾的诞生就是这一活动的延伸。幸之助并不仅限于开展 PHP 研究、举办研讨会或者通过著书进行政治呼吁,他还挑战亲手创造一个培养国家未来领导者的舞台。这一年幸之助 85 岁。此外,塾训和五誓以文字的形式展现了政经塾的指导精神,也明显反映出幸之助长久以来的思想和哲学。

塾训

以坦诚之心,集思广益,通过自修自得探究事物本质,追求日新月异的成长发展之路。

五誓

——持之以恒。成功的诀窍在于坚持,直至成功。

松下政经塾开学式

——自主自立。靠自己的力量，自己的努力才能收获硕果。

——事事钻研。只要用心观察，就能发现，万物皆为我师。

——开拓进取。不受传统束缚，不断开拓创新，才能开创日本和世界的未来。

——感恩协作。没有和谐，就不可能获得成果。只有时刻心怀感恩，团结协作，才能取得真正的发展。

第四条"开拓进取"的精神正是幸之助在松下的经营中对员工一贯的要求。据说有这样一件事：一天，幸之助突然出现在干电池业务处，他随手拿起一个电灯问企划科科长，"现在的开关是什么样的啊？"科长回答，"还是原来的这种"，幸之助的脸色随之就变了，随后是响彻整个业务处的怒吼，"你给我听着，这种是我制造出来的，现在都过去多少年了，你设计出来的东西在哪里？你究竟在干什么？把之前发给你的工资还回来，全部还回来！"[17] 或许，一线上这一句接一句的话就能看出企业家的精神。

"松下的员工们是不是在幸福地工作着？"

1980 年（昭和五十五年）7 月，山下社长在热海召开销售公司总经理怀旧座谈会。幸之助也出席了这次座谈会，他在重温旧情的同时，也希望销售公司的总经理们能够多多配合松下新的组织架构。在当时，大卖场的发展引人注目，家电市场的格局也发生了很大的变化。山下采取的对策是对销售公司进行整合和重组。[18]

第二年，幸之助获得日本政府颁发的勋一等旭日桐花大勋章。到了 20 世纪 80 年代，幸之助依然每年都在年初召开的经营方针发表会上发表讲话。这一时期，作为会长的正治有一段不堪回首的回忆。一家杂志曾报道正治在接受采访时表示"人们把松下称为金太郎糖果（译者注：这种棒状糖无论用刀切哪一段，其截面的图案都是相同的金太郎的面孔。暗指那些无个性的人或者千人一面的现象。）电子版，我认为有些不妥"。幸之助在经营方针发表会上说，"被称为金太郎糖果有什么不妥的？"确实有一段时期有人揶揄松下集团的强大，形容它是"金太郎糖果集团"。其实正治在采访的前半段明明说的是"松下电器有纲领有基本方针。如果按照这个方针贯彻下去，我觉得大家肯定不是同一种风格"，然而这一部分没有写入采访内容，而缺失的这一部分刚好是幸之助理想中的样子。正治回忆道，如果幸之助事前能问一下自己"你真说了那种话吗？"就好了。随着幸之助逐渐老去，发生这种误会就成了不可避免的事情。[19]

20世纪80年代，山下积极推进海外事业的发展与当地生产。海外事业的基本方针是要考虑到对象国的实际情况，在当地受到欢迎，为了明确继承这一方针，1984年山下提出四个（人才、材料、资金、技术）本地化推进方针。其基本内容包括以下6点：1.发展的业务要受当地欢迎；2.在当地政府的方针指引下发展；3.积极推进海外技术转移；4.海外生产的产品要在品质、性能以及成本上具有国际竞争力；5.构建利润不断扩大的经营体制，从而获得事业扩展资金；6.努力培养当地员工。此外还指明了一个方向，那就是海外事业并非单纯的生产基地，而是以自主责任经营为前提发展。[20]被派往海外的各负责人也都认可这一经营方针。[21]

1985年9月广场协议 [译者注：1985年9月22日，美国、日本、联邦德国、法国以及英国的财政部长和中央银行行长（简称 G5）在纽约广场饭店举行会议，达成五国政府联合干预外汇市场，诱导美元对主要货币的汇率有秩序地贬值，以解决美国巨额贸易赤字问题的协议。因协议在广场饭店签署，故又被称为"广场协议"。]签订，日本经济迎来巨大的转折点，日元急速升值，"仅在 1986 年一年日元升值对松下造成的损失预计有 3000 亿日元"，[22] 新时代的波涛对处于事业规模扩张期的松下造成了各种各样的影响。此后包括一直持续到 1991 年（平成三年）的泡沫经济在内，对于高龄的幸之助来说靠感觉去认识经济形势已经十分困难了。此后他搬到了守口市的纪念医院，渐渐地连发出声音都很困难。即便如此他依然在住处等待松下的董事们前来报告企业的情况。

平田雅彦（原松下电器副社长）说"自从负责松下电器的财务以来，每月都会去一次创始人那里，通过汇报财务决算向他报告企业近况"，他没有想到 1989 年 3 月竟是幸之助最后一次听他汇报。据说幸之助在听完汇报后问平田，"松下的员工们是不是在幸福地工作着呢？"[23]

1989 年 4 月 27 日，平成时代刚刚开始，幸之助就与世长辞了。

注释：

1　《THE21》1993 年 7 月增刊（PHP 研究所）145 页，天谷直弘"历史之子松下幸之助"。

2　《松下电器社内时报》1973 年 7 月 30 日。

3　PHP 综合研究所编（1991—1993）《松下幸之助发言集》（PHP 研究所）21 卷 189、199 页。

4　松下幸之助（1978）《实践经营哲学》（PHP 研究所）58 页。

5　松下幸之助（1979）《决断经营》（PHP 研究所）210 页。

6　大和勇三（1982）"松下式帝王学的真面目——巨耳巨人"《松下幸之助全研究 5 走近真实的幸之助 72 人随笔》（学习研究社）163 页。

7　参考自三鬼阳之助的采访文章"松下成为官僚主义之后山下新社长要重新开始"，收录于《财界》1977 年 2 月 15 日（财界研究所）。

8　高桥荒太郎（1983）《向松下幸之助学习》（实业之日本社）166~169 页。

9　松下幸之助（1977）《人事万花筒》（PHP 研究所）18~20 页、142 页。

10　山下俊彦（1987）《我当上了社长》（东洋经济新报社）88 页。

11　松下电器产业株式会社（2008）《松下电器变革的 30 年》（该公司）43~44 页。

12　同上书，60~77 页。

13　"怀念高野先生书籍"制作委员会编（1994）《沉迷于……怀念 Mr.VHS 高野镇雄先生》（"怀念高野先生书籍"制作委员会）。该书收录了参与 Victor 经营的人员投稿以及对话、证言等。

14　例如神尾健三（1995）《开发出有图像的唱片吧！》（草思社）24~25 页、128~132 页、146~151 页。该书表明 1975 年之后幸之助与负责光盘开发的神尾也一直保持着直接联系。

183

15 参考自《朝日月刊》1989 年 8 月（朝日新闻社）106 页,松下正治的"我所了解的父亲'幸之助'"。

16 《Voice》1979 年 9 月（PHP 研究所）221 页。

17 上田八郎（松下电池工业元老）当时就在现场。据说幸之助在发火之后又平静下来,之后留下了下面这句话离开了那里,他说"算了,不过我之前一直觉得你要是做是能够做到的。现在我依然这么认为"。参考自 PHP 研讨会资料。

18 上述《松下电器变革的 30 年》82~89 页。

19 上述《朝日月刊》1989 年 8 月,106 页。正治所说的是幸之助在 1982 年经营方针发表会上的讲话。

20 上述《松下电器变革的 30 年》90~97 页。

21 基于对青木俊一郎等有过海外负责人经历的 Panasonic 客座人员的采访。

22 上述《松下电器变革的 30 年》56~57 页。

23 平田雅彦（1998）《两位师傅》（东洋经济新报社）218 页。

第二部　论述

探究"经营之神"的核心
战略经营者松下幸之助

I 从经营战略论看"幸之助"

一、幸之助和经营战略
未曾提及"经营战略"四个字的幸之助

被称为"经营之神"的松下幸之助的经营战略究竟是什么呢？他的战略实施起来又会产生怎样的效果呢？在论述这些问题之前，我们必须注意一件事，那就是幸之助虽然是企业家，却从未使用过经营战略这个词语。

实际上，20世纪70年代之后，日本经营学界和产业界才有"经营战略"这一说法。研究经营学的书籍中最初使用经营战略这个词语的是美国经营史学家艾尔弗雷德·D·钱德勒（1918—2007）《经营战略与组织》（日文译名一书），原著出版于1962年（昭和三十七年）。在此之前，我们把经营战略称作长期经营计划，或者是经营政策、经营规划、战略性经营计划等。20世纪70年代日本也经常使用战略性经营计划这个词语。

也就是说幸之助作为经营者亲自经营时，社会上还几乎没有人使用经营战略这个词。所以也就不存在幸之助"谈经营战略"这回事了。

经营学中"战略"的意思

接下来我们进入正题。首先，在经营学的范畴思考经营战略的意义时，有必要区分两种战略。

第一种战略就是企业家或者是经营者在自己头脑中描绘出来的企业未来发展的蓝图。然而，有时候其他人很难理解用语言表达出来的计划或者构想，因为这个构想仅仅存在于经营者自己的脑海中，他人无法直接看到。此时我们就不得不从经营者实施决策的轨迹中解读其战略。

我们还必须要承认存在第二种战略，那就是经营者的决策轨迹。但是这个战略自始至终都是实际执行的决策轨迹，和经营者在自己头脑中描绘出来的战略并不一样。另外，我们不知道这个轨迹的背后有没有对于将来的构想。有时候正因为其背后有未来的构想所以才产生一以贯之的轨迹，但有时即使没有这种构想，经营者的决策也能根据实际情况随机应变、进展顺利，因此，其发展轨迹就像是按照构想一步步行动的。进一步说，企业经营的实际过程中经常会出现无法预测的环境变化和一些临时的应对方法，因此构想出来的战略并不一定能按照预期实施。

在这样的前提之下，本章从第二种战略的角度对幸之助战略进行论述。幸之助对于企业的未来虽然没有什么具体的设计图，但是他和松下电器（现在的Panasonic，以下简称松下）的员工们看起来却像是按照一个构思明确的设计图行动的，走出了一条连贯的轨迹，取得了令人瞩目的成就。我们现在要探讨的就是他们是如何做到的，又取得了怎样的成就。

两种经营战略

现代经营学将经营战略的内容分为两部分：一部分是成长战略，又称企业构造战略或者投资组合战略；另一部分是企业战略，又称竞争战略。

前者顺应社会变化谋求企业的新陈代谢，主要探讨如何让企业的成长走上正轨。在松下，制定后面提到的竞争战略的是事业部长。身为经营者的幸之助要对成长战略做出决断，并努力为事业部长制定出更好的实施战略创造条件。

那么这样做的效果如何呢？首先从竞争成长战略所取得的成就来看，创业时松下的员工人数是3人，幸之助辞任社长的时候，这一数字达到3.2万人（辞任会长的时候约为6.6万人）。

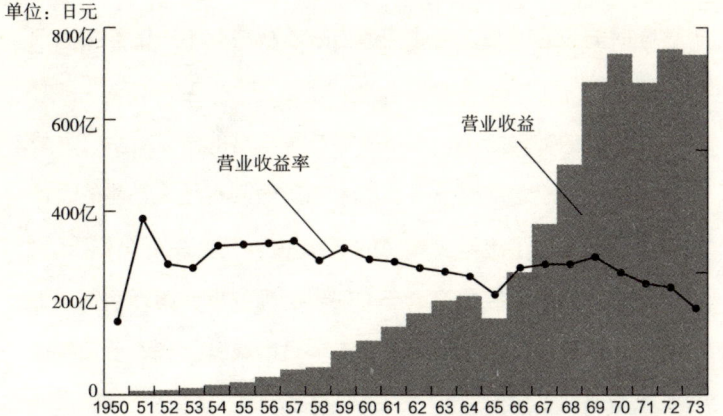

【来源】根据《有价证券报告书》制作而成。起止时间为1950—1973年，即从设立事业部制到幸之助担任会长。

图1 松下营业收益·营业收益率的变化

现在的员工人数已经发展到约为 5 万人（如果把企业合并计算在内，世界范围内的员工人数约为 25 万人）。仅从数字来看也可以说幸之助的成长战略取得了巨大的成功。

在这期间，松下的业务构成发生了很大的变化。最初，松下只是一家负责生产和销售电灯单品的企业，幸之助引退的时候松下已经成为综合性家电产品制造商，此外还将业务拓展到了电子零部件和工业设备领域。

那么企业战略的效果如何呢？企业战略的成就可以从企业的营业收益和市场占有率上看出来。在幸之助担任社长时，松下主力产品的市场占有率在业界几乎都是数一数二的。从图1可以看出，企业的营业收益总体来说一直处于上升状态，营业收益率也一直保持在 10% 左右。

幸之助展示出的是"梦想"和"蓝图"

作为企业未来应有状态的具体构想，经营战略应该向企业内外公开。大家都了解了这一战略之后，经营者和经营管理者就能将企业内各部门的决策在时间和空间上整合一致。所谓时间上的整合指的是某一时刻的决策与之后的决策保持一致，空间上的整合指的是某部门的决策与其他部门的决策保持统一。

在由一位经营者和少数领导者做出重要决策的企业，只要经营者头脑中有这个战略即可。但是随着企业规模不断扩大，业务范围越来越广，为了让更多的人按照决策行事，就需要把这一具体构想用语言表达出来。

作为构想的战略有各种抽象的表达形式。最抽象的构想就是"梦想"，也就是经营者梦想建成这样或那样的公司。对于幸之助而言，这个梦想就是他常说的经营理念和公司使命，或者说对他而言只有这样的词语能够形容他的梦想。

与梦想的抽象程度接近，但稍微具体一点的构想被称为"蓝图"，更加具体的就是"目标"，再具体一些就是"计划"。

计划这个词完全能够将近期的构想具体表达出来，但用来表达长期构想就会显得抽象，这是因为环境变化有可能使具体的长期计划失去作为决策指南的意义。因此，最近一段时间很多公司采用定期修改决策的方式，也就是每年根据市场环境变化重新调整计划。

幸之助曾经说过一个"250年规划"，在本书第一部分我们也提到过，1932年（昭和七年）5月5日，幸之助阐明产业人的真正使命，为了实现这一真正使命，他提出为期250年的宏伟规划，并将其分为10个阶段。每个阶段25年，其中建设期10年，活动期10年，向社会贡献期5年。这一年被称为"知命元年"，此后，5月5日成为松下（Panasonic）的创业纪念日。

这是一个像梦想一样的构想。与其把它叫作战略规划，不如把它称为经营理念的体现。用最近的词语来说，这应该叫作"250年蓝图"。

二、成长战略

企业的永久性和产品的新陈代谢

成长战略指的是未来业务构成的构想。虽然股份有限公司有可能永久地持续经营下去，但每个产品都有生命周期，有自己的寿命。生命周期的长短体现在产品的销售数量上，表现为

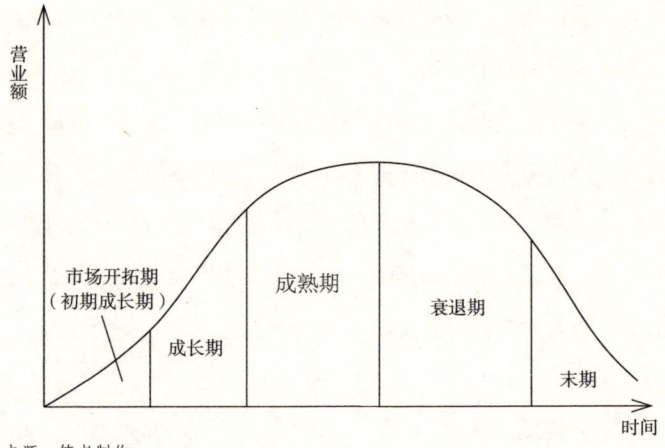

图 2 产品生命周期模型

图 2 的曲线模型。

最初是市场开拓期，此时只有喜欢新产品的顾客才会购买，因而销售量只呈现出缓慢增长的趋势。之后是成长期，顾客对于产品的必要性和价值关注度增加，选择购买的普通客户增加，销售额也快速增长。随着销量的增加，价格也会下降。价格的下降会唤起更多的需求，市场就会扩大。

松下之前的很多主力产品就是如此，随着耐用消费品的不断普及，新顾客就会不断减少，因此需求开始成熟。如果开发出可以替代的技术或者产品，这一需求也会进一步缩减。时间越长，普及越广，市场就会越成熟。新的顾客群体消失，市场仅剩下买新换旧的需求。

大多数松下产品的生命周期都是这样的。在经济高速发展初期，黑白电视机是松下的支柱产品，之后是彩色电视机、录像机。然而，此后这种新陈代谢无法像幸之助在任期间那样顺利进行，其最大的原因是很难有商品拉动巨大消费，从而支撑松下这个庞大的公司的发展。

业务构成的变化

松下创业时期的其中一种产品是电灯插座。创业之初有一个时期，由于电灯插座几乎卖不出去，只能靠生产电风扇的零部件勉强维持生存。此后配线产品（附属插头、双灯用插座）开始热销，然后通过自行车灯、电熨斗、电被炉、无线收音机、电灯泡、干电池等多样化的产品，松下实现了不断发展。

幸之助在早期就开始发展产品的多样化，或许在创业初期他就已经意识到依赖单一产品的风险，或许也可以说幸之助很难单靠一两种产品实现自己那么大的梦想。

M&A 成长战略

第二次世界大战时期松下虽然也生产军需产品，但是其产品多样化几乎都体现在家电领域。从这个意义上来说，松下产品的多样化是限定在相关领域的"相关领域集约型多样化"。[1]虽然这些多样化产品几乎都是松下内部开发出来的，但也采用M&A（企业并购）战略。有时候 M&A 能为松下带来新的技术，也有时候松下会刻意不这么做，而是通过自己的公司开发新技术。初期阶段的电池业务是这样，无线电收音机也是这样。虽然为了制造无线电收音机成立了国道电机厂，但是并没有像幸之助预想的那样发展，最终还是通过自己公司的研究开发取得成功。电池业务也是这样，在兼并小森干电池之后，松下并没有依赖海外引进技术，而是选择自己开发。这些在本书第一部分的详传中我们已经介绍。

第二次世界大战后松下也积极进行 M&A 战略。1952 年（昭和二十七年）收购中川机械正是该公司的中川怀春提出的。中川在咨询了幸之助十分尊敬的久保田权四郎（1870—1959）之后，认为若把公司交给松下应该能实现更好的发展，于是向松下提出收购合并的请求。松下通过这次收购获得了压缩机技术。

松下多样化战略的特征就是向相邻的产品领域和垂直方向拓展，尤其是向上游方向实现多样化发展，最典型的就是向基础部件领域垂直发展的多样化。电视商业化之后不久，松下就开始生产显像管，松下还生产收音机的基础部件晶体管，前面提到的压缩机也是冰箱的基础部件。

另外，通过收购东方电机（后来的松下电器），松下获得传真的关键技术。在开发和生产电气电子机器基础部件的过程中，对技术的要求很高。在垂直方向上整合基础部件很容易使产品之间产生差别。与生产零部件相比，组装产品几乎没有很高的技术含量，是一道劳动集约型工序。因此，为了获得制造基础部件的技术，松下也与海外企业合作。本书第一部分中提到的与飞利浦合作创办松下电子工业就是例子之一。

通过多方面获取技术，松下筑起自己的技术长城，并开始独立开发产品。

三、竞争战略

竞争战略中的追赶战略

不同领域产品的竞争战略是不同的。当然，对于有竞争力的产品与没有竞争力的产品来说，它们的竞争战略也是不同的。在成长期时，松下的产品大多是以普通消费者为对象的家用电器产品和电子机器，这时松下一直采用的竞争战略和他们擅长的获胜模式，就是追赶战略。

虽然也有例外，但松下并没有采取先于其他企业开发出新产品并扩大市场的竞争战略，大多数情况下松下采取的都是追

196

赶型的产品开发策略。这种追赶战略并非松下有意为之，因为先于其他企业开发产品并开拓市场需要一定的技术基础，然而松下在初期时并不具备这种技术能力，所以只能选择追赶战略。

最初销售电饭煲的是东芝，最先推出量产型黑白电视机的是夏普，喷流式洗衣机也是三洋电器率先涉足。在这些主要的家电产品中，幸之助时常提到的就是制造电饭煲初期付出的辛苦和努力。

电饭煲是第二次世界大战后出现的商品，承包东芝业务的公司（东京一家镇上的工厂）最初发明了这种产品，随后东芝开始进行技术研发。1955年（昭和三十年），东芝获得专利，也完成了商品制造，这便是"间接加热式"电饭煲。虽然东芝一开始吃了不少苦，但最终还是获得喜人的销量。

此时松下开发的是"直接加热式"电饭煲。虽然在1956年年末实现了商品化，结果还是变成了"追赶"别人。由于这种直接加热式电饭煲在技术和品质方面都存在问题，开发负责人中尾没少被幸之助训斥。随后不久，中尾负责的松下中央研究所不断改良，负责制造的事业部也付出了很大的努力。当时的事业部长坂本达之亮好似神仙附体一般不断奋战，对于他当时的状态幸之助也连连称赞"令人佩服"。1960年，正因为有了这个拼命工作到小便带血的事业部长，松下这款产品的全国市场占有率达到"50%"。[2]

以电饭煲和创业初期的电熨斗开发为例，松下的这种追赶战略都有一个共同的特点，幸之助对中尾提出的要求中也特别提到这一点，那就是要有之前产品不具备的创新性。

商店模式

当然，对于采取领先战略的企业来说，即使采取追赶战略也无法在竞争中取得优势。松下之所以能运用追赶战略取得胜利，不仅有技术层面的原因，还因为它拥有其他企业不具备的强大之处。

其中之一就是商店模式。幸之助将只销售松下产品的零售店统一命名为全国商店（National shop）。在最繁盛的时期，商店的数量达到 2.7 万家，这些商店也成为人工促销的据点。不仅如此，它们还能提供产品设置、故障修理、使用方法培训等多种附加服务。追赶型战略之所以能获胜，与这些商店强大的销售能力是分不开的。

致力于发展生产技术

支撑松下追赶型战略的另一强项是生产技术能力。相比于产品创新，松下将更多投资集中在强化生产技术上。正因为重

198

视对生产技术的投资，从导入新产品的初期阶段开始，松下的产品质量才能一直保持稳定。

正如上面介绍到的电饭煲的案例那样，并不是所有的事情都一帆风顺。在这样的辛勤努力下，松下的生产技术不断提高。生产技术的提高使松下在与领先企业的竞争中获得了优势。重视生产技术的战略与零售店统一的战略是一脉相通的。

简单来说，如果在2万多家商店中都放置一台新产品的话，最初的生产批量就超过2万台。商店的统一化使得松下从刚开始就能享受到规模经济的优势，而规模优势最先带来的就是生产成本上的优势。

虽说松下是赢在生产成本上，但是第二次世界大战后松下并没有率先采取低价战略。第二次世界大战前基于自来水哲学的松下虽然采取了降价战略，但是在战后经济高速发展时期，松下并没有重视基于自来水哲学的低价战略。战后松下采取的是依靠品质优势和使用便利而吸引顾客的差别化战略。

零售商店统一战略与追赶型的产品开发战略也是相通的。由于最初的生产批量很大，就避开了开拓市场时的风险，也避免了市场开发失败带来的损失。考虑到生产批量之大，待其他公司开拓出市场，降低市场开拓的风险之后再追赶的战略是合理的。

竞争战略和幸之助

竞争战略的确立与实施交由事业部长负责，然而幸之助也并非完全不过问。幸之助参与最多的就是"搭建平台"，也就是前面提到的创立统一的零售商店这种商业模式，家电领域的大部分事业部都在这个"平台"上展开竞争。

对于与重要产品相关的重大决策，幸之助都会亲自参与。其中典型案例就是20世纪70年代家用录像机VTR的记录格式规格之争。在做出这个决策时，摆在松下电器面前的有四种记录格式可供选择。第一种是子公司松下寿电子开发的"VX-2000格式"，第二种是日本Victor开发的"VHS格式"，第三种是索尼开发的"BATE格式"，最后一种是松下自己开发的新规格。

虽然索尼极力推荐松下采用BATE格式，但松下最终还是正式宣布选择VHS格式。这是1977年（昭和五十二年）年初的事情，当时寿电子的VX-2000刚刚确定要在全国销售还不到一年。幸之助也亲自参与了这一决策。索尼认为录像机的主要功能是电影（约2个小时）的录制和播放，而松下认为在主力市场美国，录像机主要用于美式足球比赛的录制和播放，于是选择了可以长时间录像（约4个小时）的VHS格式。只有实施追赶战略的企业才能站在顾客的角度上做出这种选择，

200

最终这种录像机也变成了追赶型的产品。领先企业当然是索尼，但是追赶战略的重要优势就在于能够更精准地定位顾客需求，从选择录像机记录格式这件事就能体现这一优势。

幸之助直接参与企业战略的另一个事例是决定让松下从计算机领域撤出。有一段时间幸之助经常把它作为一个战略错误向别人提起，现在中国台湾的 EMS 和中国大陆的联想已经在这一领域拥有绝对优势，所以从现在来看或许撤出是正确的选择。

《钻石周刊》曾刊登过其他行业经营者如大塚集团实际创始人大塚正士（1916—2000）的一段关于追赶型战略的意味深长的发言。大塚是一位与幸之助有过直接接触的企业家。本书第一部分提到过，丰田英二曾对幸之助出门迎接的举动及周到的准备十分感动，大塚也因为同样的经历对幸之助尊敬有加。[3]

据杂志记载，大塚在发言中淡淡地说："大塚制药也曾被医药产业界的其他优秀公司指责为'只会模仿的'山寨工厂。"但是他说："后发企业模仿领先企业是理所当然的事情，这不是什么羞耻的事。"他还对技术研究者提出要求说"连'迅速、正确'模仿其他人（公司）都做不到的小企业技术者，肯定无法独立开发出自己的新产品，要好好模仿其他优秀公司"。这一时期刚好是第二次世界大战后，当时大塚的员工不到 20 名，之后公司快速发展，1963 年员工达到 1000 名，大塚决定改变之前的做法，独立开发属于自己的产品，此后诞生了 C 饮品。

大塚进一步对比了"模仿"的幸之助、"不模仿"的本田宗一郎以及自己的风格，他说"我不知道谁是正确的，或者说大家都是正确的。在判断正确与否之前，需要看公司成立多久，必须综合考虑公司的历史、规模、收益等。总而言之，我们或许可以说只要能获得成功就是正确的"。[4] 这段分析刚好符合一直和现实打交道的经营者的风格。

正如大塚在谈话中所提到的那样，松下所采取的追赶型竞争战略与竞争对手索尼明显不同，当时索尼采取的是开发出日本首个或者世界首个产品的技术差距战略。与索尼一样，本田汽车的本田宗一郎在汽车行业采取的战略也是独立研发产品。对于幸之助的技术开发，本田宗一郎评价道："我之所以认为幸之助先生了不起，是因为他明明不是技术人员，却能把所有的事情都做得很合理、很严谨。我见到一个事物会判断它是好还是不好，而松下先生能在此基础上根据直觉判断出这个产品大约用多少成本生产出来。这或许就是我和幸之助先生之间的差距。"[5]

幸之助并没有满足于追赶战略，他希望创造出一家能在技术上领先的企业。从选择 VHS 格式上就能看出他有这样的意愿，假如松下选择的是 BATE 格式，那么就只能步索尼的后尘了。

通过低价占领更大市场的战略

让我们稍微回顾一下幸之助在松下早期的技术开发中是如何做的。本书第一部分中提到的电熨斗开发始于 1927 年（昭和二年），这一年事业部制度刚刚开始，幸之助所说的电热部也刚刚成立。按照大塚的观点，这段时间刚好是松下这个后发企业能否做到迅速、正确模仿其他公司的关键时期。幸之助对中尾哲二郎提出的三点要求，比如低于市场价、品质不输于同类产品以及新颖等都一一实现了。松下的产品在被工商部指定为国产优良产品的同时，价格也比其他公司的产品便宜。当时市场价格为 4~5 日元，而松下以 3.20 日元的价格卖出批量生产的 1 万台产品。

这时松下商品化战略的关键是大批量生产和降低成本。通过这两点就可以做到降低销售价格，扩大市场，这样成本也会进一步降低，就此形成良性循环，这正是"自来水哲学"所描述的内容。

另外，除了经营学者之外，很多记者、评论家和有识之士等都对一直支撑松下自来水哲学的大批量生产技术充满兴趣。例如长期观察松下经营状况的经济评论家秋元秀雄认为：幸之助的自来水哲学以及当时合理的设计、机械化的生产方法所带来的大批量生产技术的实施和成功，给此后松下独立开发生产

203

机器带来很大的"信心"，这也为生产技术研究所和各事业部生产技术部门的诞生奠定了基础，从而为 20 世纪 70 年代后半期量产技术提供了强有力的支撑。[6]

四、国际战略

松下进军海外市场过程中使用的战略

在日本国内取得成功之后，松下进军海外市场。对于世界最大市场——美国市场的开拓，松下是从出口半导体收音机和电视机开始的，在进军海外市场的过程中松下的战略也以理念的形式展现出来。

进军发展中国家的目的是为带动当地经济的发展，当时制定的行动原则是发达国家与发展中国家要本着共存共荣的理念，尊重当地市场秩序。具体来说，就是在市场中采取最高价销售的原则。松下在维持市场竞争秩序的原则下采取这种高价战略，对提升松下的品牌形象做出了贡献。

在国际化的背景下，松下没有采用靠低价吸引顾客的战略，而是选择塑造高品质形象，采取高价销售的战略。之所以这么做，是因为当时国际上消费者对日本产品的印象是"价格便宜、质量差"。从短期来看，用低价吸引顾客或许更容易开拓市场，就像上文提到的那样，松下在第二次世界大战前开发出的电熨斗在国内采用的就是低价占领更大市场的战略。然而，从长期的品牌形象建设考虑，创造高品质的形象更有价值。采取这个战略最大的效果就是在公司内部形成非价格竞争的氛围，这样一来就会激发出更大的潜能。

从"干电池"业务做起的理念实践经营战略

在开拓发展中国家和地区市场的时候，松下采取了特点鲜明的战略，那就是先从干电池领域入手，干电池这种产品对于构筑产品的品质形象很有帮助。这是一种日常生活中购买频率较高的消耗品，消费者会有更多的机会实际感受到产品的品质。单看产品外表是无法了解到其品质的，因此，提高品质形象需要树立品牌，除了广告之外，销售商店的协助也不可或缺。在中国台湾和马来西亚等地，松下采取和国内一样的专卖店模式，在其他国家和地区则利用了现有的物流渠道。

为什么在采取高价战略的基础上还需要店铺员工们的配合呢？这是因为单靠品质是卖不出去的，如果消费者不使用产品，他们就无法了解到产品的质量。在广告中松下也要考虑到如何用高品质吸引顾客，此时聪明的点子变得大有用处。下文提到的松下在发达国家德国的营销策略就是一个典型案例。

另外，还有一点就是当时从日本出口到发展中国家市场上

205

的产品价格太贵，于是就需要在人力成本便宜的当地进行生产，然而这样一来就要面对很难找到熟练的技术工作者的问题。但是当时生产干电池的自动化程度已经相当高，即便在当地生产也能保证质量。高桥当时想到的就是这一点，[7]他在进入松下之前曾在朝日电池负责公司重建，对于干电池业务十分了解。从这个意义上说，从干电池领域开始进军海外市场的战略是合理的，也可以说是忠实地遵循了最初的经营理念。

高桥倡导的理念为这一国际战略奠定了基础，山下、谷井以及森下洋一社长时代又将这一理念发扬光大。20 世纪 90 年代后半期，1998 年（平成十年）4 月，松下在 44 个国家和地区建立了 220 家海外制造和销售公司，员工数达到了 147230 人。1997 年，包括出口和海外生产在内的海外销售额达到 39997 亿日元，占销售总额的 51%，海外销售额首次超过国内，其中海外生产所占比率也呈现出年年增长的趋势，并于 1996 年超过出口。[8]

五、为什么上等的战略能付诸实施

建起"水库"式经营的幸之助

由于战略关系到企业的长远未来，在制定阶段很难正确预测到未来会发生什么，就连未来一周的汇率都让人看不懂，10

年后的产业环境又怎么能预测的到呢？如果把将来描绘得太具体就会不符合现实，战略就有可能发挥不了作用。不对未来做特定的描述，而是把期待的构想作为理念渐渐展示出来，反而会有更好的效果。要想抓住无法预料的机遇，就需要具备一定的能力。"水库"式经营，尤其是技术水库的建设使这一切变成可能。

为了引进将来可能用得到的技术，幸之助相继采取了各种措施。其中具有代表性的例子就是本书第一部分描述的与荷兰企业飞利浦的合作。

通过本次合作，幸之助将电子零部件、显像管技术纳入了松下的技术库中。最近的企业家理论认为，企业家的战略特征就是能预料到意外情况并提前做好准备，[9]可以说幸之助的企业成长战略也具备了这个特征。

制定战略的是"人"

以事业部长为代表的中层领导在松下制定和实施经营战略的时候扮演了重要角色。在松下看来，是先有了人才能制定战略，而不是先有了战略再把人放进去。当然，后面将详细提到松下的事业部制度和分公司制度并不是基于这种想法有计划地实施的。就像幸之助经常说的那样，自己的身体并没有多么强大，可是企业发展扩大得又很快，所以需要把各项业务的经营交给其他人，基于这样的想法才有了这两种制度。

实现这一想法的方法有三种：第一种是为人才提供创造能量的经营理念，第二种是人才的开发和培养，第三种是构建能使人才充分发挥作用的组织。在下面一章中我们将阐明幸之助的这些方法。

注释：

1 参考自吉原英树·伊丹敬之·佐久间昭光·加护野忠男（1981）《日本企业的多样化战略》（日本经济新闻社）。

2 参考自 PHP 综合研究所编（1991—1993）《松下幸之助发言集》23 卷（PHP 研究所）194~196 页中收录的 1961 年度经营方针中幸之助的讲话，松下幸之助监修（1982）《技术者之魂》（松下电器产业株式会社中尾研究所）98~100 页。

3 《日经商业》1982 年 11 月 15 日（日经麦格劳希尔社）218 页。

4 《钻石周刊》1992 年 10 月 24 日（钻石社）116~117 页。

5 日经风投编（1992）"松下幸之助的技术观"《日经风投附刊本田宗一郎与松下幸之助》（日经 BP 社）397~398 页。

6 《President》1977 年 12 月刊（President 社）62~69 页秋元秀雄"储备技术发现'商机'"。

7 高桥荒太郎（1979）《向松下幸之助学习》（实业之日本社）197 页。

8 松下电器产业株式会社（2008）《松下电器变革的三十年》（该公司）

228~231 页。

9　参考自《市场创造有效理论》(硕学舍), Sarasvathy,Saras D. 著,
加护野忠男监译，高濑进·吉田满梨译 (2015)。

II 支撑战略的经营理念

一、不变的经营理念

经营理念和战略的相关性

在前一章中，我们看到了松下幸之助的经营战略。幸之助虽然没有提到"战略"一词，却成功动员松下员工，并实施了重要的经营战略。

在本章中，我们将会探讨幸之助一直提倡的经营理念与战略之间的关系。本章的论述将分为两部分进行。

本小节将讨论第一部分，也就是不变的经营理念给松下员工带来的影响。

下一小节将讨论第二部分，也就是顺应时代不断调整经营理念的重点，这是因为幸之助经营战略的重点是根据环境变化而不断变化的。

实践"经济骑士精神"的日本企业家

有一位经济学家叫作艾尔弗雷德·马歇尔（1842—1924），他是著名的剑桥学派、新古典学派学者，也是约翰·梅纳德·凯恩斯（1883—1946）的老师。直到现在人们在讨论财政政策时还常常提到凯恩斯理论，提到马歇尔理论的人或许越来越少了，但是笔者作为一个经营学者，对一个半世纪之前马歇尔提出的"经济骑士精神"很感兴趣。所谓的"经济骑士精神"也可以说是一种优先考虑对社会的贡献，把个人利益放在次要位置的企业家精神。

马歇尔认为，在资本主义社会取得巨大成就的企业家，优先考虑的往往不是自己的个人利益，他们的工作由更大的使命感所驱动，这背后其实就是骑士精神。不仅在英国，在一些日本企业家的经营活动中，也可以看到这种精神。

马歇尔看到当时伦敦大街上的贫困阶层，决定从剑桥大学的数学专业转为经济学专业。此后广为人知的便是他作为经济学家留下很多成就，"经济骑士精神"这个词语指的就是企业家秉持着奉公精神，在经营企业时考虑到为整个社会做出贡献。

我们可以认为幸之助所提倡的"企业的目标是为社会做出贡献"这种经营思想也正是骑士精神的延伸。然而，社会贡献的内容将随着时代发生变化，当社会贫穷时，"自来水哲学"

211

所代表的扶贫是社会贡献的重要内容；当社会变得富裕时，就不能一直拘泥于扶贫。

在上一章中我们也提到过，幸之助战略的成功实施离不开诸多业务负责者（事业部长、分公司总经理、销售公司总经理和营业所长等）的努力，这些负责人对战略实施的热情也来源于企业的社会使命，仅凭追求股东利益这个目标很难激发出他们的这种热情。除了幸之助之外，业务负责人的行为也都遵循着经济骑士精神，支撑他们的是松下一直提倡的奉献社会这一不变的经营理念。

幸之助并非从创业之初就贯彻经济骑士精神，他本人也承认自己创业初期的经营理念是追求利益。在当时经营困难的情况下，妻子梅野甚至不得不前往当铺换取资金。相较于其他公司，当时的松下也没有出类拔萃的技术，就连获得足够的利润都很困难，肯定也没有心情考虑为社会做贡献。但是在松下沿街兜售滞销产品的时候，批发商发现了他们并委托松下生产电风扇的部件。或许每个人的一生中都有可能遇到这种好运，幸之助通过这个订单牢牢抓住了机会。

本书第一部分也提到过，此后幸之助在自己的事业快速发展过程中，受到了美国汽车大王亨利·福特（1863—1947）思想的影响。

众所周知，福特把"向顾客提供低价产品，向员工提供高薪资"作为自己企业的目标。在 20 世纪 20 年代，幸之助与最重要的代理店山本商店的店主就基于福特思想的销售战略产生了意见分歧，最终幸之助还是没能说服店主，两人分道扬镳。幸之助在指导经营的过程中逐渐深刻地意识到福特哲学所体现的企业的社会责任感。

福特对于培养接替自己事业负责人的意识并不强，而松下在事业部制度下不断培养后继人才。在下文我们将会谈到这一点。

重视理念之企业家的起点

20 世纪 20 年代末，或许是强烈感受到来自客户的期待及要求越来越高，幸之助开始有了一种想法，那就是企业是"别人暂时交到自己手上的"。[1]

这时，幸之助强烈意识到需要发挥企业作为社会公器的作用，他开始制定企业最初的纲领和信条。在 1929 年（昭和四年）公布了下面的纲领："注重平衡盈利与社会公平，谋求国家产业的发展，以期改善和提高社会生活水平"。

纲领中明确提出企业的目标是一方面要平衡好利润与社会公平，另一方面也不能放弃对这两者的追求。这一时期我们可以知道幸之助的头脑里已经形成的经营哲学，那就是单纯追求利润的经营是行不通的，但这个纲领还是认为利润和社会公平是相互对立的。

1932 年，幸之助意识到除了利润之外企业还需要有更重要的目标，这件事情大约发生在松下成立 14 年后。在幸之助参观天理教总部之后，他坚信能让那些信徒们在那里愉快工作的不是金钱，而是能让大家产生共鸣的理念和思想。

幸之助开始思考，如果松下的员工们都有共同的理念和使命感，应该也会有相同的工作状态。因此，幸之助知道了自己的使命，从这个意义上他把这一年作为知命元年，并将其作为松下真正的创业之年，他在员工面前大声说出了自己的理想——企业是为了铸就社会繁荣而存在的。"经商和生产的目标不是为了使商店和工厂繁荣，而是为了让社会更加富有，商店和工厂的经营是社会繁荣富强的动力。"[2] 幸之助希望通过举行创业典礼这一大型的仪式，与员工们共享这一使命感。

在知命元年提倡的信念指导下，松下员工们更加团结一心，幸之助提出了下面的理念，那就是要让生活物资变得像自来水一样取之不尽用之不竭，以更加便宜的价格进入千家万户，这一理念后来被社会上称为"自来水哲学"。

1933 年，松下将企业总部迁至门真，并在整个公司实行早晚会制度，此外还制定了员工应遵守的五大精神纲领，规定在每天的早会上背诵这些精神纲领和信条，就这样松下将经营理念贯彻到员工的日常工作之中，4 年之后在五大精神的基础上又增加了两条，成为七大精神。[3]

1930 年前后是幸之助经营理念形成的重要时期，也可以说是他作为企业家追求和重视理念的起点，这时幸之助已经近 40 岁。

松下初期所重视的社会贡献就是"自来水哲学"中体现的扶贫，随着社会越来越富裕，扶贫的思想渐渐不再受到重视。关于利润与社会贡献的关系，幸之助的思想后来发生了微妙的变化，这一点我们将会在后面论述。

二、经营理念的变化

战后修改纲领重新出发

第二次世界大战前夕，战争氛围越来越浓厚，幸之助自创业以来经常对员工们说的商业观被总结成"商场战术 30 条"。[4]

1936 年（昭和十一年），松下将 30 条战术对外公布，第一条是"商业是为社会和人民服务的，利润自然就是服务的报酬"。幸之助的意思是，如果把服务社会作为目标，自然就能获得利益，我们可以了解到这种想法在知命元年以后开始在公司内贯彻落实。同时，与许多其他企业一样，松下被安排由军队统制，公司内外都不得不承认，在当时的状态下松下已经无法完成"使社会变富裕"这一目标。

幸之助终于盼来了战争结束。1946 年企业重整旗鼓再出发之际，幸之助对纲领做了修改。"贯彻产业人的本分，寻求社会生活的改善和提高，以期为世界文化的发展做出贡献"。从新纲领的字面上可以看出，幸之助对第二次世界大战前最初的纲领做了很大的改动。知命元年萌芽的为社会做贡献这一使命感作为企业的目标直接反映在上面的纲领中。这时幸之助将为社会做贡献创造利润的想法作为公司的目标，并向社会承诺履行这一目标。

幸之助说："公司的经营理念从第二次世界大战前到战后基本没有发生什么变化，虽然在这一基础上具体的经营活动在不同时代有所变化，但经营理念一直都没有改变，幸运的是因为得到了社会的支持，我们的公司才能够发展到现在的程度"。[5]

根据这个观点，作为松下经营理念基础的哲学在"战前"知命元年时就确立了，可以说这种精神即使在"战时"也没有消失，"战后"它明显地体现在经营活动中。

换言之，"战前"是以营利为目的同时努力平衡好盈利与社会公平两者的关系，而"战后"幸之助又进一步升华了这一理念，那就是以社会贡献为目标从而创造出利益。

"社会贡献"和"报酬＝利润"的相关性

幸之助说过这样一句话，"赤字就是罪恶"。本书第一部分中也提到，在不得已进行销售改革而召开的热海会谈上，幸之助指责存在赤字的销售公司总经理在经营上不够努力，甚至追问他们"有没有拼命到小便出血"，由此可以看出幸之助对于利润的追求是执着的。他没有把利润作为"目的"，而是当作"结果"，并想出了让经营理念和获得利益有效共存的方法。

从这一点上说，幸之助确实是一位难得一见的日本企业家。"社会贡献"是"企业目标"，"利润"自始至终都是"报酬"，这种逻辑谁都可以说出来。然而只要是认真经营的企业家都知道，能想到这一点并付诸实践是十分困难的，那么对于这种极其困难的事情，幸之助又是如何做到的呢？

从本书第一部分中提到的"五年计划"中就可以知道上述问题的答案。1956 年之后的五年间，松下制订了宏大的企业计划。幸之助说这个数值目标是为了让员工们"拥有梦想"。[6]

如果仅是抽象地说社会贡献，公司里的很多员工很难了解到计划有没有顺利进行。因此，就需要有企业计划，但是幸之助认为这个计划的数值指标要能体现出社会对企业的要求和期待，以这个数值为指标就能评估大家努力的成果。如果企业计划能实现，就相当于听取了来自社会的评价，实现了社会贡献

217

这一目标。进一步说，每一个企业员工都可以体会到更多的成就感。

高桥荒太郎很好地表达了这个逻辑关系。"（幸之助）顾问的意思是'松下电器能否发展壮大是由社会来决定的。只要我们和各位同行公平竞争，工作表现优异且不逊色于他人，同时若能让各位消费者认可，社会自然就会支持我们，我们也就能为社会做出贡献。只要我们做出贡献，消费者们就会付给我们相应的报酬，利润就是我们对社会贡献程度的晴雨表'。"[7]

幸之助担任会长的时候高桥荒太郎任副社长，幸之助担任顾问的时候高桥任会长，可见，高桥一直在一旁辅佐幸之助。由于他一直彻底贯彻并遵守经营理念（在松下也被称为经营基本方针），所以又被称为"MR.经营基本方针"。按照高桥所解释的幸之助的利益观，用近年来流行的词语讲就是一种使社会贡献"可视化"的手段。

也就是说幸之助在自己的成长过程中总结出通过"利益"来衡量经营理念的实践成果，并使之在松下固定下来。另外，为了能持续不断地创造利润，为社会做出贡献，产品需要新陈代谢。如果当初只是不断生产配线器具的话，恐怕就没有今日的松下了吧。

利润是阻止理念主导下的经营失控的"刹车闸"

在幸之助之后还有一位日本企业家设立了同样的企业目标，并成为成功的经营者，他就是京瓷的创始人稻盛和夫。稻盛和夫将追求员工精神和物质两个层面的幸福作为自己的企业目标，他的经营也取得了很大的成就。除此之外，尊敬幸之助的企业家还有很多，那时人们甚至感到把社会贡献作为经营理念（能否实践暂且不说）是一件理所当然的事情。

在幸之助那个时代，人们认为看重理念的企业多多少少有些奇怪。此后，大家的想法又发生了改变，开始觉得重视经营绝对不是一件坏事，到了现代，人们普遍认为拥有经营理念对于经营好一家公司不可或缺。从这个意义上看，或许可以说幸之助引领了时代。

近年来，曾以利益为中心的美国经营学者纷纷开始主张重视社会贡献在经营中的重要性。[8]经营者们也终于开始认识到社会贡献和利润是分不开的。

由于社会上对于以利润为目标的经营者依然很苛刻，就算经营者们通过正当渠道赚钱获利，仍然面临着被嫉妒和被妨碍的威胁。这也使得"企业收益不仅是为自己也是为社会做贡献"这种理念变得越发重要，只有这样才更有可能得到周围人的共鸣和支持。正如本书第一部分所述的那样，在幸之助的成长过

219

程中并没有人告诉他这个道理，然而他自己却悟到了这一点。

在社会贡献这一使命的鼓舞下，企业家们奋力践行这一使命又会出现什么情况呢？笔者在解释这个疑问的时候总是会拿一个企业家的名字举例，他就是中内功（1922—2005）。中内是一位典型的理念先行的企业家，日本的物流革命、消费者革命的先驱等表述就是用来形容这位企业家的。

第二次世界大战后中内在神户开始创业，刚开始他采取廉价销售的经营模式。在访问美国时他意识到"让好的产品更加便宜"这一理念，之后他以此为目标一路奋勇向前，进行"价格破坏"和"物流革命"。在此期间，他与松下集团进行了长达30年的战争，至今仍是日本经营史上重要的历史事件。

那么，幸之助与中内之间有什么不同呢？关于中内功的事业失败以及大荣的衰退有着各种各样的看法。但是，笔者认为在理念的实践过程中，企业体制变成"一言堂"，自己无法"刹车"成为中内失败的一个非常重要的原因。可以说代表神户经营者的金子直吉也存在类似的问题，面对怀抱崇高理想一心向前的经营者，任何人都难以下定决心去反对他。这时经营者本人就会持续失控，最终走向失败。但是如果稍微考虑一下利润，或许就能早一些"刹车"。在这一点上，可以说幸之助将经营理念作为加速器和把利润作为"刹车闸"运用得很熟练。

220

幸之助使用的"刹车闸"

利库路特公司创始人江副浩正也算是与中内有缘，他是继中内之后出身于关西的企业家，在取得巨大成功之后又走向失败。江副也是一位重视经营理念的企业家，他的经营态度吸引了优秀的员工贡献自己的力量，在大家的努力下企业很快得到发展。但是江副本人最终因利库路特事件走向失败。

江副把利库路特事件的详细经过总结成《利库路特事件·江副浩正的真相（改订版）》一书。该书写道江副曾向自己尊敬的幸之助询问经营的真谛，幸之助回答说："对于哪一项工作交给哪一个人并让其完成到什么程度，需要最大限度地做出要求"，据说对于幸之助的这一回答，江副深有同感。人们常常认为利库路特成功的原因之一是导入事业部制度，或许幸之助的回答正是江副想知道的，但是江副最终还是没能成为幸之助那样的人。

该书中有一段引人深思的记述："自己必须更加努力地学习和成长。"在这种观念的强烈驱使下，江副坦言："在与多名要员交往的过程中，一边向他们学习，一边应他们的要求提供政治献金，以求内心的平衡"。他认识到自己的内心有这样的想法，所以他和中内是不同意义上的失控。[9]

那么面对这样的内心纠结，幸之助又是怎样控制的呢？纵

221

观幸之助设立的 PHP 研究所储存的庞大资料数据，就能发现在幸之助的著作和发言中经常出现"反省""自省""自我观照"这样的词语。

的确，在幸之助早期的著作中有这样一段话，"佛教徒的生活态度就是朝礼拜、晚感谢，我们对待工作也需要每天早晨定目标，白天付诸行动，傍晚反省。同样地，我们在每月月初、每年年初都会制定目标，到了月末和年末就进行反省。5年过后，我们就要对这 5 年进行反思，这样的话我们就能在一定程度上了解自己在这 5 年间有哪些做得好，哪些做得差。以我自己的经验，即使在当时认为没有什么错误，若 5 年之后重新思考会发现有一半是成功的，另一半是不做也可以的或者可以说是失败的。如果这样不断反省，接下来的发展就能少犯一些错误。总之，对于经商来说，制定目标、付诸行动、反省是很重要的，我自己也重新深切地体会到必须更加重视这种基本态度"。[10]

管理学中经常提到的"PDCA"循环中的"C"指的就是反省，它起到制动的作用。

幸之助认为这是每一个人都要做的事情，即使成为著名的经营者，他依然不觉得告诉别人自己仍然在这么做有什么可羞愧的，这或许就是幸之助的魅力所在，也是他的特点。幸之助曾用"天下雨人打伞"形容自己的经营风格，这样说的意思是指自己的经营就是顺其自然地做理所当然的事情。

"社会就是正确的"这种想法的作用

每一个著名的经营者都会有一个优秀的人辅助自己，人们常说这是成功的一大要素。确实，本田宗一郎有藤泽武夫（1910—1988）做搭档，井深大（1908—1997）有盛田昭夫（1921—1999）做搭档。这种能平等地直接交换意见的关系，实际上也起到了防止失控的作用。

说到幸之助，虽然本书第一部分中我们也多次提到井植岁男、高桥荒太郎、中尾哲二郎等扮演了非常重要的角色，但是幸之助与他们之间并不是平等的关系，而是主从关系。有一个时期僧侣加藤大观也曾成为幸之助咨询的对象，但是我们并不能认为他会参与经营判断，这些人中能起到防止失控作用的大概就是高桥荒太郎了。幸之助对于其他合作者基本上都直呼其名，只有提到高桥的时候会在后面加上"先生"这一尊称，据说这个习惯一直到晚年都是如此。即使幸之助变得肆无忌惮一点也不令人奇怪，那么为什么他没有变成这样呢？是什么让这位重视理念的经营者避免失控呢？

对于企业家来说，经营理念本来就是一种自我主张，向社会表达自己的主张，然后体现在行动中，再让社会给予评价。

223

这种过程不断循环就能获得社会的信任，但随着业务范围不断扩大，不满和批判就会渐渐增加。如何利用这些意见对于经营者来说很重要，勇敢面对社会上的质疑、抓住沉默的意见，反映在自己的经营之中，就会产生新的突破。

正如本书第一部分提到的那样，幸之助担任会长时，消费者运动兴起，如果没有处理好这些事情，松下面临着信用瞬间扫地的风险，这一时期松下正在朝着家电行业龙头企业迈进。幸之助还是有可能控制不住自己对社会意见的愤怒，然而他秉持着"社会是正确的"这一信念，虚心地听取意见并修正自己的经营轨道。最终松下电器走出困境，也没有辱没经营之神的大名。幸之助虚心听取社会上的意见和评价，并努力将其作为防止自己失控的指标。

从"自来水哲学"到共存共荣

在本章的最后让我们一起来看一下与经营理念相关的另一个大变化，那就是将重点从"自来水哲学"转移到共存共荣的变化。

"知命"的时候强调的是"自来水哲学"，然而在第二次世界大战后经济高速发展期过后，幸之助很少再提及这个哲学。可以说这种变化和经营战略的变化是一致的。在产业的开创期，企业的课题是通过降低产品价格创造并扩大市场，但是这一思想并不会一成不变。

福特确实通过低价扩大了市场，但是此后通用汽车的艾尔弗雷德·P.斯隆（1875—1966）成功地拉开了产品之间的差距，坐上行业第一的宝座。活跃于汽车行业开创期的福特汽车与幸之助的松下有着相同的想法，产生了共鸣。但是随着产业的不断发展，顾客的要求也呈现出多样化的趋势。

在公布知命元年之日，幸之助说，"水管里的自来水是加工后有价值的东西，在今天盗取有价值的东西会受到人们的责备，这是常识。但是，如果行人拧开路边自来水管的开关偷喝两口，即使人们会责备这种粗鲁的行为，也不是因为水本身，那么这是为什么呢？因为水的价格太便宜了。为什么这么便宜呢？因为水的产量太丰富了，几乎相当于取之不尽用之不竭。我们实业人、制造者所追求的真正使命就在这里。让我们把所有的物资都变得像水那样无穷无尽吧！变得像自来水那样廉价吧！只有这样我们才能克服贫困"。[11]

这就是"自来水哲学"的来源。正如本书第一部分提到的，在幸之助的知命时代，日本刚好处于贫富差距悬殊的时期。贫困阶层中无法享受富足生活的人有很多，因此，自来水哲学具有很强的说服力与社会意义。

日本经历了经济快速发展期后，很多普通民众也过上了富裕生活。批评家们开始指出幸之助的经营理念（"自来水哲学"）在这样的时代已经成为一个错误。此外，这个时代的社会贡献也开始多样化。

但是，笔者认为知命最大的意义不在于自来水哲学，而在于提出把社会贡献作为企业的目标。另外，自来水哲学本身并不是一个普遍性的经营理念，而是一个特定时代下的理念，可以认为更接近经营战略。

战略的内容会随着时代的变化而变化。松下的老员工们否定"自来水哲学"很可能意味着幸之助也持否定态度，因此他们避谈这一哲学的妥当性。还有一种理解，随着松下放眼全球，实践自来水哲学这一使命就变得没有尽头，因此认为自来水哲学是顺应过去时代的产物更为恰当。

在一个成熟的社会，通过低价扩大市场的效果是有限的，通过尽量满足顾客的多样化需求，市场反而可能会具有更大的社会意义。在这样的市场中，互相保持差异化，以共存共荣为目标的经营理念具有更大的社会价值。

前文提到高桥荒太郎很擅长将幸之助的经营理念表达成具体的经营原则，他认为产品价格需要与市场的一流生产商保持一致，而不能廉价销售，只有遵守这个原则，才能实现共存共荣。经济快速成长期过后，此想法给松下电器带来了发展。

注释：

1　松下幸之助（1962）《我的行事风格与想法》(实业之日本社)244 页。

2　同上书，295 页。在笔者看来，幸之助这个企业家身上有一种宗教的气质。对于为祈求繁荣·幸福·和平而设立的 PHP 研究所，第二次世界大战后的人们甚至一度误以为是宗教团体。幸之助实际所属的宗派属于净土真宗的西本愿寺派，但是他很少提及这些。或许他知道作为一个制作销售大众商品的企业经营者，尽量不要提及自己信仰的宗教派别。幸之助说过一句话"来往行人皆是顾客"，仔细想一下就会知道消费者之中有信仰各种各样宗教派别的人。不管是什么人尽量顾虑到不要让人有不快的感觉，这在日本这个多宗教国家显得尤为重要。事实上，幸之助在半生传记《我的行事风格与想法》一书中也没有提到"天理教"。

3　在松下，传统的纲领、信条和七大精神被视为明文规定的经营理念。七大精神在内容上是员工的指导精神，只有秉持这种精神，松下的企业目标才能实现。

4　发表于 1936 年 1 月创刊的松下公共杂志《松下电器联盟店经营资料》卷头。

5　松下幸之助（1978）《实践经营哲学》(PHP 研究所) 10 页。

6　松下幸之助（1980）《注意到这些经营技巧，价值百万两》(PHP 研究所) 74~75 页。

7　高桥荒太郎（1980）"松下经商之道的精髓——在幸之助哲学的指导下"《东洋经济周刊》临时增刊 11 月 21 号（东洋经济新报社) 36~40 页。

8　关于近年来人们经常提及的 CSV 经营，参考自《哈佛商业评论》2011 年 6 月（钻石社）收录的迈克·E. 波特等论文"共同价值战略"。

9　江副浩正（2010）《利库路特事件·江副浩正的真相（改订版）》（中公新书）440~441 页。

10　松下幸之助（1973）《经商心得帖》（PHP 研究所）序文。

11　上述《我的行事风格与想法》295~296 页。

Ⅲ 基于理念的人才开发与培养

一、幸之助的"人才"观

从家族经营出发的幸之助

创业初期幸之助率领的松下是一个没有资本、从小镇工厂起步的小企业，自然没有能力吸纳特别优秀的人才。

松下在快速发展的过程中，逐渐开始录用大学毕业生，但是在发展时期，支撑其技术开发以及研究的是从底层锻炼出来的技术人员中尾哲二郎。由于家庭环境的原因，中尾无法继续升学深造，他的才能也就被掩盖。对于幸之助来说，发掘出中尾的才能并给予指导，使其才尽其用的经历也是财富。

中小企业常常苦于没有人才，以家族经营为起点的幸之助培养和运用人才的方法或许是一个很好的学习案例。本章将根据幸之助直属部下们的发言对其实践进行解说。

人尽其才：将合适的人才安排在合适的位置

幸之助有很多人才观的发言，让我们来了解一下尤为引人注目的几段："以我的经验来看，我们应当召募与自己公司情况相符的人才。特别优秀的人才有时候也会让我们很为难，与其招一个对我们公司不屑的人，还不如招一个觉得我们这个公司真的不错的人。合适的公司配上合适的人才，这是最好的。我们要注意，把太多过于优秀的人才收于囊中有时候反而会不利。"[1]

这里说的是"合适的人才"的必要性。确保人才与公司实力相符，才能使经营顺利进行。幸之助在说这番话的时候，他的脑海里一定浮现出了各种员工面孔。

让我们再来看一段能体现幸之助基本人才观的话："我认为每个人都像钻石原石一样，经过打磨会散发出光彩，不同的打磨方式以及切割方式会让原石散发出不同的光芒。同样地，不管是谁，只要经过磨砺就会散发璀璨光芒，拥有各自不同的优秀素质。因此，在培养和任用人才时，首先要认识到人的这种本质，要让他们能够发挥出各自的优秀天分，这是最基本的常识。如果认识不到这一点，那么哪怕拥有再多的人才，也都难以充分发挥他们的作用。"[2]

可以看出，把合适的人放在合适的位置，使其最大限度地发挥作用，是幸之助的根本想法。

1959 年（昭和三十四年），松下不断巩固家电行业顶级制造商地位的时候，幸之助还说了下面这段话："无论如何，都要把组织放在第二位，把人放在第一位考虑。以人为中心设立组织，这是目前松下电器必须要考虑的。（此处有删减）松下电器正处于发展的上升阶段，在现阶段我们应该明白，组织是为了适用人才创立的，我们考虑事情必须以人为本。我认为当松下发展成更具规模的经营实体时，我们就会迎来以组织为核心，不断注入合适人才的时代。但是现阶段我们还不能这么做，还必须以人为核心。"[3]

这段话从侧面印证了不管是事业部制度还是分公司制度，都是幸之助认识到组织是为了发挥人的作用而成立的。

可以说重视个体是幸之助的信念。除了"自主责任经营"和"职业员工"这些词语之外，幸之助也很喜欢"一人一业"这个词，这也是丰田汽车从创始人丰田佐吉（1867—1930）开始就非常看重的词。但幸之助一直认为不管工作大小，每个人都有最适合自己的工作，能够从事这样一份工作不管对本人还是对社会都是有益的。

本书第一部分中我们也提到过，幸之助在与索尼创始人井深大的对话中曾说道，"一直以来，我把带领大家实现一人一业当作自己工作的一部分"。松下在这种理念的基础上培养人才，并希望后面的员工能继承这些观念。

"X 理论—Y 理论"和幸之助的人品观

20 世纪 60 年代美国经营学者道格拉斯·麦格雷戈（1906—1964）提出的"X 理论—Y 理论"在经营学界广为人知，他的著作《企业的人性面》（译名）论述了经营者、管理者应有的人性观，是一本富有启示性的古典经营书籍。4 他指出，X 理论是基于人性本恶的观点进行人事管理，也就是需要采取胡萝卜加大棒——奖励与惩罚并存的方法；Y 理论是以人性本善为前提，尊重个体可能性的管理方法。他认为，与基于 X 理论的经营相比，以 Y 理论为前提的经营可能会产生更好的效果。除了经营学之外，这一思想还给此后的产业界带来了巨大影响。

那么企业家在实际经营中对人性与企业经营的关系又是如何认识的呢？本书第一部分曾提到，幸之助接触宗教团体后重新认识到，提出理想并对员工循循善诱，能让每一个工作的人散发出光彩，可以说这是对人性的把握。此外，幸之助坚信为社会繁荣以及乐土建设做出贡献的使命，能够给自己和员工带来幸福，这时候幸之助已经着眼于人与企业的关系，并找到了答案，即对"生命个体的认知"。

幸之助认为实现这一崇高理想需要 250 年的长期努力，他希望在此期间，几代人要保持一贯性，为实现企业目标做出持续的努力，他要求员工们能超越时代，维持这种团结一致的精神。

能否实现这一愿望需要凭借后续员工们的努力。但是不得不说这种想法本身是具有开创性的。因为在 1920—1930 年，即使美国企业基本上采取的还是基于 X 理论的经营模式。

将"偶然"应用于人才管理

幸之助很喜欢"即使风声都能令人顿悟"这句话，这在经营学上也很有意义。在人才管理方面，幸之助也逐渐体会到了的"管理偶然"的必要性。

在企业经营中，有必要增加创造偶然的人，这是为了创新，为了突破所有企业在起步之后都要面临的停滞和衰退危机。另外，这些创新人才时常是偶然获得的，对于幸之助来说更是如此。比如，幸之助在事业扩张期一直对人才有很大的需求，他在一家承包松下业务的公司发现了一名年轻人很有前途，这个人就是中尾。在松下向社会期待的领域快速发展的过程中，兼并和收购是十分必要的。在企业并购过程中，幸之助邂逅了珍贵的人才，高桥荒太郎和中川怀春。高桥是来自竞争公司的经营管理者，中川是幸之助十分尊敬的久保田权四郎介绍的。

可以推测，这个偶然的幸运也给其他方面带来了积极的影响。起用高桥等人肯定会对原有的人才造成很大的刺激。这些人在做事的时候也会考虑原有人才的想法。但是这些带来刺激的特殊人才却成为"最具松下气质的人"，这一点值得深思。当然，在这种偶然获得人才的过程中，幸之助极度的事业欲与包容力也是重要原因。

汲取失败经验

在经营学界，人们通常认为只要坚守理论上正确、本质上重要的事，发生偶然的可能性就会增加。但是在偶然的机会到来之前，一定会遇到失败，而这个过程中可能会潜藏着像是生产技术或销售渠道等新的财富，只是能否将这种可能性应用于未来的事业，这取决于经营者的能力。

幸之助以及关西商人所看重的"从失败中汲取经验"这一精神，其前提是将失败转化为成功。但是，我们很少听到幸之助的失败经历，这并不是因为他是"经营之神"，而是因为他擅长反败为胜，最终获得成功。

回顾幸之助的创业期和发展期，可以发现无线电收音机的开发等正是经历了多次成功与失败，最终有所收获的案例。本书第一部分也曾提到，我们再来回顾一下，当时除了早川等中小企业以及专门的制造商外，东京电气等大型电机制造商纷纷撤出混乱的收音机市场，也就是说当时展开激烈竞争的各家企业中，并没有拥有掌握制造真空管这种超高技术的制造商。这对于寻求事业多元化发展的松下来说是一个机会。但是以当时松下的技术，没有办法生产出制造收音机的全部部件，那么松下公司能做到什么程度呢？由于东京电气掌握着核心部件真空管的技术及专利，因此，松下只能选择从这样的公司订购。这样合理的选择也回应了代理店对松下日益高涨的需求。因此，对于以社会贡献为企业目标的松下来说，生产无线电收音机是一项应当做且具有重要意义的事业。

但是，幸之助没能立刻成功，通过企业合作开发收音机进展的并不顺利，于是他决定进行真正的垂直整合。被幸之助寄予厚望的中尾开始着手优质产品的开发，但是由于当时的收听环境不够完善，在很多地方存在接收信号不灵敏的问题。除了这些技术层面的问题之外，高价格也是失败的原因之一。此时就需要经营者做出决断。

幸之助并没有放弃，他迎难而上，最终研发出了优质的产品。发展之路由此拓宽，松下在第二次世界大战前扩大了市场占有率，也是这份努力和成绩使第二次世界大战后的松下巩固了无线电收音机顶级制造商的地位。

此后真空管技术在和飞利浦公司的合作中取得飞跃发展。但是，索尼的晶体管开发给国内收音机市场带来了巨大的变化，技术开发竞争在此后也一直持续。"要想成功必须持之以恒。"幸之助的这句至理名言正是从这样的经营失败中得来的经验之谈。也正是因为这样的经历，提高了人才的能力，孕育了企业坚韧不拔的精神。

与此同时，幸之助深刻认识到竞争对于促进人才成长的重要性。他告诉员工，若是有新的产品被研发出来，那么就该将它作为竞争对手去开发更加先进的产品，并且每一天都必须要比昨日有更多的进步和发展。

像这样分享创业者的事业观，有助于创造独有的企业文化。顺便说一下，虽然在松下的社史中，无法查到 20 世纪 30 年代前半段以收音机为核心业务时的销售额与收益率的准确数值，即使收音机业务在发展初期也有失败，但持续经营并最终获得成功的事实不可动摇。

讲究细节

幸之助曾说过："经营是一种有生命的综合艺术。"确实，如果只追求合理性就能把经营做得很好，幸之助或许就会说"经营是一门科学""经营就是资产负债表"等。但是，它并非这么简单。经营就如同在一张油画布上作画，或雕刻一座肖像，承载着员工和其他相关人员的创意设计和努力。幸之助的意思大概如此。

那么这种艺术究竟是什么样的呢？正如史蒂夫·乔布斯（1955—2011）的苹果手机商店的装潢艺术指导，出生于神户的日本设计师八木保所言，"设计存在于细节之中（no detail is small）"。

只有贯彻对细节的追求，才能产生吸引人的设计和艺术，或许这就是此位艺术家的工作观。经营就如同创作出在商业上取得成功的艺术品，它是一项细节之处体现灵魂的工作，能给经营者带来警示。

经营本来就要与矛盾和两难处境做斗争，为实现发展而制定的优秀战略也是如此，成功地创造出市场以及产品普及之后，会使企业和商品周围的"环境"发生变化。经营者每天需要面对的就是适应新的环境并解决矛盾。换句话说，经营者必须尽早觉察出这些矛盾。[5] 笔者认为，这种日常必备的能力就是深深植根于经营家大脑中的对于细节的讲究。

幸之助在担任会长期间召开热海会谈，并迅速回归一线，指挥改革，使松下渡过了危机。如果那时候没有注意到经营逐渐恶化所显现出的微小变化，采取措施稍迟一些的话，无法想象松下会变成什么样子。幸之助担任会长期间对一线工作的严格把关，使他能够注意到营业所库存过剩这一巨大的失败前兆。通过合理的对策，将危机转变为革新的好机会，使工作比之前更为完善。

有时候即使能注意到经营中的早期预警，也有可能会错过修正机会。企业内部一旦形成这种习惯，问题就会变得难以解决。为了尽量避免发生这种情况，就必须让整个企业平时就形成重视细节的企业文化。

二、经营理念与人才培养

幸之助与"市民精神"

笔者过去曾有机会学习松下幸之助商学院的教学内容以及教育方法。现在这个机构设置在松下市场营销学校中，松下产品专卖店店主的儿子也在这里学习经商的基础知识，这是一个从德、智、体等方面全面进行教育的机构。

笔者在这里了解到了松下育人的基本原则，那就是"凡事贯彻到底""当即提醒"，我认为这和日本传统的精神有共通之处。众所周知，在儒家经典著作《大学》中提倡"修身、齐家、治国、平天下"，教导人们端正自己的行为才是成为对社会有用的人的第一步。

松下培养人才的理论基础是：只有将"凡事贯彻到底""当即提醒"彻底贯彻到身边的所有事情上并规范自己的行为，才能成长为业务能力强的人才。这个观点和《大学》中所提倡的基本相同，这种观点在松下的实际经营中也发挥了作用。很多松下的老员工提到，松下在一些发展中国家开展业务时，彻底贯彻"5S"政策，即"整理、整顿、清洁、清扫、教养"（日文中这五个单词都是以 S 开头），可以说这正是凡事贯彻到底的体现，即使在没有这种文化的国家，松下也通过坚持贯彻这种理念提高海外工厂的生产力。

一听到"贯彻到底"这个词，笔者就会想到丰田汽车公司的渡边捷昭原社长，他曾说过"正直、踏实、贯彻到底"。追求"贯彻到底"，就会超越狭义范围内的合理主义，从而使自己的工作做得更优秀，或许这也是丰田的文化吧。这种经营上的基本论调无论在东方还是西方，基本上没什么差别，但是"认真、诚实、正直"这种"市民精神"的涵养，在西方宗教起到了很大的作用。

德国社会学者马克斯·韦伯（1864—1920）最先注意到市民精神的重要性，笔者对于他的主张的理解就是宗教的约束使得资本主义获得发展。

239

例如，监视生产一线员工的工作情况是一件非常困难的事情。如果时常严格检查员工们是否怠工，就会产生巨大的成本。不管什么样的监视装置都会有盲点，最终还是需要人力。但是设置人力监视，还需要有人监视这些监视人，这样还会有监视人的监视人的监视人，因而产生庞大的人力成本。结果就会像韦伯所说的那样，能做到事无巨细地监视人的懒惰的只有神，而且不是包容范围广泛的天主教，而是严格的新教，只有在神的监视下，资本主义发展的结论才能成立。

然而韦伯对于儒教持否定态度，因为在儒教中没有来世，这样制裁力则很弱。通俗些讲，韦伯认为在神的监视力很弱的儒教文化社会中，资本主义一定是无法发展的。从这一主张来看，日本或许是一个让人难以理解的国家。可以认为虽然在江户后期儒教精神已经扎根于日本，但我们也不能忽略佛教的各宗派对平民也有很大的影响。佛教中很早就有"彼世"之说，除此，还有"无颜面对列祖列宗""九泉之下"等说法，将阻止行恶的监视功能交给先祖，这样就能自然融入民众的生活之中。

幸之助为自己设立了"根源社"这个神，并进行祭拜，但这是他为自己设立的，所以普通的员工知之甚少。幸之助在参观天理教总部的时候似乎也受到了其"经营"的影响，但是他并没有皈依这一宗教。

幸之助并不是在利用宗教，而是明确告诉员工们应有的态度，希望他们遵守这些信条，也就是说他期待员工们自主发挥道德之心。这项期待凝缩在员工应遵守的七大精神之中，可以说这一指导精神体现了幸之助理想中的人的态度，也就是"市民精神"。

虽然幸之助通过第二次世界大战后的PHP活动一直提倡"诚实"的重要性，但这不是每个人都能达到的境界，就连幸之助本人在晚年的时候依然说自己还处于初级阶段，所以"诚实"这两个字并没有写入七大精神之中。第二次世界大战后虽然探讨过七大精神的内容变更，但最终还是根据幸之助的判断没有改变，因此对于普通员工的要求是贯彻基本的精神，也就是韦伯所说的"市民精神"。松下希望员工们通过学习这种精神来提高并维持对工作的自主性，这可以说是松下成长、发展过程中少有的，且十分有趣的现象。

真心诚意地训斥

让我们回到刚才提到的"凡事贯彻到底"和"当即提醒"，这两个词语的关系如下：对于做不到"凡事贯彻到底"的人要立刻指出并提醒，也就是"当即提醒"。这也正是平时在职培训中实践的内容。

对于幸之助是否注意到此种做法的效果我们无从得知，但是从现存的故事来看，幸之助似乎认为发现错误立刻批评并进行追问是一件非常理所当然的事情。例如，在接待和会见的场合中很容易就能看出松下平时对客户和顾客是多么重视，从松下流传下来的故事中可以看出，幸之助在这种场合曾给出很细微的指导，他会注意到坐垫是否整齐地沿着榻榻米的缝隙处放置，自己公司负责招待的员工胸前的花是否比客人的大，如果这些细节没有做好幸之助就会当场发火并追问。

本书第一部分也提到，幸之助如果未见到营业所产品的性能有所创新，他就会当场严肃地问责。第二次世界大战前，幸之助每天的习惯就是早上给各工厂的厂长打电话，听取他们的情况汇报，这样幸之助能很快发现问题并当即指出，问题也就能得到解决。

关于电话指导的故事有很多。第二次世界大战前，由幸之助社长面试并进入松下的人才中有一位叫作金谷贡的人，他被任命为松下电工的副社长，负责经营事务，金谷说自己是"被训斥的角色"。他还说在电话里被幸之助直接训斥的时候就像"被200V的电流击中一样"，自己曾多次被幸之助训斥"没有资格做经营者"。[6]

从这件事也可以看出，幸之助总是直言不讳地表达自己的感情。但是，幸之助似乎小事训斥，而面对大错时却给予安慰。影像事业部曾连续亏损，幸之助向作为部长的谷井昭雄抛出一系列教诲的话语，鼓励他振作起来。如果严厉斥责大错，事后还不跟进，当事责任人就会没有立足之地。在第一部分提到的三洋电机的后藤清一也曾被幸之助训得很惨，但是他也是从幸之助的这种跟进中获得帮助的一个人。

总而言之，我们会发现这些"训斥与被训斥"的故事中，隐含着热情与爱护以及循循善诱，被训斥的一方也感觉到了这些情感。笔者在与松下的干部、员工接触时真切地感受到，被幸之助训斥成为松下老员工们的"宝贵经历"，甚至成为他们的"勋章"，并作为趣事在松下口口相传。很多人都知道彼得·德鲁克（1909—2005）曾把"真挚"作为经营者的必要条件，或许可以说幸之助是一位"真挚训斥的人"。

拥有同样的方向和价值观

前文我们提到为提高"市民精神"，松下把"凡事贯彻到底"和"当即提醒"作为指导理念，其本质是"小事就是大事"。第二次世界大战后负责松下电工经营的丹羽正治也体会到了这一点。

从丹羽的很多著作中可以了解到，丹羽很少被幸之助训斥，他算是幸之助学校的优等生，很少出现丹羽像其他干部那样"被训斥"的记述。或许是前面提到的松下电工的金谷代替丹羽扮演被训斥的角色，即便这样我们依然能找到他因为"小事"被训斥的故事。年轻的丹羽刚进入公司不久，向与幸之助会谈的客人支付钱款，丹羽按照吩咐支付了相应的金额，本以为可以顺利完成任务，但是他没有要收据，幸之助看到后当场严厉批评他："哪有人不要收据的！"[7]

小错就是改正以后行为的机会，如果让人认识到这个机会，训斥的行为也就有了意义。幸之助应该早就认识到若"意识"变弱就会滋生腐败，且会在整个公司发展蔓延。因此，他把对待小事不疏忽的行为当作大事，并作为企业衰退的早期预警。

千里之堤，毁于蚁穴。动摇企业服从性的不正当行为大都是这样，不起眼的不正当行为会逐渐变得严重。从原则上考虑，忘记拿收据这件事会导致不正当行为。当场"训斥"会使员工们铭记这种严格指导的热情。

如果只是提出经营理念这种大目标，并不会在公司内形成统一的方向和价值观。通过日积月累地贯彻日常小事，会使人们逐渐接受并树立经营责任人眼中"正确的"价值观。事实上，幸之助在自己的著作中也一直提倡拥有"正确价值判断"的重要性，但是如果员工们工作时在大的方向上与公司的价值观不同，就无法形成"正确"的标准。

因此，将员工的价值观统一成经营理念是必要的，幸之助认为基于这种理念的指导精神也是必要的。

一起工作

如何使用"过度扩张"[8]对于经营者来说是一个重要的问题。幸之助虽然一直标榜不勉强经营，但是无论从哪个传记和评传中都很难看出这一点，尤其是在初期负责商品开发的中尾哲二郎看来，当时开创的事业可以说就是过度扩张。

那么，中尾为什么还要按照幸之助的要求做呢？很多人会说这是因为中尾对于幸之助认真描绘的梦想和目标深有共鸣。还有一个特别重要的原因是中尾意识到自己的老板和自己同时工作，甚至比自己还要努力。中尾曾目睹体质羸弱的幸之助，即使病倒在床上都会进行实验。这样的工作态度，一定能让梦想落到实处，自然也是有说服力的。

幸之助担任社长时，与收音机合作工厂负责人之间曾发生过这样的故事。一个炎热的夏天，幸之助与工厂负责人在一个凉爽的地方一起吃午饭，然而吃着吃着幸之助突然放下了筷子。一旁的人不知道发生了什么，幸之助说自己想到员工们此时此刻正在工厂里工作，就吃不下去了。这个故事塑造了幸之助的形象，这种行为自然而然就会吸引其他人与他共同完成梦想。

此外，前文提到的"250年规划"和第一部分提到的"五年计划"已经成为员工的梦想。在经济高速发展时期，"梦想"这个词汇在很多日本企业比比皆是，而松下的宏伟蓝图已绘制完成，那就是幸之助提出梦想，员工们在其指导下各自努力实现这个目标，为社会做出贡献。但这也是经过日积月累，在公司内部形成团结心、进取心后才能实现的。

据1930年前后乔治·埃尔顿·梅奥（1880~1949）等人的研究，经营学界都知道人的感情和集团氛围对工厂劳动者作业效率的影响，比物理、生理以及经济等条件大很多。可以说，幸之助的经营以及人才培养的方法持续验证了这一研究成果。

通过体验"困境"培养人才

小川守正曾历任松下事业部长、分社社长等要职，他在自己的著作和PHP研究所的培训研讨会上揭示了幸之助的指导方法。小川曾接受幸之助的直接指导，幸之助对他说，作为事业部长"要好好给员工支付工资"。如果接受指导的人有很强的领悟能力，即使这种看似不经意的话语也能体会到其中经营的要义。

后来，小川作为分社社长经历了担心能否发出工资的窘境。1977 年（昭和五十二年），小川出任松下住设机器分社的社长，幸之助请他吃牛排，然而最后牛排剩了一多半，幸之助让小川把厨师叫来，小川还以为幸之助要投诉，没想到幸之助是为了表明他自己上了年纪没办法吃完牛排，希望厨师不要生气。

于是幸之助成为照顾他人感受的榜样。松下住设一开始并没有面临激烈的竞争。但是，此后日本经济经历了石油危机，住设的业绩也呈现恶化，不得不把巨额赤字计算在内。幸之助偶尔会到这家分社附近，顺便就会来到这里，他了解到了严峻的经营状况。

松下的分社基本上都从总部借取资金，幸之助当即命令撤走这批资金。或许幸之助认为这是不能容忍的事态，但是在小川看来，如果总部将资金收回，就没有办法给员工发工资，也没有办法给客户付款，那么就会倒闭。小川强烈要求幸之助收回撤回资金的决定，幸之助指示说会给小川介绍银行，让他以工厂作为担保制订重建计划，向银行贷款。被逼入这一境地之后，以小川为中心的公司全体人员奋起努力，最终实现经营重建。

实际上，虽然也可以向总部财务借取资金，但是向银行贷款可以体验自主责任经营。这种让人真切体验的故事也体现了

247

幸之助培养人才的方法，即将员工逼入绝境，通过经营改革培养干部。

用简练的语言将理念这个抽象名词具象化

第一部分中也提到过，事业部制度是幸之助思想和哲学的具体体现。幸之助的女婿、继任社长松下正治认为幸之助的目的是："第一，事业部制度使得成果清楚明了，责任明确，可以彻底贯彻'自主责任经营'。第二，对经营负全部责任对于经营干部来说是真正的考验，由此可以培养经营者。"[9]

这个"真正考验"其实就是修罗场，接受这一考验的事业部长，口口相传"被训斥"的经历中时常会出现"赤字就是罪恶"这句话。

清楚具体地表现出经营理念的语言还有很多，如"下雨就打伞""水坝式经营""即使遇到为难的事情也不感到为难""从未有过的危机会催生出从未有过的革新""道德和实际利益是相关的"等，这些比喻对于指导干部是有效的。

例如，分社持续赤字的经营部长前来汇报的时候曾被幸之助严厉训斥，大概意思是指责他没有走在税金构筑的人间正道的中间，而是走在了大道的边缘。听起来有点儿夸张，但是这会使有想法的人产生各种各样的灵感，点燃他们的热情。这种做法有时还会对发现商机和管理人才产生重要效果。

当然，如果负担过重可能会使人在精神和肉体上疲惫不堪。因此，幸之助也会有后续的跟进。前面提到的松下住设的小川因为赤字问题被幸之助训斥得很惨，幸之助虽然停掉了总部的贷款，指示他通过向银行提供业务再建计划书贷款，但幸之助并非只是训斥。在幸之助回去时，他对为自己送行的小川等干部笑着说："你们的经营就像是国营铁路一样，虽有技术却没有经营"，然后坐车离开。

幸之助这句话有"劝慰"的意思。他委婉地表达了自己承认松下住设"有技术"，但这并是严格教导干部的要点。虽然幸之助说过"造物之前先造人"，但实际上或许可以说松下是一个"造物造人同时进行"的公司。

三、从变化和继承的角度看人才开发
通过"提问"让他们拼命地认真思考

幸之助作为经营者性情急躁，这一点笔者和松下的老员工以及其他相关人员都有所耳闻。或许人们很容易把这种性格和他训斥人的行为联系起来，但是幸之助的指导风格及特点并不只是这些。在考验忍耐力的垂钓活动中，人们都知道垂钓高手反而表现得很急躁，垂钓就是和鱼的对话，垂钓的人不断精心

设计，看哪种方式是有效的，这样才能成功钓到鱼。

幸之助就像垂钓高手一样，在与部下的对话中寻找有效的指导方法，并区分实施。他并非只会训斥，而是时而严厉时而温柔，根据不同的人和不同的情况自如地抛出相应的问题，成为引导对方发现解决方案的契机，幸之助也认识到这些问题对于引导对方很有效果。

据说幸之助曾对自己知道的事情故意装作不知道，然后给部下打电话考验他们，或许是因为他实际感受到这对于培养人才是很有效果的。

在松下的产品开发历史中，如开发"佩珀尔"收音机的时候，幸之助的指导风格充分发挥了作用。1980 年 11 月的《品质管理》曾收到开发责任人薮崎俊的一篇关于开发要点的投稿，经常采访幸之助的石山四郎从这篇文章中获知了开发逸闻。

石山的著作《松下幸之助全研究 2——知命的国际经营》一书中收录了薮崎的话，根据这些记载可以知道，收音机产业曾作为松下初期的主要业务，后来成为东南亚等地区的快速追赶对象，20 世纪 70 年代后半期由于日元不断升值，该产业面临着更加严峻的处境。发展中国家以低成本为武器追赶擅长创造性模仿以及实施"追赶型战略"的松下。开发负责人认为应努力打破这种局面，于是开始秘密投入到适合时代的超薄收音机的开发中。幸之助偶尔会去工厂，此时负责人就会向幸之助直接反映情况，并询问他的意见。在获得幸之助许可之后，他们更加努力地投入到开发之中，幸之助曾多次要求他们进行报告和说明，有时会激励他们，并在关键问题上提出要求（把价格定为 10000 日元以下）。渐渐地幸之助的要求越来越细化，甚至具体到声音、工序数、零部件的成本等。

此后，幸之助还将生产数量的目标设定为 1000 万台，这一数字是开发事业部自己设定目标的 10 倍。幸之助还让这些人回答材料费、宣传费是多少，以及专门工厂的资金运转起来需要多少年时间。虽然这些要求有些严格，但幸之助很自然地借助梦想鼓励大家，结果售价达到每台 7800 日元，"佩珀尔"收音机甚至一度让人以为是"超薄电脑"，最终销量远远超过开发事业部设定的 100 万台目标，成为畅销商品。[10]

在提出梦想的同时，幸之助会通过提出一些问题引导大家，并提出严格的要求来营造出一种紧张的氛围，这些指导是在一系列的对话中进行的。

笔者从松下的老员工那里了解到很多松下实际经营的情况，其中，曾担任副社长的佐久间曻二，强烈感受到幸之助要求经营干部们要有认真努力的态度。

佐久间经常提到在开拓德国干电池市场时的亲身体验。当时松下还没有开拓出冷战体制下的联邦德国市场，在这一阶段佐久间作为营业负责人接到的命令是按照占当地市场份额最大的商品价格进行销售，可是这个价格比东芝在当地的销售价格还要贵，发出这个命令的是高桥。不选择相对容易的廉价销售，而是在当地贯彻共存共荣的理念，在面对这样困难的工作时，佐久间认真思考，最终提出进入市场的方案。这是在市场占有率很高、早已获得竞争优势的国内营业部门无法体验到的经历，毫无疑问这样的经历成为佐久间成长过程中的宝贵经验。

经营学上经常会提到打入新市场的经历会提高经营者的能力，其实这种经历本身也是一场考验。反过来讲，经营者会通过制造考验发现人才。第一部分提到的九州松下电器的经营案例中高桥也证明了这一点。

重视自发地"学习"

当人们提到"请列举出昭和时代具有代表性的企业家"时，最先提到的就是松下幸之助、本田宗一郎以及关西的中内功。

有一天，我突然发现了这三个人身上的共同之处，那就是工作之后开始上学。幸之助在大阪电灯工作的时候就去关西商工学校的夜校学习电气知识，本田担任社长之后开始在现在的静冈大学工学部、浜松高等工业学校学习，中内一边在神户三官的黑市上摆摊，一边在神户经济大学（现在的神户大学）经营学部的夜班学习。经营学是可以学的，但经营的技巧是学不来的，这是幸之助的哲学。幸之助的意思并不是不让人们学习经营学等学问，而是说无法灵活运用学到的理论，反而更容易拘泥于理论，从而无法顺利开展经营，这是一件令人苦恼的事情，但是由于经营学是从企业家们的实践中得出的普遍性结论，以此为原型经营自己的企业才是其意义所在。

笔者曾经问中内功："在神户大学的学习，哪个科目是有用的？"中内回答"日本国宪法"。这并不是经营学的专业科目，而是通识素质科目。中内说，在黑市上摆摊是无法知道日本的未来会是什么样子的，但是听宪法课时，自己知道了日本未来会成为一个什么样的国家。

笔者一直主张 MBA 的教学内容是基础性的知识就可以了，没有必要是应用型的，这一观点到现在都没有变，应用在工作一线都能学习到。那么，幸之助是不是没有像中内说的那样进行基础性的学习呢？其实并不是。幸之助的 PHP 研究是和研究员们一起召开研究会，通过问答自学，在这个过程中，幸之助会向员工们确认政治经济的动态，在此基础上，发表在杂志上的提议内容也逐渐固定下来。幸之助甚至有修改日本国宪法的设想，他也有提到与自卫队有关的宪法修改。

可以看出，幸之助这些广泛言论的背后的知识储备，虽然不能直接促进他的经营活动，却充实了他的经营。实际上，在幸之助引退会长一职投入 PHP 研究后，他仍在一线指导了热海会谈和之后的改革。

工作上需要追求经济合理性，但是只追求这点会将自己置于危险之中。在自己的认知范围内想出来的经济合理性，最终也不过是忽略自己不知道的东西而思考出来的。

每个人都有很多不知道的事情，为了源源不断地吸收这些知识，幸之助要求员工们拥有"谦虚"和"诚实"的品质。没有这种态度，不管价值多高的知识都无法被消化吸收。松下先于其他企业导入双休日制度，五个工作日会使效率进一步提高，在此基础上幸之助还希望员工们把双休日中的一天用来提高自己的素质而不是休息。虽然幸之助没有使用过"自我启发"这个词，但是可以说他正是努力践行这一点的企业家。

经营理念继承中的人才培养

著名的哲学家和道德家和辻哲郎（1889—1960）撰写的《孔子》（岩波文库）一书中曾提到，孔子、耶稣、如来佛祖、苏格拉底等贤人被他们的弟子以及徒孙等理想化成了人类的导师。例如，孔子的《论语》就是一本好书，它让人意识到听者

（弟子）的人格和境遇等都有可能受到老师言语教诲的影响。

和辻在该书中曾就这些人类的导师是如何认识到普遍性哲学这一点展开论述。他还指出："弟子柏拉图和徒孙亚里士多德迅速完成老师交代的工作并形成西方思想的源流。这些伟大的徒弟们的工作一旦被人们认可，苏格拉底的灵魂就会活在这些弟子们的工作中，这样一来他就理所当然地成为人们眼中更伟大的导师"。[11] 按照这个逻辑，实践幸之助思想和哲学的后继者的工作能否被社会认可，能否得到社会的高度评价，会决定社会如何评价"活在这些工作中的幸之助的灵魂。"

当然把幸之助与这些贤人进行比较并不妥，但是继承这些普遍理念的人们应该可以从这种提高修养的书中学到很多。另外，从和辻提出的观点来看，高桥作为幸之助理念的布道者，可以说他采取了非常明智的做法。

在培养能实践经营理念的人才方面，高桥代替幸之助要求部下们学习一些规则，以期具体实践这些经营理念。

但是，有人会说"A.T.先生（对高桥的敬称）总是反复说相同的事情"。第三代社长山下在任时，高桥曾多次对身为经营中枢的佐久间提到"相同的事情——具体体现理念的早年的成功以及失败经历"。佐久间一开始的时候还觉得有些不耐烦，但是随着他不断积累经验，逐渐意识到了这些话的重要性。

255

因为随着被指导者的水平提高，不管普遍性的理念和经历有多少，他们都可以将其应用到实践中，由此可以推测出高桥就是将反复讲述贯彻到底。

此外，高桥在表达共存共荣的理念时曾这样指示："生产出有自己特色的商品"，并且"不进行廉价销售"。在第二章中也提到，他还曾经使用"利润就是社会贡献度的晴雨表"这样简单易懂的表达。

即使这样，在经营理念的实践中，如果战术的开展不基于市场和文化差异，将很难看到运用此战术带来的成果。也就是给部下出了难题，这样一来部下便通过解决这个难题获得成长。

只继承了理念却不具备实质内容，很容易使理念在实践的过程中误入歧途。这是因为不管怎样，每个人对于同一理念的理解都是不同的。因此，制订具体的年度事业计划等对于经营理念的实践起到了非常大的作用，但是关键在于能否灵活运用到实践中。

人才开发："放手但不放任"

松下的理念是"尊重人""看重人"，这是自幸之助以来的松下精神传统。笔者对此的理解是，这种经营态度包含了温柔和严厉两种对立面。之所以这么说，是因为被尊重意味着双方相互独立，不允许随便依赖另一方。

幸之助对销售公司经常提倡"共存共荣"，这并不是因为他想要维持一种"相互依赖"的关系。而是他希望双方在"独立自主"的前提下，维持良好的关系，这一点也适用于公司内部。

除了松下之外，在之前很多日本企业中，雇用者与被雇用者之间构筑了不同程度的良好合作关系，这种关系最终被过分利用，演化为两者合谋逐利。与此同时，整个日本经济也变得奇怪，总之，使制度变得陈旧腐化的还是人。然而，幸之助之所以能把事业部制度发展为一个成功的组织，是因为他对于人性的了解。幸之助一定是认识到"放手"又"不放任"的经营就是基于人本质的经营。在下一章中我们将会讨论这种事业部制度的组织管理。

在产品制造方面，当产品完成开发并在董事会上汇报时，据说幸之助会在众人的注视之下，把产品放在手上来回抚摩，从各个角度观察产品。这种行为表面上看起来是爱的表达，但也是为了发现瑕疵的行为。

如果事业部长对于新产品没有信心，此时他的精神一定会非常紧张。手握最终决定权的人审视着自己，能时常让他人感受到这种"害怕"，但这从管理企业的角度而言不也是一件很好的事情吗？幸之助有意无意地一直在实践这一点。

257

据说将"放手但不放任"这个理念运用得最好的是丹羽正治，他是幸之助最信任的经营者之一，这一点可以从丹羽曾参与松下政经塾和PHP研究所的经营中看出来。据说在丹羽就任会长之后，幸之助的办公桌就在他旁边。松下第六任社长中村邦夫（现任Panasonic顾问）曾说过自己和创始人"一路同行"进行经营，而丹羽在实际经营中使之成为一种"模式"。

准确地说，丹羽说"放手但不放任"，是为了对最高权力者幸之助所具有的高度责任感致敬，但是也可以认为还有其他各种各样的意义。丹羽并不认为这是一种放任，在他看来自己的经营过程一直能被幸之助看到就不会误入歧途。丹羽其实是在培养自己的自律。在丹羽现存的很多自著中，都能看出他和幸之助一样看起来像是一位宗教性的人物，读者能感受到他们是同一种人。丹羽并不认为幸之助一直在监视自己，他或许觉得幸之助就像是"父亲"一样在关注自己的表现。

松下电工最终成长为一家经营体质几乎超越了总部的强大公司，笔者认为，这种理念催生的经营模式为建设出这样的公司奠定了基础。

传承理念的是"人"

在第一部分提到，第二次世界大战后松下投入了巨大的

258

广告宣传费用。当时幸之助亲自题写了宣传印刷品上的宣传语——"买着安心，用着实惠，NATIONAL LAMP"。此外，幸之助十分注重向合作公司以及消费者宣传品牌形象，他认为只要是生产商品就有"告知别人的义务"。

在1945年（昭和二十年）召开的经营方针发表会上，幸之助明确提到自己逐渐培养起来的对于宣传的信念。"只宣传真实的东西，绝对不能超出实际。回顾过去，松下也进行了宣传，但是我们的宣传并没有像其他商店和公司那样。只有在一种情况下宣传才能被允许，那就是真实情况的宣传。无论如何，都要让社会上的人们使用一下这个商品，只有希望快点告诉人们这个商品效果又好又方便的时候，才能去宣传，绝对不能夸张，必须要秉持正义。"[12] 他还说"对于没有灵魂的宣传，一分钱也不能花，这样的宣传会被人们耻笑"。[13]

一般认为，关于各项业务的工作开展情况，以及用血汗赚来的利润所做的广告宣传，相关人员有责任在公司内对这些费用和成果进行说明，但实际上这件事落实起来很困难。因此，需要尽量明确这部分资金投入的意义以及性质对于建设公司文化的重要性，最高责任人亲自提及这件事情当然有效。此外，顺应时代变化将幸之助提出的方针具体体现出来，也能不断创造企业的品牌形象，这种传承的媒介归根结底还是"人"。而且正如广告和宣传这种很难看到效果的事情一样，或许传承也是一件很难的事情。PHP 研究所创立之后，幸之助让松下宣传部门的董事兼任《PHP》杂志的编辑，是因为此人对幸之助的思想和哲学有深入的理解。

幸之助从创业期开始就很重视商品设计，在 1942 年原材料不足等问题逐渐凸显的战争时期，他还曾在公司内部发出通知，希望员工们把"制作出亲切、有人情味、典雅、宽容、令消费者满意的产品"[14] 作为根本信念，督促员工们奋发努力。另外，《松下的形态》这本与设计有关的社史中曾记载道："如果用一句话概括松下电器的设计理念，那就是让经营的基本理念体现到产品的设计之中。"在这本书中也可以看到"情绪的桥梁""让人满意"等表达。[15] 这种设计创造也和广告宣传一样，不同的传承主体也就是不同的"人"，会产生不同的结果。在灵活运用"人才"的过程中，"配置"是很重要的，这件事情本身也会催生出高效的工作和经营模式，并有助于对每个人才的培养。正因如此，经营者有必要更加深入地了解人性。实际上，幸之助最重视的领导人应具备的素质就是"对人性的把握"。

注释：

1 松下幸之助（1983）《松下幸之助经营语录》（PHP 研究所）82 页。

2 松下幸之助（1979）《灵活用人的经营》（PHP 研究所）13~16 页。

3 PHP 综合研究所编（1991—1993）《松下幸之助发言集》25 卷（PHP 研究所）325~326 页。

4 参考自道格拉斯·麦格雷戈著，高桥达男译（1970）《新版企业的人性面》（产能大学）。1966 年第一版翻译出版，译者在前言中写道，该书的内容"是对现有组织理论以及管理理论的强烈批判。其观点认为当前的理论主要立足于 X 理论，如果不从 X 理论转换到 Y 理论，那么经营理论就不会有任何进展"。

5 关于企业发展过程中出现的"矛盾"管理，参考自伊丹敬之·加护野忠男（2003）《研讨会经营学入门》第 3 版（日本经济新闻社）424~452 页。

6 丹羽正治著·小柳道南编（1977）《我的师父·松下幸之助》（株式会社波）181 页。

7 同上书，51 页。

8 为了加深对"过度拓展"一词的理解，本书参考了伊丹敬之（2003）《经营战略的逻辑》第 3 版（日本经济新闻社）。

9 松下正治（1995）《经营之心》（PHP 研究所）157~158 页。

10 石山四郎（1981）《松下幸之助全研究 2 知命的国际经营》（学习研究社）339~347 页。

11 和辻哲郎（1988）《孔子》（岩波文库）16 页。第一版由岩波书店自 1938 年开始出版。

12 上述《松下幸之助发言集》22 卷 66 页。

13 同上书，27 卷 127 页。

14 同上书，26 卷 196 页。

15 参考自松下电器产业综合设计中心（1980）《松下的形态》（该公司）序文。

Ⅳ 经营组织和组织管理充分发挥人的作用

一、关于事业部制组织

事业部制的历史

组织为人才提供活跃的舞台，同时也是培养人才的平台。幸之助一直推动组织架构创新，他创建的很多组织在日本都是前无古人的，其中最具代表性的就是事业部制组织。

1933 年（昭和八年）幸之助导入事业部组织，并在原有基础上进行各种改造，创建了独立的组织。这一组织不仅支撑了松下电器的发展，而且成为其他日本企业效仿的模板。

世界上第一个导入事业部制度的是美国一家名为杜邦的化工企业，该公司原为炸药制造商，第一次世界大战时炸药的销量急剧增多，但可以预测到战后炸药将会滞销，战争末期，作为补充业务杜邦开始发展涂料、染料等多种化学制品。这些多样化的业务经营由董事长一个人负责，但是经营不善，业绩低下，于是在多样化的业务中分别安排了经营负责人，并把相关的决策权交给他们，这就是事业部制的源头。

杜邦家族的经营史学家钱德勒根据家族留存下来的资料写成了书籍《经营战略与组织》（日语书名）。在该书中钱德勒详细调查了杜邦、通用、标准石油等企业的历史，并明确指出采取事业部制组织是业务多样化的结果。

幸之助和事业部制

松下也是如此。正如前文提到的松下业务，从插座和风扇零部件的生产开始，逐渐发展到电灯、灯泡、电池以及收音机等多种业务。这种多样化发展导致幸之助很难一个人指挥所有的产品制造与销售，于是导入了事业部制度。和美国企业一样，伴随着产品的多样化发展松下导入了事业部制度，相比杜邦晚了12年。

松下和杜邦也有不同，与杜邦相比，松下导入事业部制度的时候还处于企业规模比较小的阶段。此外，事业部的单位比较小，所以把这一制度称为单一产品（单品）事业部制度更合适，这个组织也被认为是后文中所提到的职能区分型事业部制度。只有负责收音机的第一事业部同时拥有制造和销售两种功能，其他事业部的销售功能统一集中在营业部。

虽然没有记录能确认幸之助是否知道杜邦的案例，但是从

264

幸之助的行动就能看出他很理解事业部制度的本质，事业部制度并不是单纯地移交业务决策的权力。

权力交出去之后，幸之助会继续检查事业部长的经营情况，经营不善就必须采取必要的措施，这可以称为事业部的管理。事业部制度最本质的特征是组织的权力被分散到多个自律性的决策单位，这种分权性的单位就是事业部。事业部具备在一定地域、业务领域、产品领域完成业务的必要功能（作为生产商就是制造、销售、开发等基本功能），也就是自主完成。事业部制度的基本管理手段与事业部长的利益责任息息相关，事业部也是利益责任单位（利润中心）。

美国的事业部制度是伴随着20世纪30年代的企业多样化一起出现的[1]，此后几乎普及到了所有的大企业。1980年（昭和五十五年）的数据显示，美国的大企业（财富榜前1000位的公司）中采用事业部制度的比例约为95%[2]。当然，美国也并没有完全教科书式地导入事业部制度。欧美企业的事业部制度大多数是兼具生产和销售的自主型组织。

日本的很多大企业是在第二次世界大战后才开始导入事业部制度的。

表 3　事业部制度结构的日美对比

指标·项目	美国	日本
事业部制度导入比例（职能保有率）	94.4（%）	59.8（%）
生产	96.7	85.5
销售	94.8	91.3
市场营销计划	89.6	82.6
人事	84.4	35.5
会计·控制	82.0	40.1
财务	38.4	12.2
基础研究	19.9	28.5
应用开发与研究	62.1	75.6
购买	77.3	52.4

【来源】　参考自加护野忠男（1983）《日美企业的经营比较》（日本经济新闻社）37 页[2]。

　　表 3 基于笔者曾进行的日美企业数据[3]比较，其中列出了事业部所拥有的职能比例，美国有 3% 的企业导入没有生产职能的事业部制度，有 5% 的企业导入没有销售职能的事业部制度。相对的，在日本，事业部制度没有生产职能的企业占 14%，没有销售职能的企业占 9%。这些数字表明，日本企业导入的事业部制度缺少生产或销售这种必要职能的比率比美国要高。

　　此后笔者等人参与了 1991 年的关西生产性总部的调查，1990 年上市企业中导入事业部制度的有 55%，[4] 在这些企业中有很多单独设立生产和销售事业部。

266

从理论上来讲，制造商应同时拥有生产和销售两种职能，这对于事业部制组织是必要的，也是不可或缺的。如果没有这两种职能，事业部就很难成为独立的决策单位。但是在日本的大企业中缺少这两种必要职能的事业部，尤其在松下，这种事业部制度的操作与理论上的事业部制度的操作是不同的，关于这一点我们将在后面介绍。

二、事业部制与分公司制度的管理

幸之助发明的三种管理

事业部制度被称为分权式的组织结构，它的特征就是把业务的决策权移交给事业部长。不仅如此，拥有了决策权就必须对事业部进行管理。

管理就是为了确保经营负责人能很好地进行经营。在美国，将利润责任交给事业部长之后就能确保其很好的经营。幸之助也充分认识到这一点，并留下前文提到的"放手但不放任"这样一句话。

关于幸之助建立的管理制度，有三点特别值得一提。

第一，会计员工制度，也是最重要的。

第二，分公司制度。也有一种情况，是把一个或多个事业部作为分公司独立出去并上市，由此也能获得很多好处。

267

第三，产销分离型的事业部制度。在松下被称为职能区分型事业部制度。也是前文提到的在日本很常见的一种不完善的事业部制度，这种组织也有很多优势。

经营会计和会计员工制度

事业部管理中最重要的就是准确把握事业部经营的好坏，其基本就是会计制度，也就是用准确的数字掌握事业部经营的损益情况。但是，对盈亏负有责任的事业部长很容易在诱惑的驱使下通过各种手段让会计拿出一个比较好的结果。

通过会计事务的最高责任人高桥荒太郎，幸之助创建了一个能够与这种诱惑抗衡的会计制度，那便是是会计员工制度。松下的会计负责人被称为会计员工，他们作为不同于经营和技术员工的另一个工种被录用，晋升和轮岗也都在会计职能范围内进行。

会计员工的人事权由会计部负责，培训也是独立进行，即使被派遣到事业部，会计员工的调动以及评价也都由会计部负责。事业部长并没有人事权，因此会计员工可以根据会计的标准进行工作，他们也可以对事业部长提出的要求说不。

有这样的会计制度支撑着会计员工，公司总部才能正确掌握事业部的业绩，并能对事业部做出正确的评价。在这种会计制度下，公司总部对事业部拥有绝对的权力。但是，幸之助也

在努力不让公司总部的权力绝对化，这就是下面要介绍的两种
组织制度。

松下的事业部制和分公司制度的变迁

表 4 展示了导入事业部制度之后松下的组织变迁。1933
年（昭和八年）事业部制度还不完善，只有第一事业部是具有
生产和销售两种功能的完善型事业部，第二事业部及以下都只
有生产职能。第二年，所有的事业部都变成完善的组织，1935
年开始实施分公司制度。

导入事业部制度两年之后幸之助提出分公司制度。分公司
制度最重要的特征就是在法律上让事业部作为公司独立出去，
这其中有不上市的案例，也有上市的案例。

表 4　截至 1973 年松下的组织编制变迁

年代	组织改革（年）	备注
1910	职能部制	1918年创业。
1920		1927年设立电热部。幸之助自己也说这是事业部制度的源头。
1930	产品事业部制度（1933）分公司制度（1935）	1933年刚开始导入事业部制度时只有（收音机）第一事业部采取直销制度。其他的两个事业部采取的是产销分离的模式。1934年全部发展为产销一体化的综合型事业部。1935年改组为股份有限公司，并发展为分公司制度。

269

续表

年代	组织改革（年）	备注
1940	制造所制度（1944） 工厂制度（1949）	由于第二次世界大战时期的军部统制以及第二次世界大战后GHQ的活动限制，幸之助并不能按照自己的想法经营。
1950	职能事业部制度（1950） 事业本部制度（1954）	第二次世界大战后设立的事业部制度并不是综合性的。1950年的年销售额是27亿日元，1954年达到175亿日元。
1960	产品事业部制度发展为事业本部制度（1965） 废除事业本部制度（1972）	1961年幸之助就任会长，热海会谈（1964）之后回到生产一线。此后设置的事业部制度（1965）与1933年的事业部制度都是按照产品类别分类。松下还努力发展直销制度。1965年的年销售额达到2030亿日元。
1970		1973年幸之助从会长一职引退，成为松下的顾问。负责经营的新社长山下俊彦也很重视事业部制度。

【来源】 参考松下社史资料等制作而成。

与公司内的事业部不同，分公司要接受公司总部和外部的监视。即使没有上市，一旦在法律上获得独立，如需融资就会成为合作银行的审查对象。松下不会对分公司进行融资，即使分公司接受银行融资松下也不会给予担保，这是原则。如果分公司已经上市，那么它也就处在证券市场和投资者的监视之下。

股票价格是很多股市参与者意愿的总和。公司总部可以在参考这个综合意愿的同时，对事业部进行评价。公司总部的评价由专业经营人士进行，因此会比市场评价更准确。市场很难介入企业经营，但是公司总部却可以灵活介入其中。

通过上市，管理不仅可以在公司总部进行，还可以在证券市场实施。假如公司总部的管理决策永远正确，那么证券市场的管理就没有必要了。但是公司总部也是由能力有限的人构成的，所以有时候市场管理会更准确。

分公司方式的优点

分公司制度的优点即事业单位拥有法律上的独立性，因此能够获得很高的自主性。除了公司总部以外，分公司还有各种各样的利益相关方（银行、工会、上市时还会有其他的股东），如此，它便不能对公司总部唯命是从，有时也不得不对公司总部的指示说不。正因为这样，分公司更能感到自己身上的经营责任重大，不会轻易服从公司总部的命令，这种责任感有时也可使经营更出色。

三、产销分离型和综合型事业部制度
事业部制度的优点和缺点

松下创造出独特的事业部制组织，且不同于欧美事业部制度。一般来说，制造业的事业部制组织中同时拥有生产和销售两种职能，但是在松下，有的事业部只有生产职能或者销售职能，笔者把这种事业部制度称作产销分离型的事业部制度或者

职能区分型事业部制度。

至今有许多研究者以及实业者都认为这种组织是通常意义上的事业部制组织的一个变种，且与欧美的事业部制组织没有本质上的差别。但是，笔者也曾多次写到这种组织拥有自己独特的长处和短处。[5] 最初是在学术杂志上，之后是在论述幸之助的一般书籍上，直到现在笔者的这种基本观点依然没有改变。这次重新回顾松下的历史，可以清楚地了解到松下的组织在普通事业部制度与职能区分型事业部制度之间摇摆，以发展为目标时松下采用的是产销分离的事业部制度，以收益为目标时松下采用的是产销一体化的事业部制度。

这并不意味着产销分离型的事业部制度优于普通的事业部制度。两者均既有优点又有缺点，幸之助自己也强烈地认识到这一点。如下是 1963 年（昭和三十八年）幸之助在日本青年会议所研讨会上对一位听众提出的问题所做的回答，由于这段话简单易懂我直接把它摘录在这里：

我认为不管什么事情都有其长处和短处。我们之所以采用事业部制度，没有别的原因，只是因为业务种类正在逐渐增加。（此处有删减）"我们将成立电热部，你来负责吧。这样就可以把生产、销售以及其他的事情都统一为一个业务部，由你来负责怎么样？当然特别重大的问题你可以来找我商量。我现在正在忙着配线器具和电热之外的其他工作，所以实在是分身乏术。但是由于客户的要求以及时代的趋势，我们公司必须生产电热产品，既然想做我就希望你来负责这件事情。"

当我对一个人说"你来做吧"的时候，就是让这个人作为事业部的最高责任者，就意味着我们把所有的事情都交给他来做，即使业务范围很小也全部交给他。这就是松下电器事业部的开端。（此处有删减）当我们把事业部拜托给我们觉得能胜任的人时，是合适的人才那么一切就会进展顺利，如果那个人不能胜任，业务开展情况就可能不尽如人意。虽然会出现问题，但事业部制度也会发觉这个人的长处。

要说事业部制度有什么缺点，我实在想不出来。我认为最高责任人承担起自己的责任，其他员工一起配合，这是最好的状态。如果最高责任人做得过分，认为"既然交给了自己，就可以随心所欲地去做，赤字多少都无所谓"，这样就会出现问题。

但是大的方针决定还是由我来做判断。例如，创建电热部就是一大方针，这是由我来决定的。因为这是公司的方针，所以应该由公司来做决定。但是我们的原则是在这一方针范围之内最高责任人有条不紊地进行工作，如果脱离这一原则就会出现问题。如果我自己去做，这种问题就不是问题，因为我会按照自己的想法去做……如果不脱离这个原则，优势就会显现出

273

来。另外，问题一旦出现，我们就能马上知道，然后进行提醒。所以现在也不能说没有问题，但是比起问题更多的是优势。我自己是这么认为的。[6]

幸之助对事业部制度的运用（1）

仔细观察松下的事业部制度应用的实际情况，就会发现它有几个不同于欧美事业部制度的决定性特征。与其说这是水平上的差异不如说是本质上的不同，当不断探究这个差异的意义时就会发现这种差异与松下独特的优势与弱势密切相关。

在序文以及第一部分提到，松下取得巨大成就，幸之助从会长的职位上引退后，便遭遇了巨大的危机，在这样的背景下召开了热海会谈。此后幸之助回归生产一线，这一时期改革后，松下的营业和销售组织不断发生变革。下面让我们根据社史的记述，看一下这样的历史背景下与事业部制度相关的内容。

首先，召集全国销售公司以及代理店召开热海会谈之后，在推进改革的过程中，1965年（昭和四十年）9月，幸之助与社长松下正治联名向销售公司的总经理提出了以下要求：

自去年夏天在热海召开会谈以来，各位经常出席会议，我们在听取各位意见的同时，实施了各项新政策。幸运的是，我们知道各代理店以此为契机努力开展正常的销售活动，销售公司也在自主经营方针的指导下努力改善经营体制，积极推进经营，这让我们感到如虎添翼。

如各位所知，希望各位能从新的销售制度中获益，为了确立稳定的销售制度，我们赌上了公司的命运。希望各位理解松下电器对这种新体制寄予的期望，能够更加努力地经营。如果通过大家的拼命努力，能找出更好的改善经营方案，我们就会毫不犹豫地采纳这个方案，与各位一道走向繁荣。其中一个方案就是前些天我们拜托各位与事业部进行直接交易，幸运的是制度本身是合理的，也得到了各位的支持，但是在运用时我们还是感到多少出现了一些问题。于是我们在前几天的座谈会上提议，今后所有的订单都以文件的形式每月进行一次汇总，事业部销售人员跑业务形式全部取消，事业部的拜访内容限定为与各位进行经营上的商谈、新产品的说明以及市场动向的调查等。由于这项提议得到各位的共鸣，所以我们想要尽早实施，希望大家能多多配合。[7]

这一时期事业部与销售公司之间采取直接交易制度，其优点是使物流变得简单，削减中间过程产生的成本，缺点就是增加了批发商的负担。如果营业所没有劳动定额就不会有强卖等非合理性的营业手段，但是如果各个事业部热衷于销售活动，这一点就不会发生改变。而且，由于各个事业部的促销存在交

275

又重复，与其说批发商是采购松下的商品，不如说是采购松下各事业部的商品。如果不能避免库存过多，实现自主性采购，经营就会变得困难。在这样的情况下，幸之助决定不再让事业部跑业务，而是将精力集中在每月一次的订单文件上。当时的批发商们在物质和精神上都很依赖松下，松下通过这种制度使这些陷入经营困境的批发商贯彻自主责任经营。

通过采取这些更注重细节的方案，松下的销售职能在各事业部内统一起来。

幸之助对事业部制度的运用（2）

我们可以确定，热海会谈之后直接交易制度是在幸之助的强力推动下进行的。1972 年（昭和四十七年）11 月，关于事业部制度幸之助曾这样对经营干部们说：

现在事业部的独立核算制还不完善，我希望把它建设成一个完全独立的经营体。事业部完全独立后，也会更有活力，会出现更多的创意，这样就会不断有新产品产生。

也有些人担心，认为事业部独立之后大家将无法进行横向联系，但是我认为待真正独立之后，这种担心就会消失。为什么这么说呢？因为在真正独立之后，每个人都会渴望并想尽一切办法发展自己所负责的事业部，他们也会去别的事业部借鉴经验，如果这里没有经验可供借鉴，他们就又会去找其他事业部。想成为完全独立的个体，就不得不这么做。想要学习兄弟公司的优势时，即使被垂直分割，也会出现必要的横向联系。

因此，变成完全独立的个体之后，横向联系会更频繁，大家也会同心同德。我认为真正独立之后我们的视野会变得更宽，届时万物皆为师长。

拼命努力的话，就能自然而然地从万物中学习到很多。从这个意义上说，我宣布从此时此刻开始，事业部将完全独立。希望大家也抱着这样的打算去做。[8]

这段发言明确表达了幸之助对事业部制度的想法，正治的继任者山下俊彦继承了这种经营观。20 世纪 80 年代，山下担任社长时开始推动家电销售公司的整合以及营业所的撤出和整合。关于销售公司的整合，1983 年之后开始推进一县一公司的构想，这个时期在物流机构的强化和重组过程中最重要的课题就是量贩店对策。

山下·谷井·森下社长时代的组织制度改革

据松下社史《松下电器变革的三十年》记载，[9] "通过观察 1979 年（昭和五十四年）不同销售渠道的家电产品销售状况，大型家电卖场与超市的销售额约为 1 万亿日元，占国内市场的 25%。在 5 年之前，也就是 1974 年的销售额为 700 亿日元，市场占有率为 19%，因此在短短的 5 年内销售额增加75%，市场份额也明显扩大。不仅如此，当时预计大型卖场的销售占比每年会增加 1.5%。相对的，生产商系列店的销售占比从 1974 年的 73.3% 降低到 1979 年的 65.0%"。于是开始实施针对广大大型卖场和一般销售公司这两种营业形式合作共存的战略。除了事业部组织之外，市场的剧变还给营业和销售组织带来了巨大的影响，这时就有必要对幸之助那个时代经年累月构筑起来的陈旧组织进行改革。

山下从社长一职退任之后，松下迎来了谷井·森下社长时代。关于当时国内营业体制的改革，快速浏览社史便可以发现1987 年 11 月松下进行了彻底的改革。这是因为他"深刻认识到不同商品营业体制的极限"。这时改革的具体措施就是把此前以五种不同商品为依据划分的营业本部体制改成以不同客户、不同地域和市场划分的三种营业本部体制。三种客户即"个人、家庭（生活营业本部）""行政机关、一般法人（系统营业本部）""制造业法人（产业营业本部）"。

国内营业体制进行改革之后，松下又开始着手进行家电物流改革。此外还设立了地方销售公司松下生活电子（松下LEC），对家电销售公司进行了整合重组。1992 年 4 月，解散了拥有全国 2.7 万家店铺的 National 专卖店协会，成立了新的销售店铺组织 "National MAST（Market-oriented Ace-Shops Team）"。

松下社史把这一系列的改革定位为 "从产品导向到市场导向的转换"；对国内营业体制的认识为 "在坚持事业部制度的同时，对以往的营业体制进行彻底改革与重组"；"基本想法就是以 '客户至上' 为基础，尽量缩短并加强事业部与顾客间的直接联系，努力构建一种体制，尽快将顾客的需求与社会趋势反映在新产品上"。

此后还有很多重要事件，如 1995 年 7 月营业本部改组为 11 个的体制，1997 年 2 月成立专门做电脑的松下电脑公司，同年 4 月设立半导体营业本部，至此国内 13 个营业本部体制形成。1997 年 4 月进行家电物流改革，设立松下生活电子（松下 EC），为了应对大范围扩张的销售店，设立量贩店和连锁店等全国统一体制。

在不断推进上述细小营业体制改革的过程中，事业部制度、分公司制度等组织战略与经营理念紧密结合在一起，松下在这个模式内不断进行战略转换，谋求发展，一直持续到森下社长时代。在外人看来，这一时期的组织重组看起来复杂，是因为批发销售公司的体系化使得销售组织形式出现重叠。但是在改

279

革过程中，不管是什么样的营业体制，从根本上长期予以重视，是出于事业部与营业本部实现产销一体化的视角。如上制度改革在幸之助的经营哲学中处于很重要的位置，并且维持了松下经营的独特性，不难看出高层领导们也认可这一点。在第二部分中，我们把考察范围一直扩大到第五任社长森下时代，进行了大致的论述。笔者将会在结语中对其理由加以说明。

幸之助对两种事业部制组织的灵活运用

正如前文表 4 的总结，第二次世界大战后的 1950 年（昭和二十五年）松下虽然恢复了事业部制度，但是属于职能区分型事业部制度。热海会谈之后采用生产不同产品的综合型事业部改革制度，之后又一次恢复职能区分型事业部制度。通过大致的快速浏览，我们可以看到在这一过程中，销售组织持续不断地朝好的方向发展。

笔者在此前的论文等作品中曾写道：职能区分型事业部制度具有促进产品创新的作用。与之相对的，综合型事业部制度可以在短期内提高效率，具有改善利润率的作用。因此在经营困难的时候，松下大多采取的是综合型事业部制度。此外，幸之助创建组织的特别之处是区分使用适合创新的组织与适合提高效率的组织，寻求两者的兼顾与并存。

280

如果同时追求两种制度的效果，组织的力量就会减弱，因此，需要松的时候就采用职能区分型事业部制度，需要紧的时候就采用综合型事业部制度。

产销分离型事业部制度和创新

在不同职能的产销分离型事业部制度之下，生产、销售事业部与批发、零售业销售公司之间进行多样化贸易，这一点不仅仅局限于松下，而是普遍性的做法。事业部与销售公司不仅是贸易上的往来，还有战略性提案的往来。销售公司的提案如果能被任意一个生产事业部采纳，这个提案就能够付诸实践。像这样，只要生产事业部与销售公司或者销售事业部达成一致，就不需要事事都寻求公司总部的认可，可以直接进行产品的生产与销售。也就是说这种制度具有一种优势，那就是可以根据市场的需求进行革新。

扮演自由中卫角色的两个分公司

幸之助担任会长时，松下集团的两个分公司使这种创新更具活力，这两个分公司分别是九州松下电器与松下寿电子。

这两个分公司没有特定的业务领域，因此它们可以向任何一个产品领域发展。经营学者吉村典久认为这两个分公司扮演的角色与足球比赛中的自由中卫（最近也叫作自由人）很相似。[10] 其中，最简单易懂的例子就是家用传真机的开发。

松下重建东方电机（后来的松下电送）的典型产品就是报纸传真系统，其最擅长生产的就是大型传真机。木野亲之出任社长负责指挥公司重建项目，他也曾直接受到幸之助的教导。木野在自己的著作中曾详细记述了那一时期发生的故事。自接手重建项目以来，木野就一直考虑生产家用传真机的可能性，但是大家对于商品开发的想法有很大的分歧，因为大型传真机的发信与收信是两种不同的系统。

然而，木野还是挑战了家用传真机的开发。在此期间，幸之助对木野提出要求，希望松下的产品"在传真机中加入电话"，据说当时是"秘密进行研究"的。但是，成功研发家用传真机的是生产方中扮演自由中卫角色的九州松下电器。

木野在回忆"秘密进行研究"的时候这样写道，"此时九州松下电器已经开始研发家用传真机，松下集团的两个公司同时竞争，为了开发出幸之助口中受顾客欢迎的家用传真机，一场硝烟弥漫的研发'战争'打响，并一直持续至今。九州松下电器成功研发出了家用传真机，时至今日，松下电器依然在普通产品、商用传真机以及特殊传真机领域，为生产出令顾客满意的传真机进行着激烈的竞争"。[11] 从这段发言中可以看出木野与"自由中卫"的对抗意识。

结语：不让公司总部成为绝对的权力机构

松下分公司制度与产销分离型事业部制度等组织编制的背后，可以看出松下幸之助设立组织时独特的视角，那就是不让公司总部成为绝对的存在。前文也论述过，产销分离型的事业部制度即使没有征求公司总部的同意，只需生产事业部和销售事业部互相合作，就能将超出事业部管辖范围的创新付诸实践。然而，在分公司制度下，除了公司总部之外，分公司还必须考虑到其他各种各样的企业及利害相关方的想法，因此，有时必须对公司总部的指示说"不"。

公司总部也是由一些能力有限的"人"组成，因此有可能会做出错误的判断和选择。而且远离生产第一线，犯错的可能性也会进一步增加。后文中第三部分第二章松下正治的"证言"也提到，幸之助在做出重大决断之后也会再三斟酌，有时他甚至会推翻之前的决定，或许是因为他知道即使再三考虑后做出的决断也不是唯一绝对正确的答案。

在1958年（昭和三十三年）9月召开的松下全国营业所长会议上，时任社长幸之助对公司总部的权限做了如下论述。虽然稍微有些长，但笔者为了简明清晰地表达出幸之助的思想，引用如下。

我想大家每天都在自己的部门接受着公司总部的指示，并在各个岗位做出自己最大的努力。但是，我并不认为公司总部的指示一定就是最正确的，只要不是神明，这种事情就不可能发生。我认为在三次指示中定有一次不适用于各位所在的地区。但是迄今为止，从未有一个人跑来对我说"这种方法或许适合其他地区，但是我所在的区域现在不合适"，也没有一个人向我反映一些重大问题，比如"这个方法确实不错，但是现在这么做，短时间内会出现这样的结果"。我觉得这种现象是有问题的。

拿销售举例，每天各位在与客户接触的过程中，会比总部更加了解自己地区的销售情况、客户动向以及想法。大家应该有独立自主的思考，比如说"虽然九州地区可以采用这个方法，但是我们这个地方这么做还为时尚早"，因此应该理直气壮地指出"这样做不行"。如果总部说"这么做没问题"，如果大家全都没有任何意见地去执行，这样会失去自主性。

我不是建议大家顶撞总部的指示或者违背总部的命令，但是全国各地都有差异，每个地方都有自己的习惯、规矩。东京有东京的风格，大阪有大阪的特色，北陆有北陆的特点，即使仅有一个统一的标准，大家也必须根据当地的实际情况处之。

如果没有一个人提出"如果这样做会导致那样的后果，此时该怎么办呢?"，松下电器独立自主经营的宗旨便失去了它的价值。迄今为止，我的愿望就是希望松下电器独立自主经营，松下的领导层以及经营负责人可以自己采取各种措施，多方面积累经验，并提升作为经营者的才能。我们希望这些能够成为松下电器的一大特色，并培养出优秀的人才。

同时，我们也知道，另一方面这种方式会缺乏统一性，并导致效率低下。虽然可能会效率低，但是每个人都可以发挥出自己独特的才能，并激发出划时代的想法或提案，这正是我们的目的。

如果指令一出，大家都整齐划一地照做，独立核算制和自主经营就没有存在的必要，我感觉最近这种倾向非常强。公司总部不是统制机关，而是推动者和建言者。经营是由大家来做的，大家需站在自己独立的立场上进行经营，此为松下电器的特色，我对内和对外都是这么宣称的。因此，有时处于经营关键位置的人会做出令人意外的蠢事，而有些经营者则会迅速顺利发展。综合来看，在结论上这样反而有趣，更有人情味儿。而且，我认为独立经营会非常有趣，于是就一直这么做。我认为如果全都按照公司总部的指令来做，工厂只做工厂的事情，销售只做销售的工作，所有的规划都由总部来做，虽然效率会

285

有很大的提升——这也是很多企业正在做的，但是这么做究竟好不好呢？我们最初的想法是希望找到具有松下特色的经营方针，时至今日已经过去40年，幸运的是如今我们成功了。尽管我们一直在说要实行独立自主的经营，大家也都在这么做，但是最近出现了一些变化让我总感觉事实并不一定如此。我说的是从去年到现在的一年时间内，大家的提案非常少。[12]

英国历史学家阿克顿（1834—1902）有这样一句名言，"权力会导致腐败，绝对的权力导致绝对的腐败"，这句话同样适用于企业总部这种权力机构。因此，幸之助一直对员工们强调有必要建立一个不过分依赖公司总部决定的组织。

前文也提到，本章讨论的对象是一直持续到森下社长时代的组织重组的历史，这是因为从此以后，在中村社长所进行的"破坏与创造"改革中可以看出松下组织建设的基本战略发生变化。也就是说，比起纯粹的组织编制改革，他们不得不重视从财务角度对松下集团整体的财务系统进行重建。

2000年（平成十二年）年末的IT泡沫破裂之后，曾有宽裕的自有资金做保，甚至被称作松下银行的松下电器在这种"水坝式经营"模式中陷入困境，因此必须兼并吸收旗下优秀的子公司（分公司）。一般来讲如此会使环境发生变化，增加公司总部的力量，但是，幸之助组织建设的基本思想的特别之处就在于不让公司总部成为绝对的权力机构。松下为了进一步持续发展，今后或许需要基于这种思想进行组织变革。

在产销分离型事业部制度下，一个事业部的提案有可能会被总部之外的多个事业部评价。在分公司制度下，除了这种事业部管理之外，还可以通过总部之外的银行和投资家等外部机构进行监督管理。这是笔者长年学术研究所得出的见解，并以此作为本章的结语。

注释：

1 关于美国企业事业部制度的历史参考了以下资料。Alfred D. Chandler, Jr.（1962），Strategy and Structure: Chapters in the History of the American Industrial Enterprise，（The MIT Press）；日文题目《经营战略与组织》，三菱经济研究所翻译（1967）（实业之日本社）。

2 加护野忠男（1983）《日美企业经营比较》（日本经济新闻社）37 页。

3 关于数据调查方法参考自上述《日美企业经营比较》17~19 页。

4 1991 年由加护野忠男等分析、执笔的报告书"企业重组与组织"（关西生产性本部）9 页。

5 参考自加护野忠男（1993）"职能区分型事业部制度与内部市场"《国民经济杂志》第 167 卷第 2 号（神户大学经济经营学会），加护野（2011）《向松下幸之助学习经营学》（日本经济新闻社出版社）。

287

6　PHP 综合研究所编（1991—1993）《松下幸之助发言集》第 1 卷
　　（PHP 研究所）328~331 页。

7　松下电器产业股份公司（1978）《社史松下电器激荡的十年》（该
　　公司）95~100 页。

8　同上书，373~378 页。

9　以下参考自松下电器产业株式会社（2008）《松下电器变革的 30 年》
　　（该公司）261~264 页。

10　吉村典久（1995）"组织外变化与自由中卫组织"《经济理论》264 号(和
　　歌山大学经济学会）。

11　木野亲之（2011）《松下幸之助训斥问答》(致知出版社)221~224 页。

12　上述《松下幸之助发言集》25 卷 231~233 页。

第三部　走进真实的幸之助

经营是有生命力的综合艺术
企业家松下幸之助的"遗产"

I 企业家活动追根溯源——从话语中看出的行为动机

当我们想要从一位企业家身上学习点什么的时候，都会概览他之前的言论，理解他的意图，并从中洞察他的思想和哲学。

当然，这些言论有时候会受到感情和周围环境的影响。为了使自己做出的经营判断能够应对瞬息万变的社会环境，对于幸之助来说何止是朝令夕改，更需要"一日三省"。

但是通过概览这些言行，循着一些足迹，我们或许能看到幸之助一贯的姿态和行事风格，正是基于这样的想法我们编辑了本章。我们将幸之助的企业家活动中一贯主张的想法和看法总结为 14 项，并各自选录了一些能表达这些想法的文章和发言。首先是"创造"，然后是"自立、独立""责任""对立与调和""一日三省""竞争""共存共荣""生成发展""热情""欲望""志向""运气""谦虚"和"自然之心"。

关于这些话的出处，我们在每段话的末尾都会附上书名（卷数）、杂志名称（年月号），具体如下：发言记录摘自 PHP 综

291

合研究所编的《松下幸之助发言集》（1991—1993，PHP 研究所），书籍全部都是松下幸之助的著作。PHP 研究所出版的书籍有：《开辟道路》（1968），《心想事成》（1971），《经商心得帖》《气质十足》（1973），《员工职业》《经营心得帖》（1974），《道路无限》《指导者的条件》（1975），《经济讲义》（1976），《人事万花筒》（1977），《实践经营哲学》（1978），《灵活用人的经营》（1979），《经营静谈》（1980），《员工心得帖》（1981），《随记》（1983），《人生心得帖》（1984）。文字内容都依据最新版摘录，此外还有松下电器产业股份公司出版的《四季之语》（1959）、《光云社杂记》（1962），杂志参考自新政治经济研究会出版的《新政经》。

创造

经营就是一种具有生命力的综合艺术。幸之助的这句话不仅指社会所要求的产品创造、新业务所需的新价值创造、组织创造、顾客以及市场创造，还包括经营学上所讲的"创造性模仿"战略。幸之助所讲的创造最大的特点或许就是"思想"的创造。幸之助希望创造出一种"新的人性观"，并特意把知命称为"命知"，他还赋予纯朴、生产和发展以独特的意义。我们可以认为，幸之助创造这些新想法和新观点并感化周围人，这种力量在经营中发挥作用，成为富有生命力的综合艺术的源泉。

　　每一个经营领域都有这种创造性的活动，对这些领域进行综合调整的整体性经营也是一项很宏伟的创造性活动。这样看来，虽然我们说经营是艺术，但并不是绘画或者雕刻这种独立的艺术，其中既有绘画也有雕刻，既有音乐也有文学，因此，可以把它看作一项包罗万象的综合艺术。经营方法也是不断变化的，包括经营在内的社会形势、经济形势等背景时刻都在发生变化，因此，需要快速采取措施应对这种变化并领先于变化。例如绘画的时候，每绘完一幅就会有成就感，但经营不是这样的，经营没有完成的一日，它是不断生成发展的，可以说这一过程本身就是一件艺术作品。从这种意义上来讲，我们也可以说经营就是具有生命力的综合艺术。

　　　　　　　　　　　　　　　　——《实践经营哲学》

　　总之，先思考，试着想办法，然后再尝试做。失败了就重新来过，还是不行的话就换个方式继续尝试，反复用相同的方法做同一件事情不会有任何进步。忠实地遵循先例当然可以，但是打破先例尝试新的方法更加重要，尝试去做就会发现新的方法。比起失败，我们更应该对生活中缺乏创新而恐惧。正因为我们的祖先一个又一个新的想法，才有了我们今天的生活。即使是我们习以为常的生活片段，也会有值得尊敬的创造。哪

293

怕是一个茶碗、一支笔，只要我们认真观察也会发现它们的设计是如此精妙！这正是从无到有的创造。

——《开辟道路》

我认为人就是神。或许有的人会说这不对啊，人是人，神是神。但是一定是人说的这世界上有神，肯定不会是马告诉我们人类的。所以神的存在是人类自己的认知，我们并不知道是不是真的有神存在，但是我们可以向自己认知里的神下跪，向神请教，然后努力提高自我。我是这么想的，提高了的人就会创造出更高的神，然后又向其请教，如此，人就变得很了不起。从这个意义上来讲，我觉得人就是神，但是我也认为一个人是成不了神的，只有汇集众人智慧时，人的力量才会相当于神，才会成为神。作为个体的我们是人，但是当汇集众人智慧的时候就会成为睿智的神，甚至创造出神。这是很了不起的，我们是神的制造者。

——《松下幸之助发言集》33卷

自立、独立

自立和独立是幸之助经常提到的主题。自主独立、自主性、自立经营、自主责任经营、职业员工等词汇都是这一主题的体现。松下电器的工厂曾在初期被台风吹倒，负责人看到这一场面呆呆地站在门前，匆匆赶来的幸之助脱口而出的是"跌倒就要爬起来"。那位负责人就是后藤清一（原三洋电机副社长），这句话使后藤感受到强烈的震撼，其蕴含的精神正是幸之助所独有的，他从年轻时起就走"自立、独立"之路，在克服诸多困难的同时不断使事业得到发展，所以能够自然而然地说出口。

今天有很多独立的经营者，他们的经营情况也是各式各样，他们凭着不同的个性以自主独立的方式进行经营。乌冬面的店主是这样，荞麦面的店主也是这样，就连夜间沿街叫卖乌冬面的人也是独立的。这些人都是自己一个人承担工作。他们每一个人作为独立的经营体，把这项工作当作自己的事业去做，他们尽全力去观察和判别事物，然后做出是非判断。但是，大公司的职员们并不会做到这种程度，公司员工给我的感觉就是他们只要把领导吩咐给自己的工作做好就可以了。进一步来讲，每个员工都是松下电器这个企业中的个体独立经营者。大家能不能做到把松下电器作为自己的事业，然后以这种姿态去观察和判断事物呢？

——《松下幸之助发言集》23 卷

即使作为一个个体也必须确立独立自主的精神，之后可以作为经营者实现个体的经营。拥有这种独立性的人们相互合作，才能更好地创造。

——《松下幸之助发言集》11 卷

社会上存在着宗教、道德、艺术等各种各样的事物，自不待言，它们在提高人类精神生活质量方面起到了很大的作用。因此，本人虽然认同商业的基本目标是提供充足的物资供给，但是从另一方面来讲，我认为精神层面的提高，也就是为实现身心富足的社会做出贡献也是很重要的。例如，树立正确的职业习惯和职业道德，并努力实践就是其中的目标之一。如果我们在收款和支付上表现出态度松懈，那么生意就会变得敷衍，精神也会有所放松，继而会导致人心散漫。因此，我们十分重视收款和支付工作并呼吁大家一起努力。可以说，这样做不仅能使商业健全发展，而且也会改善人的思想。我认为强调贯彻自主独立的经营，并在此基础上相互合作也很重要。

——《经营心得帖》

责任

对于幸之助来说"责任"就是使命。幸之助在 1932 年阐明了产业人的使命并意识到松下电器作为一个企业应该做的事情，他把这一年作为知命元年。换句话说，这一年明确了企业的目的和责任，确定了企业所追求的"正道"。但是"如仅靠理智就会处处碰壁"，在日本社会中这一点和企业追求正道一样合理。由于追求正确的东西与合理性而碰壁，导致无法正常推进事情发展也是社会之常情。幸之助经常说必须在这种社会常情的基础上做出对现实的判断和采取相应的行动，只有实现了这些才能承担起自己应负的责任。

在很久以前，一旦有机会我就强调企业不能举债经营，必须依靠自有资金进行自主责任经营。一旦举债，企业经营就会变得随意，企业体质也会弱化。因此，当实施金融紧缩时，经济不景气的企业就容易破产。而且，当举债金额较大，会引起连锁反应，导致接连破产。不仅如此，举债政策下随意进行的事业扩张会使经济出现过度的快速膨胀。其结果就是物价上涨，各种弊端也会随之显现，当下日本就处在这种状况之下。此外，规模越大、信用越高的企业越容易借到资金，这样一来就会出现资本横行的现象。

——《经济讲义》

跳出自己的欲望和利害关系，站在更高的角度思考问题，如果思考过后认为这是自己应该说和应该做的，那就要抱着坚定的信念去践行这种使命和责任。如果没有丝毫的勇气和热情，我认为我们将一事无成。仅有正确而又强烈的使命感是不够的，在事物的实际发展过程中方法也很重要。只做自己认为正确的

297

事情，会招来周围人的反感，无法得到大家的支持，好不容易燃起的勇气和热情也会被浇灭。这就要求我们每一个措辞都要考虑到周围人的心情，并符合礼仪常识，但是我认为只要我们每个人怀着没有私心的崇高使命感和责任感，我们的言行自然而然就会充分顾及周围人的感受。只要我们承担起自己的重要责任，真正做到拼尽全力，就会在必要的时候做出恰当的言行，即便不够完美，我们热情的态度和无私的诚意也自然会引起周围人的共鸣，并得到他们的帮助和支持。

——《随记》

极端地说，公司的兴衰是社长一个人的责任。兴一国者，亦可毁一国；同样的，兴一企业者，亦可毁一企业，或多或少大家都有这样的感受。但是，能意识到100%的责任还是仅意识到60%，会产生很大的不同，60%的责任大家基本都能意识到。那么能意识到100%的责任指的是什么呢？它指的是要冷静地反省自己现在是否适合作为指导者或者最高经营者，如果自己不是最佳人选就要毫不犹豫地从责任者的位置上退下来。

——《新政经》（1961年4月）

人这种生物是自私的，如果对自己不利就会想方设法把责任推给他人。为了推卸责任，就会想出无数个理由。但是如果因为这个原因，大家都想出各种借口互相推诿，这个世界会变成什么样呢？不管我们如何想做好工作，如果不能自觉意识到社会责任，绝对会碰壁。脱离了社会我们就没有存在的意义，我们的能力和活动都是因为和社会有关联才变得有意义。因此没有这种强烈的责任感，我们共同的社会生活就不可能实现繁荣发展，也不能获得幸福。大家守望相助地生活在这个世界上，为了让这个世界更加光明，为了提高我们的生活质量，首先需要意识到自己身上的责任，我认为这是我们首先要解决的问题。

《新政经》(1959 年 9 月)

对立与调和

对立与调和是宇宙中存在的现象，人只要活在宇宙中就会和万物产生对立，人与人之间也存在对立与调和，我们需要在这样的状态下生活。只有如此社会才能发展，我们才能幸福。幸之助在第二次世界大战后的 PHP 研究中生出这样的思想，"对立与调和"也是出自其中的自然法则。虽然这句话在经营上主要指劳资关系应有的姿态，但在商业交易和人际关系中也很重视这种关系。幸之助认为只有在对立与调和中才能催生出众人的智慧，才能实现真正的成长和发展。

越来越多的企业开始与客户对立，但只知道对立的公司就会产生很多争执，最终失去客户。因此，把该说的话讲明白，这才是对立。有要求就明确提出来，但是在此基础上耐心听取对方的意见，然后进行协调，并联手合作，双方能本着这种态度，就会生意兴隆。对于客户所说的，有时候我们会说难以办到或者有这样那样的理由，这样是不会有所发展的。

——《松下幸之助发言集》7卷

劳资关系就像是车的两个轮子，如果一个大一个小就无法顺利前进，两个车轮必须同样大。因此，当一方变强时就需要帮助另一方实现发展。这种势力均等的劳资双方在对立与调和中建立了良好的关系，公司也能实现发展，员工的福利待遇也会提高。

——《实践经营哲学》

对立与调和是自然规律之一，也是社会应有的姿态。因此，我认为劳资关系最好也基本遵循这种规律。

——《实践经营哲学》

总之，对立指的是所有的事物都以一对一的关系存在，太阳就是太阳，月亮就是月亮，地球就是地球，山就是山，水就是水，花就是花，所有的东西都有其与生俱来的作用和角色。这些作用和角色都是它们特有的，是其他事物无法替代的。从这个意义上来讲，我认为所有的事物都是独立的一对一的关系，对立就是保持这种关系。把这个推理运用到人类身上，就是不管是成年人还是孩子、男或女、甲或乙，每一个人都有不同的天分，也有不同的使命，每个人的天分和使命是其他人不能替代的。因此，大家都是独立的一对一的个体。一般提到对立，人们会想到双方坚持不同的意见，互不相让。其实真正的对立并不是这样，而是每项事物都以独特的形式存在，自然地独立存在，其本身既不是善也不是恶，而是一种自然现象。

——《松下幸之助发言集》7卷

我认为一旦了解到人与人之间一对一对立的关系是自然现象，就能相互尊重。也就是不会打架，不会将对方同化，也不会通过权力压制对方，而是必须互相承认对方的立场，互相尊重对方的人格。总之，将自己的想法强加于人是错误的。这不仅仅适用于人与人之间、国与国之间、民族与民族之间，所有的情况都是这样。

——《松下幸之助发言集》37卷

比如有红色和蓝色两种颜色，它们是两种对立的颜色，但是把它们合二为一呢？如果蓝色的特征全部消失就会只剩下红色，这并不是真正意义上的合二为一，蓝色特征并没有被积极利用起来，这样一来对立的意义就完全消失了。单纯的红色或者蓝色都不可行，因为必须要产生新的混合色。也就是说让蓝色带着自己的特征，红色也不失去自己的特征，让它们都发挥出自己的作用产生新的混合色。只有这样，红和蓝才能发挥积极的作用，我认为这才是真正的对立与调和。

——《松下幸之助发言集》37 卷

单纯的服从并不是真正的调和。为了让两种力量发挥出积极的作用，不能让其中一种单纯服从另一种，而应该在对立中不断调和，否则就不会有好的效果。而且，只有这样才能催生出众人的智慧，正如刚才提到的蓝色和红色混合之后既不是蓝色也不是红色，而是会产生一种新的颜色，对立的意见或者想法调和之后就会产生新的想法。我认为这才是真正的集思广益。

——《松下幸之助发言集》37 卷

对立并不是互相争执，而是承认对方的独立性。承认对方的独立性就必须承认对方的主张。从这个意义上来说，即使对方是个孩子，我们也必须承认他的主张。在两种事物的调和下，双方的价值才能体现出来。

——《松下幸之助发言集》37 卷

正因为在对立中调和，才可以说是一体，直接说"一体"二字是不可以的，既没有对立也没有调和就不是一体。夫妇一体、家族一体、全体员工一体、国民一体、人类一体甚至宇宙一体等都是一样的，为了实现一体化，就必须在对立中调和。

我认为在这种意义上实现一体的时候，才会产生进步和繁荣。

——《松下幸之助发言集》37 卷

一日三省

即使是经营上的重大决断，幸之助也会在应该做出改变时毫不犹豫地改变。在下一章中，继承人松下正治将用自己的实际经历讲述这一点。幸之助一直强调"一日三省"甚至是日求百变的必要性，与其说是提倡君子豹变，不如说是让人一直保持对事物合理性的追求。或许幸之助认为这种追求具体体现为大家的进步和生产发展，能够实现每天都有新的决断。或许有很多经营者担心改变曾经的决定会降低自身的威严，但是像幸之助那样，每天都对自己的决定进行优化和改变，从而取得一定成果，反而会提高自己的威严。

在我看来，我们必须与时俱进。中国古代有句成语叫"君子一日三省"，我们不应该被这句古语束缚，而是不断地发展丰富其内涵。但是在必须日求三变的时代只要三变就可，在日求三变的时代里五变就有可能导致翻船。我认为这时就需要静下心来，观察社会的同时也观察自己，也就是需要把社会和自己统一起来，这一点至少对经营者来说尤其重要。必须日求三变的时代只有两变就不会发展得很好，最好的做法就是在必须日求三变的时代中做出三个变化。松下电器提倡适应并融入时代的精神，归根结底还是这个意思，要顺应社会体制。比如，在企业的经营中即使这种基本理念不会发生改变，但是其外在的表现形式必须随着时代做出相应的变化。此前，一流公司仅靠日语就可以进行经营，时至今日只靠日语已行不通，如果有外国人来就必须说外语。那么德川时代是什么情况呢？在德川时代，不管做多大的事，即使是拥有几百名店员和很多仓库的大批发店，只说日语就可以解决所有问题。但是今天就不一样了，从某种程度来说必须熟练掌握英语，也就是说即使经营理念没有发生任何变化，文明作为工具的重要性日益明显。我们要随着时代的变化不断创造出新的知识。这一点不仅适用于公司，也适用于个人。简单的个人生活没有问题，但是想要从事社会性的大型工作时就需要有与时俱进的知识，否则效率就会很低。与外国人沟通必须使用同传，这就是一件低效率的事情，即便使用同传，如果没有抓住外国人要表达的要点，效率便几乎为零，也就是说如果在基本理念上出现错误就等于在做无用功。因此，年轻人需要精通三门左右的语言，否则就无法从事面向国际社会的工作。干部们也是一样，我认为再过50年，也就是我们公司成立100周年的时候，干部们至少需要掌握三种语言，并且精准把握我们的经营理念。

——《松风》1968 年 1 月号

宇宙中存在的所有物体每时每刻都在运动。万物流转，昨天的形式不会一成不变地存在到今天，每一个瞬间都在发生改变。换句话说，这就是日益更新的生成发展，也是宇宙的基本原理之一。我们人类也是在这个基本原理之下生存的，今日之我已不是昨日之我，我们每时每刻都在发生变化，发展成新的自己，这是人类社会的生成发展，人的想法也是一样的。古人教育我们"君子一日三省"，这句话的意思是一日三次改变想法才能有新的发现、新的改变，这才能称得上是君子，也就是说每天都要做出改变。然而，对变化怀有恐惧，对改变抱有不安，这也是人类的一面，但是这不也是被某种东西束缚的表现吗？一两种改变就是进步，日求三变、甚至四变，才能进步，这也是一种观点吧。

——《开创道路》

竞争

幸之助灵活运用人的竞争心态，他自己也把这一点发挥到了极致。正因为幸之助充分认识到竞争能给人类社会带来进步和发展，他才能在自己的公司营造出健康的竞争氛围。具体呈

305

现这一点的组织制度就是事业部制度和分公司制度。另外，幸之助讨厌过度竞争，虽然这是他一贯的态度，但他并不是想否定竞争本身。幸之助讨厌的是为了积极肯定竞争所导致的过度竞争，那么怎样才能实现幸之助所希望的适当竞争呢？可以说这个问题直到今天依然没能得到解决。

我们公司倡导的精神之一是"力争向上"，没有这种精神，企业的发展和个人的成功就无从谈起。无论是经营一家企业还是做一笔买卖，这些事情本身就是看不到硝烟的战争，如果没有坚持到底的战斗精神支撑，最终就会失败。但是，我们又必须堂堂正正地去奋斗，不能为了独占所有资源而去陷害和重伤他人，无论走到什么地方都必须光明正大地竞争。如果没有积极奋斗的心态以及正当竞争的精神，就不会有事业的成功和个人的成长。没有这种精神的人就是没有热情的人，他们无法促进事物的发展。我认为松下电器之所以有今天，很大程度上是因为松下人有这种精神传统，实属难能可贵。今后也希望大家无论走到哪里都能带着这种正确的奋斗心态处理每日的工作。

——《松下幸之助发言集》29卷

每个企业都有自己的竞争对手，我认为如果为了不输给对方而绞尽脑汁努力工作，双方都会更高效地取得更好的成果。也就是说竞争是双方成长的动力，也是进步和发展的根基。但是我们必须进行积极意义上的竞争，大家必须基于公正的精神，尊重秩序，否则这种竞争就会变成过度竞争，不仅会错失成长和进步的良机，也会给业界带来混乱。大家每日的竞争不是为了像战争一样把对方打倒，而是为了共存共荣，共同成长发展。换句话说，虽然我认为双方一直存在对立，但同时也没有忘记调和、协调的精神，如果只有单纯的对立和争斗，而没有调和、协调，竞争就会导致破坏。如果大家把力量全都用在互相对立上，就不能实现共存共荣，若是掌握不好度可能会导致两败俱伤，其结果就会导致整个业界处于疲软状态，继而给顾客带来不便，增加麻烦。因此，为了双方的共同进步和发展，大家都在努力做到公平合理的竞争，警惕竞争过度。我认为大家必须提高自己的判断力，在对立中不断协调。此外，每个人都具备作为生意人的禀赋，只要大家积极努力，不管你的店铺规模大小，都能一起繁荣兴盛，我认为一直让自己处于这样的环境很重要。我相信这种态度和做法正是实现日本全体国民真正共存共荣的基础。

——《商业心得帖》

共存共荣

即使是对于渡过无数次危机的幸之助来说，1964 年的热海会谈和此后的改革都是很特别的。那段时间，各个业务部门都悬挂着幸之助的肖像。幸之助虽然很想走到一线和员工们经常见面并肩工作，但这个愿望却无法实现，于是就通过悬挂肖像的方式让大家感觉到即使他不在一线，也在和大家一起工作。但是在会谈之后，有人认为因他是创始人所以才能随意把自己的肖像挂上去，幸之助又下令把自己的肖像摘掉，改为悬挂"共存共荣"的匾额。大家要与销售公司和代理店的工作人员一起努力，然后拿出成果，据说幸之助这样做是为了让这种重要的理念深植于松下员工的灵魂之中。

待创业 5 年、10 年之后，我们便会有很多同行，这些同行也应该受到了重创吧，也就是说他们在竞争中失败了。这曾经深深地困扰我。自己肯定不能输，那就会拼命努力，这样自然形成了竞争。即使自己有意识地不搞竞争，还是会在不知不觉间走上竞争之路。这样一来就会出现自己发展顺利，对方面临倒闭的情况。因为早些时候中小企业的数量比现在要多一些，所以我们一方面体会到胜利和发展的喜悦，另一方面也为对手的衰败感到惋惜，为此会觉得怎么也高兴不起来。这种状况大约持续了 10 年，后来我突然意识到不能被这种问题束缚，自己还肩负着更重的使命。因此，我恍然大悟，不再为这件事苦恼，也就是说我自己正在做的事情是正确的，因我完全没有想过一定要把对方逼入绝境，共存共荣是最好的结果。但是，既然要发展就必须生产出新的东西，生产出来之后就必须努力销售出去。虽然这样做的结果会导致对方逐渐衰弱，但是我们也因此给更多人带来快乐，想到这些我们就没必要纠结了。逐渐认识到这一点之后，我变得非常有勇气，也彻底告别了之前的烦恼。

——《经营静谈》（选自与伊藤洋华堂创始人伊藤雅俊的对谈）

毋庸置疑，我们人类是无法靠一己之力存活下去的。自然赐予我们人类各种不可或缺的生活物资，这是天地自然的馈赠，此外，还有同很多人在物质与精神上的协作使得我们的生活和工作得以存在。换句话说，我们之所以活着是因为大自然的馈赠以及他人的劳动。了解到这一点，并对此怀有深深的感恩和喜悦之情，并想要报答自然的馈赠和别人的恩情，我认为这是很重要的。有这种心态就会产生无限的活力，我认为在做事的时候这会成为很强大的助力。此外，感恩之心也会提高事物的价值。当我们得到一件东西的时候，如果觉得它没意思，这件东西的价值就会变得极低，但是如果我们觉得很难得，那这件东西本身就会展现出很高的价值并更好地发挥作用。虽有"投珠与豕"这种说法，但是相反的，只要我们怀有感恩之心，废铁也能变黄金。如果我们的感恩之心还不够，就会无缘无故地

309

产生不满，自己的状态也会变得消极，甚至会伤害他人。与之相对的，怀有强烈感恩之心的人会积极面对一切，他们更加开朗，也更容易与他人协调，实现共存共荣。考虑到这一点，感恩之心对于人来说是最重要的一种心态，因此领导者尤其要拥有这种观念。

——《领导者的条件》

如果一件商品的生产成本可以降低 10%，同时想将它的价格降低 10% 时，我们自然会让制造流程更加合理化，从而达到降低成本的目的。同时，我们也会要求原材料和零部件的供给方降价，此时该怎样向供货商提出自己的要求呢？一种做法是直接让对方降价 10%，但我不会采取这种做法，那又该怎么做呢？我会告诉对方，我希望自己销售的这款产品的价格降低 10%，能让更多的人使用它，所以希望得到对方的支持和协助，然后我还会问他们："如果贵司因为给我们降低价钱遭受损失我们就过意不去了，降价之后贵公司还能获得不错的收益吗？"若对方说完全可以，那就没什么问题了，但是有时候他们会说"不行，降价这么多我们赚不到钱"，此时我就会让他们详细说明为什么赚不到。如果这样不能彻底了解情况，我就会要求去看他们的工厂。届时我会和他们一起探讨，改进某个地方或许能降低成本，这样对方也会心服口服，降价也就有了希望。通过这件事不仅能实现降价，还能让对方认为"我们不是仅仅考虑自己公司的盈亏，也站在对方的立场上考虑问题"，他们会因此感到非常高兴，就会产生自主意识，即使我们没有提出要求，他们也会想方设法进行各种改善，从而降低成本。因此，与供货方实现共存共荣是很重要的，这也是我们采购的一个要点。

——《经营心得帖》

竞争就是通过互相切磋琢磨，使经营水平更进一步，此外竞争对于促进社会和业界的进步发展也是很重要的。但是我们必须想清楚，竞争这件事本身并不稀罕。从竞争中获得效益或者提升自己的能力才是要点，在相互竞争的过程中，守住业界共同的利益，实现共存共荣才是真正意义所在，这种想法很重要。极端地说，竞争的要义是自始至终都以公开公正的形式进行，为了反对而反对以及单纯想打败对方的对抗意识，采取不光明的方法，用权力和资本之力进行竞争，无论是生产商、批发商还是零售店铺，都必须为了业界的安定坚决抵制。不听取社会需求之声，只顾拓展自己的销路就会导致强买强卖这种不愉快的结果，甚至助长批发商、销售商之间的安逸想法和廉价甩卖行为，这样就会导致销售商、批发商以及生产商三者遭受损失。此外，恶意价格战被很多商家误认为是正当竞争手段，

311

顾客们也误认为是优惠活动，这样就会打乱市场秩序。不合理的经营当然会影响到支付和集资，一处混乱就会牵一发而动全身地影响到整体，企业自身也会陷入弱势，并引起业界的混乱。我认为这样就有背产业人本来的使命，也失去了经营买卖在社会上存在的意义。不管遇到什么样的困难，都要坚持促进业界的公平竞争，通过正当的经营为国家社会的繁荣做出贡献，我们绝不能忘记这个重要的责任和义务。为了协助代理店和连锁店销售而举办的各种活动必须从这个观点出发，对各个店铺的经营提供无私心的建议，我希望大家能一直把这一点记在心上。用一句话来讲就是，我真心希望更多人理解我们公司自创立以来"共存共荣"的理念。

——《松下幸之助发言集》23 卷（1954 年经营方针发表会上的发言）

生成发展

众所周知，彼得·德鲁克在论述企业家精神的时候曾把"变化"作为其中的关键词。对于变化这种形态，用幸之助的方式表达就是"生成发展"。在幸之助看来，人类的发展进步是无限的，这是宇宙运行的自然法则。就像色即是空，"无限的生成发展"即是"自然法则"。我认为顺应这种自然法则，让围绕在人类周围的万物发挥自己的作用，实现物质与精神合一的真正繁荣，这才是人被赋予的天命，在自觉认识和发挥这种崇高使命的过程中，"素直之心"不可或缺。本章最后一小节将对素直之心进行诠释。

正确的经营理念并非经营者自己的主观想法，其背后必须有自然法则和社会法则支撑，那么自然法则和社会法则又是什么样的呢？这个论题非常宽泛并且深远，可以说，以我们人类的智慧很难彻底解释清楚。但是如果非要让我说，我认为无限的生成发展就是其根本。大自然、大宇宙从无尽的过去走向无限的未来，不断地生成发展，存在于其中的人类社会和人类的生活也在物质和精神两个层面无穷无尽地发展。生成发展的规律在宇宙和我们生活的这个社会中发挥着作用，我们在其中进行经营活动。基于这个观点，我提出了自己的经营理念。

《实践经营哲学》

成长和发展的速度在每个年代虽然会有差异，但是由于人类共同的生活无限地生成发展，这就要求我们相应地增加物资或者服务的供给，否则就无法实现生成发展。因此，即使作为企业经营者，原则上也需要我们不断地开发新产品、进行新投资。

《实践经营哲学》

生成发展带来新事物的同时，也伴随着衰退和消亡，包含全部变化的这个整体才是生成发展。在企业经营中，我们要考虑到每个商品种类都有一定的寿命。但是如果只看到这一点，我们就会错过整体的更高层次的生成发展。人类共同的生活以及更大范围的大自然、大宇宙都在不断地生成发展，我们在其中从事经营活动，无论在什么情况下这一基本认知都是至关重要的。正因为我们有这一明确的基础认知，所以无论在什么情况下都能开展强有力的经营活动。

《实践经营哲学》

我尝试用自己的方式对文明国家下一个定义。具体来说就是文明国家需要具备三个条件，而且这三者要保持平衡，那么这三个条件分别是什么呢？第一个条件是生产发展，一个国家不断地生产发展是作为文明国家的条件之一；第二个条件是这个国家有自由可言，也就是有广义上的自由存在，这是作为一个文明国家不可或缺的条件；最后一个条件是这个国家的秩序，也就是社会秩序必须是良好的。只有这三个条件同时存在，并且平衡得很好，才有可能成为文明国家。那么缺少其一能否称得上是文明国家呢？也不能说不是文明国家，但至少不能说是良好状态下的文明国家。

《松下幸之助发言集》7卷

314

热情

积极经营是松下电器创立以来的传统，幸之助一直引以为傲，他说"前进和反省、积极与消极，几乎所有的事物都是两面相互结合才显得完整"。他还认为虽说消极是必要的，但它也是为了积极而存在的。这个积极与前文所述的生成发展是有关联的。幸之助说，"今天最好的到了明天就不是最好的了"，即使生产出好的产品也不能满足于此，而要把自己公司的这款产品当作竞争对手的产品，再不断去开发出新产品，他向员工们传达这种理念，以此来鞭策他们。幸之助生出这种积极性的源泉正是热情吧，事业欲旺盛的幸之助经常提及自己的这种心态。

人类前往月球探险并将其石块带回地球，十多年前这样事情只可能出现在梦里，如今这个梦已经变成现实。人类的智慧真的是难以估量。因此这样想来，我们今天能想到的最佳途径，换一种思维方式或许就会发现还有很多其他的选择。如果我们给自己设限，总是觉得这件事情大概就是这么回事儿，这样做就可以了吧，那么我们就不会有丝毫的进步。人类如果一直遇到好事或者事情进展顺利，就会倾向于轻松行事，如此偏安一隅就容易失去探索新事物的热情。这也是人性所在，是我们无法改变的，但是如果因为这一点跟不上时刻发展变化的时代，生成发展也就无从谈起。无论到什么时候，我们都不能忘记要创造出新的东西，做好自己该做的事情。另外，在日常的工作中，在企业的经营过程中，只要我们一直保持这样的心态，现在与五年前相比自然会发生很大的变化，5 年后、10 年后就会产生更加新颖的经营模式和工作方法，不管是个人还是企业，都会有非常大的进步和发展。这样想来，我觉得我们的道路是无限的。做重要的事情不就是需要这种强烈的感觉和热情吗？即使是不可思议的事情，只要我们满怀热情去做，也能逐渐找到切入点。

《气质十足》

我们的知识和才能可以输给别人，因为这个世界上有很多优秀的人；但对工作的热情我们不能输给任何人，这样一来大家都会受到影响而努力工作。"我们部长虽然会经常犯一些小错误，但他的热情谁都比不过，这一点让我佩服得五体投地，受他的影响，我们也必须认真投入。"有了这种想法，大家都会充分发挥自己的才能。

《人事万花筒》

心态活跃之后，人就不会因为一点点的事情感到疲惫或者生病。我们在做自己感兴趣的事情或者从事体育运动的时候就会有这样的体验，当我们沉迷其中并享受这个过程时，在别人看来会觉得我们应该很累，但是我们自己反而觉得酣畅淋漓。因为我们的心态活跃，所以就不会觉得累，或者即使累了也不会倒下。工作也是一样的，把自己全部生命的热情倾注其中的人即使稍微有些忙、甚至有时熬夜，也不会感到累，也不会生病。相反地，当我们觉得工作很无聊时，疾病也会乘虚而入，我经常会听到或见到这样的例子。当然人的体力也是有限的，无论心态多活跃且不会感到疲惫的人，如果超过了一定的度，就很可能过度劳累，我们需要注意这一点。总之，希望大家把自己的健康管理作为工作的一部分，在保持心态、活跃努力工作的同时，用自己的方式保持健康。

《社员心得帖》

他们是"了不起的人"，这样的说法有些奇怪，说他们是满怀热情的人更合适些。比如，充满热情的人想登上二层，无论如何都想登上二层，他们就会想到梯子；极具热情的人会思考怎样才能登上去，他们就会找到梯子；而只想着尝试下的人就不会想到梯子。我唯一的目标就是登上二层——有这种热情的人就会想到梯子。有时候我们就会认为一个人会因为非常有才能而想到梯子，事实并非如此，如果这些人并没有很想登上第二层或者觉得尝试一下也没有损失，他们是不会想到梯子的。只想尝试一下的这种3分钟热度是有问题的，如果对工作没有热情，团队就会像一盘散沙。人还是要有热情的，有了热情大家所掌握的技术和知识才能源源不断地发挥出来。

《职业社员》

欲望

幸之助并非否定人的欲望，他承认欲望是人的本性，他追求做一个伟大的凡人。他不把欲望视为恶，也不试图压制自己的欲望，而是直接坦然地面对并让其在生活中充分发挥作用。幸之助重视的是不被一己之欲控制，守住自我，但是他也承认嫉妒心的存在。嫉妒心就像是日本一种清汤面里加的油炸豆腐片一样，需要恰到好处地炸成黄褐色。就像恰到好处地运用嫉妒心就能获得进步的动力，地位高或身处领导职位的人尤其需要注意如何更好地利用这种心理。幸之助认为需要有从公心出发的大欲，而不是私欲。

人毕竟不是神，所以我们的想法不可能总是最正确的，我们很容易迷恋自我，被欲望束缚。将这种狭隘的想法强加给社会，肯定行不通。但是社会也是比较宽容的，我们的想法在一定程度上也会被接纳，此时我们就会得意忘形。当我们正准备在某个地方停下来的时候，突然发现自己无路可走，碰壁之后自己就会叹息人生不如意事十之八九。而实际上，本来就是自

318

己的想法有局限，叹息是没用的。这样想来，虽然人生不如意事十之八九，但是换个角度来看，不如意也未必是什么坏事。总之，为了能愉快地生活，重要的是大家都能够互相了解。活在欲望之下也就是"拥有不被欲望束缚的心态"，为此我们首先必须要真正地认识欲望，然后思考如何坦率地利用欲望，这样我们才能幸福，才能找到生存的意义，才能打开真正通往繁荣的道路。

《新政经》(1959 年 7 月)

的确，人的内心里会有爱憎、得失等各种各样的欲望。因此，当一个人以这种心态去看别人的时候就会起疑心，会想着自己所拥有的东西被夺走，或者自己的利益会被损害。我认为这种不信任只能带来不幸、低效率和悲剧。首先，信任是很重要的，有时候或许会由于信任而被欺骗遭受损失，可即使出现这样的情况，如果自己依然能真心感到满足，我认为对方就会意外地不再欺骗我们。或许是因为欺骗信赖自己的人，在良心上过意不去吧。"人还是值得信赖的"，我觉得这样说也没有什么不妥。

《人生心得帖》

我认为作为领导者必须时常反思自己的指导理念是否有误，自己是否拥有使命感和正确的信念，做法是否合适等，而且还要询问他人的意见，经常探讨这些问题。因此，领导者必

319

须经常听取他人意见，也就是集众人智慧并使其发挥作用的人。同时，指导者也不能被自己的团队以及团队的缺点所束缚。虽然需要严于律己，但是面对他人的时候，我们还是不能锱铢必较，要宽以待人，这一点很重要。另外，还应当谨记不被自己的私欲控制。领导者也是人，当然就会有各种各样的欲望，但是无法控制一己私欲对于领导者来说并不是好的状态，应当尽力避免。同时应该想到团体、国家，也就是要有大欲。

《领导者的条件》

志向

幸之助曾提笔写下"立志"二字，他也很重视这一点。志这个汉字是由"士"和"心"构成的，可理解为武士之心，幸之助作为一个出生于明治时代的人很尊崇日本这种传统精神。他曾说过，作为发起战争的一代人，必须承担起责任，为日本的复兴做出贡献。幸之助不管在什么地方，经常把"志向"这个词语挂在嘴边。他的代表作《开创道路》中曾有这样一段话"立志吧！认真立下一个志向，赌上性命立下志向吧！立下志向，就相当于事情完成了一半"。他的意思是说"堵上性命"立下的志向一定会开创出道路。

虽说不断遇到困难时耐心很重要，但是最近不知怎么回事

320

忍耐的美德已经被很多人忽略，遇到一点困难就立刻放弃，只剩叹息。而且当事情的发展方向与意愿相背时，执着于此、更加专注、积攒更多力量的决心顿时减弱，届时还会把全部的责任推脱出去，一味地训斥别人，抱怨社会。这就好比商品卖不出去时，把所有的原因归结为社会不好，如果这样，谁都不会与我们合作。如果不能做到物有所值、也不能提供令人心情愉悦的售后服务，谁都不会来买这件商品。因此当产品滞销时，应当首先进行自我反省，并坚持默默忍耐，更加专注努力，提高销售实力。如果车轴不结实，这辆车很快就会散架；如果一个人没有耐心，很快就会唉声叹气毫无精神。希望大家能够把忍耐作为一种美德，带着耐心不断工作。

《四季之语》

人一旦找到自己工作的意义，就很少会感觉到疲惫。这种人就会拿出全部的热情投入工作，甚至会总结出自己的一套方法，带着喜悦的心情不断提高。换句话说，就是牢记自己的使命，为了完成使命，抱着忘我的精神去努力，这里的忘我指的是最大限度地发挥自己的作用。正是因为怀着这种坚定的信念去工作，我们才能走向真正的成功之路。

《气质十足》

运气

据说幸之助在自己建立的松下政经塾的录用面试中会观察对方"运气是不是好""是不是招人喜欢"。从长久相处的结果来判断或许更加准确，但初次见面做出的判断不可避免地存在主观性。幸之助认为这些在经营和人生中都很重要，这是不可动摇的事实。在第一部分中也介绍过，幸之助认为"自己运气很好"。失败时宁愿自责也不责备他人，丹羽正治（原松下电工会长）认为这是松下的传统精神，并一直努力继承。此外，幸之助还认为能知命，并顺从命运也很重要，从这里也能看出"幸之助的特点"。

说服的对象并不仅限于他人，有时候也需要说服自己。有时候我们必须给自己以鼓励，激发出自己的勇气；有时候我们又需要让自己冷静下来，必须有所忍耐。我们会遇到各种各样的状况，需要说服自己。我们考虑再三，不断地自问自答，然后得出自己认可、想得通的合适结论，事情才算告一段落。我曾因为各种各样的事情说服自己，其中有一件事让我至今都觉得很重要，那就是告诉自己"自己的运气很好"。我也不知道是不是真的好，但是我认为是好的，我说服自己让自己相信是好的。我认为这一点非常重要，我一直坚信如此。

《发挥人作用的经营》

我自己独立创办电器器具制造企业已经有 70 年了，但我也说不准是不是只靠着自己的意志就创业了。我一直感觉到在自己的意志之上有一股巨大的无形之力、应当说是命运之力，在这股力量的推动下我开始创业。因此，虽然经常遇到一些特殊的困难，但是我的意志基本上没有动摇。当然在一些具体的问题上，我有时候会动摇，也有过担心，也经常会失眠。但是每每遇到这种情况，我就会有下面这样的想法：这就是我的命运，我生来就要经历这些，所以除此之外别无选择，如果我在此倒下就毫无办法了。这种放弃纠结的想法会涌上心头，然后我就会产生勇气，自己也不再动摇，能够专心投入工作中。我一直都有这种感觉。

《人生讲义》

有人会说，好运是努力的结果。我觉得这种想法很重要，正因为运气好才能取得这些成果的想法确实非常重要。也就是一切进展顺利获得成功时，我们应当认为是自己的运气好，而在失败时我们应当认为自己的做法有问题，这样想可以使我们更好地控制自己。而人们总是在事情进展顺利时，认为是自己能力强，容易变得傲慢，这是不好的。因此，事情进展顺利时，应该觉得是自己的运气好，而当事情进展不顺利时不要认为自己运气不好，而要自责能力不足。这样一来，我们就会考虑必须提高自己的能力。或许我很幸运地成功了，但这并不是我一己之力实现的，只是运气比较好。虽然自己也努力了，但这份努力最多也就占一到两成，大部分还是靠运气。这样想来，我就会觉得自己不能说一些太自以为是的大话，但是，自己也确实是拼命努力了。即使现在回想起来，我还是想摸着自己的头对自己说"干得不错"，这对我来说是一件幸福的事。

《人生讲义》

谦虚

幸之助认为，带着"谦虚的自豪"生活是日本人理想的状态。这个说法看起来自相矛盾，实则不然。日本人多多少少都应该知道这一点，虽然有着低调、严肃的行事风格以及谦虚的态度但绝不卑躬屈膝，只要是日本人就一定见过这种昂首挺胸的姿态。幸之助也这样说："谦虚而又知礼仪，公平且有正义感，博学多才，无论遇到什么事都不被私心束缚，能准确判断出什么是正确的，这正是有德之人。"积德之路任重而道远，而幸之助在这一过程中一直保持着谦虚的态度。

前一天生产和销售的结果，第二天必须完全掌握，不知道前一天的销售情况是不行的。如果产品有显而易见的缺点，待我们从客户那里听到不满时再进行改善为时已晚。还有就是已

324

经听到了客户的不满,却依然采取"没有这回事儿"的否认态度,这就不能称得上是经商了。即使客户因为对我们有误解而说了一些不满的话,我们也要自始至终以谦虚的心态全部接受,并回复"您的意见很好,既然您这么说了,那或许就是存在不足的地方,我们会就此进行调查"。这样一来问题肯定不会复杂化,而且即使真的存在不足也能很快完善。我认为这是再普通不过的事情了。

《道路无限》

现在想来我或许可以这么说,我积极接受自己的命运,并在不经意间顺应命运往前走,于是一条道路渐渐在我面前延伸开。具体来说,虽然我家贫从小去当学徒,但是我从不认为这是不幸的事情。正是因为这些经历,我才能够具备作为商人的基本素质,并体会到人情的微妙。我生来体质虚弱,但是我爱护自己的身体,也学会了拜托他人帮我完成一些工作。我没有什么学问,因此我虚心向每一个人学习……所有这些经历让我成为现在的我。

《人生讲义》

我认为人应该拥有自豪感,但是这种自豪感必须是谦虚的。否则就会以为这个世界上只有自己最厉害,还会把别人当成傻子,不把别人的话放在心上。这样就不会有个人的成长,而且

325

会引起不必要的纠纷。

《随心所欲》

蓝蓝的天空中，白云悠悠飘过，这是被终日奔波的我们忽略的景象，这种景象既难得又令人怀念。虽然经常说一心扑在工作上，但是我也会偶然间对悠悠飘过的白云有所感怀，这种感情或许比别人还要强烈一倍。只是我终日奔波，没有时间看云，也没有意识到这一点。这种现象应该不只发生在我身上吧，大家平日里都在忙于自己的事情，因此也就没有时间看云，更没有时间对着白云感怀。那么，抬起头看看天空中随着时间一起飘走的白云吧！它们有快有慢，有大有小，有浓有淡，有高有低，上一秒还是这个样子下一秒就发生了变化。似散非散，姿态瞬息万变，在蔚蓝的天空中以各种姿态飘过。这一切就像人的心态，像人的命运。人的心态每天都在发生变化，其境遇每天也不尽相同。即使今天现世安稳，并不意味着明天也能和今天一样。我们有时候感慨不知道明天和意外哪个先来。一个人早上出门时觉得自己倒霉，谁又能断言他晚上不会带着惊喜回家呢？面对人世间的命运变迁，人们有喜悦，也会感叹。欢喜也好，悲叹也罢，人世就像是天空中悠悠飘动的白云。这样一想，烦乱心态或许就会平静很多。喜悦的时候不会忘乎所以，悲伤的时候也不至于绝望，如果每个人都能在这种心境下认真谦虚地承担起自己的责任，便都能体会到人生的美妙。

《光云社杂记》

素直之心

如何培养这种心态呢？即使到了晚年，幸之助依然公开表示自己还处于自然之心的"初级阶段"，或许正是因为心境完全释然的境界是如何努力都实现不了的永久目标。幸之助曾说自己与遇到的一流人士之间共通的就是都拥有一颗素直之心。幸之助在《实践经营哲学》一书中总结自己的经营思想要义，他写道，"自然之心指的就是不受拘束的心，也就是不被利害关系、感情、知识以及成见所影响，能够看到事物本来的面貌"。

经营就是要遵循天地自然之理，听取社会大众的声音，汇集公司内部的智慧，将该做的事情做好，这样一定能够成功。从这种意义上来讲，经营并不是一件难事。但是为了做到上面提到的这些，经营者必须有自然之心。

《实践经营哲学》

有了自然之心，就能看到事物本来面貌。有了这个基础，就能知道什么应该做，什么不该做。同样，也就有了勇气去做应该做的事，不做不该做的事。继而有了宽容之心和慈悲之心，我们在经营的过程中也就能够使所有的人和物充分发挥作用。

此外，不管面对什么样的变化，我们都能灵活顺利地适应这种变化，从而更容易实现日益更新的经营。用一句话来讲，自然之心可以让一个人变强大、明是非、更聪明，如能把强大、正确、聪明做到极致，便可以称为"神"。因此，虽然人类不是"神"，但是随着自然之心不断增强，我们却可以接近于"神"。如果这样不管做什么都能成功，经营亦如是。

《实践经营哲学》

在这个世界上或许并不存在一个能正确评判自己命运和价值的方法。若有一台评判机器会很方便，但这样的机器显然并不存在。那么我们该怎么办呢？我们只能带着一颗自然之心去观察自己，除此之外别无他法。怀着自然之心去观察自己，能很清晰地了解到自己的价值以及能力。这样就不会有超出自己能力的妄想，也就不会犯错误。这件事不用其他人告诉我们，我们也能知道。但是要做到这些必须怀着自然之心，合理地观察自己。有什么样的命运，又有怎样的价值，我们必须时常考虑这些问题。基于这些，相应地展开一些活动，肯定不会犯大的错误，并且能相应地获得社会的认可，最终开花结果。

《新政经》(1961 年 6 月)

一个人只要有了自然之心，就能分辨出悲与喜，也能看清其他所有事物的本质。随着自然之心的境界不断提高，这个社会的面貌就变得更加真实清晰。

《新政经》(1961 年 6 月)

比如，据说战国时代有很多武将潜心修禅。禅是一种尽量去除自己内心束缚的修行，这一点与自然之心有相通之处。按照我的理解，战争也是一场经营，而且正如文字显示的那样，是一场拼命进行的、最认真的经营，古代武将们会尽量以不受束缚的心态迎战，为此他们通过修禅培养这种心态。我听说围棋这项运动即使没有跟着老师学习，只要下一万次左右就能达到初段水平。因此，我认为只要我们心里有强烈的愿望，希望自己拥有自然之心，每日都以这种心情度过，一万日也就是大约 30 年之后，我们便能达到自然之心的初段水平。

《实践经营哲学》

II 家人口中真实的幸之助

松下幸之助在少年时期就离开家人开始打工，11岁时父亲离世，18岁时母亲又撒手人寰，20岁时娶梅野为妻，和井植家成为亲戚，同年独立创业。在公司不断发展的时候，女儿幸子诞生，后来与入赘女婿平田正治结为夫妻。正治是伯爵家族的次子，出身名门，与加贺藩大名鼎鼎的前田家族也有血缘关系。

本章选取了幸之助的妻子以及女儿女婿三位家人的部分话语。在第一部分我们也提到，松下正治作为松下电器的第二代社长继承企业，他于2012年（平成二十四年）去世。从他留下来的话语中可以看出，在不同的时期和场合，他对幸之助的称呼也不一样，比如有"创始人""幸之助""父亲""师父"等。

妻子梅野对幸之助的称呼就是"丈夫"，这位成长于淡路岛的坚强女性即使身处困境也不觉得辛苦。在松下创立的初期，不管公事还是私事她都扮演着助手的角色，"已然成为一位经营者"，梅野于 1993 年去世。幸子讲述内容虽然不多，但那是只有女儿才知道的父亲真实的一面。在理解幸之助的思想和哲学时，"知命"和"PHP"这两个话题反复出现，关于这两点幸子也向我们讲述了她的"独家回忆"。从这些记述和发言中，我们选取了一些有助于我们了解幸之助性格和人格的选段。

只有正治讲述的部分，我们会在每段话末尾附上书名和杂志名（年月号）等文字出处。书籍包括：1995 年出版的《经营之心》（PHP 研究所），2003 年的私人出版物《从松下幸之助到松下正治》（根据在大阪企业家博物馆的采访制作而成），1993 年出版的日本广播出版协会编《日本的"创造力"》（该协会）。杂志包括《松风》（松下电器产业有限公司），《创业俱乐部》（东洋经济新报社），《月刊 Asahi》（朝日新闻社）。另外，关于梅野的选段全部出自 1994 年由 PHP 研究所出版的唯一自著《磨难中的快乐》，关于幸子的选段全部出自《真正的时代》1997 年 8 月特别增刊《松下幸之助的生活态度与思考方式》（PHP 研究所）。

松下正治的"证言"

创始人（松下幸之助）常常带着强烈的问题意识，他一天到晚都在考虑工作相关的事情，因此，他的枕边总是放着便利贴，每当在深夜里有什么新的想法他就立刻记在上面。和别人聊天的时候，或是出门在外的时候，他都一直努力学习一些东西。

《松风》2000年新年刊

我在幸之助身边工作了很多年，他总是从内心深处想着"顾客至上"，并率先垂范。松下电器通过代理店在全国的销售店铺销售商品时有这样一件事，当时为顾客举行招待会的地方并不是现在这样的酒店，而是一家日式酒家。相关负责人和员工已经把宴会的一切都准备好，但是幸之助一定会在宴会开始之前带领着我和公司其他干部对会场进行检查，他还会走遍宽敞的宴会间的每一个角落，仔细检查饭桌和坐垫是否整齐地排成一条直线，座位顺序和间隔是否合适等，即使有稍微的不完美，他都会自己去调整。对于幸之助来说，如果不能保证整齐有序，顾客又如何能有舒心愉快的体验呢？那么，这正是对客户尽心尽力表达感谢之心方面的问题。

《经营之心》

下面这个故事发生在我进入松下电器前夕，那是在昭和十五年（1940年）。当时，我经常有机会听幸之助讲述人生观以及对事物的想法和看法。有一次我像往常一样去听他讲话，讲着讲着他不经意间从眼前的烟盒里抽出一根烟点上了。"平时都不怎么吸烟，今天真是难得啊……"我当时想。但是幸之助甚至没有意识到自己拿着烟这件事，他热心而又忘我地对我讲每一句话。虽然我也听得很认真，但是突然看到他手指里夹着的烟灰已经垂下来很长，火也已经烧到了手指边。如果我不提醒他会不会烧到手呢？烟灰落下来会不会把贵重的地毯烧焦呢？我十分担心。但是幸之助又讲得正在兴头上，这时候打断他合适吗？正当我犹豫时他终于注意到了手上的烟，然后把烟头扔进了烟灰缸里。那时候我27岁，即使面对只有二十几岁的我，幸之助都会全神贯注地对我讲话。那时候我就觉得这个人与众不同，那种非同寻常的魄力和带给人的紧张感，我至今都清晰记得。

《经营之心》

松下电器的员工培训制度始于创业第五年，也就是大正十一年（1922年）7月开始的"住宿店员制度"。伴随着总店和工厂第一次竣工，公司变得宽敞起来，松下幸之助夫妇在总店与店员们一起吃住，幸之助直接对店员们进行培训指导，母亲梅野（幸之助夫人）负责照顾所有人的饮食起居。15~20岁的年轻店员们每天早上5点起床，开完早会之后就对建筑内外进行清扫，新的一天就这样开始了。当时经历过这些的员工都依稀记得"师父（幸之助）每天都会教育大家不管对待什么事情都要有诚心诚意的精神，夫人会教育大家遵守规则不要犯错，特别是对礼貌举止的要求尤其严格"。对于店员们来说，一天的工作结束之后往返于夜晚的澡堂是他们日常唯一可以自由外出的时间，睡前他们会端坐在幸之助夫妻房间前面的走廊下，然后说"我先去休息了，晚安"。这里严禁擅自外出，要求员工严格遵守回来的时间。虽然教育培训都很严格，但每月两次的休息日里日式牛肉火锅能让员工们大饱口福，也让他们能感受到家人般的关爱。幸之助天生体质弱，要时常对身边这么多的年轻店员给予指导是很辛苦的，但是母亲梅野更是超乎寻常的辛苦。母亲就像是相扑部屋里的师夫，除了养育自己的孩子和料理家务之外，还要扮演很多员工母亲的角色照顾他们，她一人承担很多事情，据说每天忙碌得没有一丝空闲时间。此外，她还要负责公司的会计事务，所以我觉得她真的很辛苦。昭和八年（1933 年）松下电器从大阪市大开町迁到大阪府门真村（门真市），住宿店员制度一直持续到那时。

《经营之心》

当时（第二次世界大战后），父亲最不甘心的就是被传为财阀。在第二次世界大战期间松下将生产扩大到木造船和木造飞机领域，是因为这是为国尽忠理所当然要做的事情，只根据外在形式就被判定为财阀，这一点是无论如何都不能理解的。历经无数次陈情，数年之后终于获得理解，并解除对我们的财阀认定，但是在此期间的每一天对父亲来说都开心不起来，我记得那段时间他一个人喝了不少闷酒。父亲很早之前就多次说过："想在将来退休之后研究一下人到底是怎样一种生物"，我也不清楚他具体是怎么想的，但是我觉得这就是"PHP"想法产生的根源。第二次世界大战后数年间他背负着以个人名义借下的大笔钱款，就算想要工作也没有资金和原料。那段时间我们就相当于被禁止开工，在那个失意的时期，他开始思考做"PHP"。因此，他头脑里关于"PHP"的想法提前数十年实现。

《从松下幸之助到松下正治》

下面这件事不知道具体发生在什么时间，大约是创始人松下幸之助夫妇外出访问代理店的时候。夫妇二人自从结婚之后很少有机会一起旅行，因此创始人幸之助对夫人说，机会难得一起去吧。访问结束之后，两人在别府温泉休养，坐上前往门司的火车，这时幸之助突然对夫人说："你帮我数一下窗外 National 的广告牌，我数这边，你数那边。"于是母亲拼命地去数眼前不断掠过的广告牌。母亲抱怨道："本来还期待能悠闲地旅行一番，没想到数到眼睛都肿了"，但是抱怨归抱怨，我记得她说这些的时候能看出对于丈夫一心扑在工作上的热情，虽然自己不喜欢但是也很佩服。

《松风》2000 年新年刊

对有很多缺点或者不怎么受大家欢迎的人，幸之助会把他们放在"合适的地方"，如此便能很好地发挥其作用，这样的例子有很多。每当有这样的事情发生，我一方面佩服幸之助知人善用的能力，另一方面也在这种无言的教育下感受到"人尽其才"是多么重要。换句话说，有完美性格的人会受到大家的欢迎，但是要发展一个公司仅仅靠温厚笃实、完美无瑕的人是行不通的。当然，如果没有很多完美的、有协调性的人存在，整个组织的运行就会不顺畅，但是这中间也必须有有强烈个性的人，这种人确实不怎么受欢迎，但是如果能把一些适合他们性格的工作交给他们，很多时候他们会发挥出超群的能力，并取得一定的成绩。那么在组织中如何用这些有强烈个性的人呢？在这一点上，幸之助仿佛就是一名管弦乐团的著名指挥一样，能让每个乐器都发出自己绝妙的声音，指挥全体演奏最美妙的交响乐。

《经营之心》

我担任社长之后，我们俩一起开工作碰头会，当我说了自己的想法之后，父亲就会说："那么就这样做吧，你懂吧？"如此便会产生分歧，当第二天我对负责人说："是这样决定的，你去准备一下。"刚吩咐下去，师父就我叫过去说："决定的那个方案，先停下来。"这种朝令夕改的情况发生了很多次。由于经常出现这种情况，我觉得实在不合适就提醒幸之助，后来他问我："你听过君子豹变这个词吗？"我思考了一晚上，终于意识到虽然已经决定了，但还是要思考"这样做没问题吧，没有忽略什么吧"，在这个深入思考的过程中，也许就会得出"不能这么做"的结论。通过彻底思考，相应地也产生了一种信念。

《创业俱乐部》1999 年 2 月号

　　昭和五十六年，松下电器总部决定制作"创业之森"，并决定在那里建一座师父的铜像。但是父亲很害羞，也没有什么兴趣。我认为这是一个难得的机会，于是想尽办法说服父亲，这时我又想到了母亲梅野。从创业到成立股份公司，在相当长的一段时间里，当师父生病或者受到挫败时，都是母亲一直陪在他身旁支持他。母亲和父亲同心同德，可以说她就是成就松下电器的另一位创始人。母亲不喜张扬，在此之前几乎很少在公众面前露面。于是提议："这次给您一起建个铜像怎么样？我想员工们都会很高兴的。"即便如此父亲还是没有立即表示赞同，但最终他还是说："那就按你说的做吧。"现在父亲已经离开我们，我很庆幸当时为两人建了铜像。

《日本的"创造力"》13

已经去世的井植岁男先生（三洋电机创始人）在担任松下电器常务董事时曾对我说过下面这段话："老板会提出一个真理、信条之类的东西，为了实践我会去生产一线，看看是不是确实在生产很好的产品，我一直发挥的就是这样的作用。"我当然相信这是事实。井植先生也希望自己在擅长的领域发挥自己的作用，他应该是以一种非常满足的心态在做这件事吧。于是我一直误以为父亲只会说一些思想上的东西，也曾为此感到困扰，但是不管怎么说，他们二位是很好的搭档，也各自发挥着相应的作用。父亲口中的天地自然之理、自然之心等绝不是一些只利于自己集团的战略。父亲这个人还是怀有理想，充满激情的，可以说这也是他真实的一面。

《月刊 Asahi》1989 年 8 月号

中内先生（大荣的创始人）的"薄利多销"和松下幸之助的"厚利多销"有很大的差别。生产者当然需要付出努力把价格尽量降低，但是"厚利"与"高利"是完全不同的，并非是"高利润"，而是"优厚利润"。由于基本观念存在差异，在很长一段时间我们没有生意往来。但是在 10 年前，我们收到他们希望合作的消息，松下电器也认为应该重新开展合作，于是双方走到了一起，走上了合作之路。当时，我在公司营业本部的事务所迎接中内社长，我们一起就餐，并在融洽的气氛中交谈，中内社长也很高兴。

《从松下幸之助到松下正治》

对于我是不是父亲的分身，我自己很难回答。在父亲看来
或许有时候确实是的，但有时候也会觉得不是这样的。他已经
不在这个世界上了，他怎么想的已无从得知。当然我也没有问
过他。

《Asahi 月刊》1989 年 8 月号

妻子梅野眼中的"幸之助"

当时有很多人给我说媒，我丈夫（幸之助，下同）是其中
条件最差的。我父亲很担心，找了很多人算卦，因为当时我们
知道他经济条件上似乎难以维持生计。丈夫后来向我母亲问起
对这件事的意见，母亲说："我们正找人算卦呢，你就来了。"
我当时有些任性，选择了我丈夫是因为当时他母亲已经去世，
我觉得这样对于我来说会轻松些，经济方面还是次要的。

社会上对我丈夫的评价是很善于做生意，称他是经营之神，
这一点确实是这样，但是比起这一点我更佩服的是他很擅长对
生意的规划，可以说他的这种能力令人拍手叫绝。要想将计划
付诸实践并获得成功是需要人的，幸运的是，不管在什么时候，
我们都能遇到认真执行这些计划的人。我觉得在寻找人才这方

面我们真的很幸运。我其实不喜欢用"幸运"或"不幸运"去判定人生，但是我丈夫确实是"幸运的"。如果没有好运，事情就不会进展得如此顺利，我们也无法获得成功。如果没有好"运"，不管他制订如何周密的计划，即使付诸实践也会在最后关头摔跟头。我丈夫自己也曾在各种场合说"运气很好"，我认为确实是这样。

丈夫的身子比较弱，所以他经常说"估计很难一直在电灯公司工作，想去做生意"。我问他具体做什么呢，因为他很喜欢喝年糕小豆汤，于是他就说，"开个做年糕小豆汤的店吧"。我记得自己当时觉得餐饮业属于接待客人这一类行业，于是对他说，"我不适合这种接待客人的生意"。

丈夫虽然很年轻，但是他认为不能让女人去工作，所以他在的时候我是不做针线活的，因此，他或许不知道这回事吧。前段时间我忽然想起了之前工作（做缝纫工）的那户人家，于是说，"不知道那户人家后来怎么样了"，丈夫问我："你怎么认识那家人？""我曾经在那家做缝纫工啊"，听到我的回答他呆住了，因为之前我从来没有说过这件事。

当时，在周日放假是一种非常新的做法，我们规定每月第一个周日和第三个周日是休息日，但是那时候玩被认为是一种罪恶，所以虽然我和丈夫两个人想在周日出去玩儿，又担心被请来帮忙的人听到之后很不好，就通过在家互相写纸条的方式商量出去玩的事情。那天我们很难得相约一起看电影，但是我想着不能让大家知道我们俩是一起出去玩，便伪装我要去客户那里收账，先一步出门，然后我按照约定在惠比寿桥上等着他。然而，我左等右等他都没有来，心里想着"太慢了、太慢了"。就这样等了2个小时左右，天渐渐地黑了，我想着差不多到了准备晚饭的时间了，或许是我们两个人走岔了，那也没办法，便回家了。结果却发现丈夫把工人们拔金属的模型弄坏了，正在那儿努力地修理呢！我正想和他抱怨，失望地小声说："等了你好长时间……"结果他说："啊啊，这样啊，我给忘了。"如果他正在和别人玩我就会生他的气，但是由于他是在修理很重要的器具，所以我也不能生气。

我丈夫是一个意志坚强的人，同时他也是一个性格温和的人，换句话，也可以说他很胆小。我女儿说："爸爸并不是胆小，他只是性格温和"，事实又是怎样的呢？如果他确实真的胆小，或许就无法做成这个企业。实际上，他确实是有魄力的，而且还有坚强的意志。我想他心里会有各种各样的矛盾，我对他说："我可不像你那样心里有那么多的矛盾和纠结"，他只是笑笑不说话，我觉得他心里还是会有各种各样的斗争吧。他有时候也不得不做一些违背自己想法的事情，所以就会有这样那样的纠

341

结和矛盾吧。

丈夫身边有很多人，有时候大家的看法就会有分歧。当然现在很多人会在一起商量，然后推进工作，我也不那么担心了，而且丈夫已经上了年纪，稍微懂得了一些变通。但是他年轻的时候可不是这样，一旦有人没按照他想的来做，他就会生气地说对方是废物。看起来性格温和的人是不会这么做的吧。每个人骂人的风格也都不尽相同，比如我弟弟岁男生气的时候就会单刀直入地说！"哎！干吗呢！"我丈夫就不一样了，他生气的时候骂人的语气也是郑重其事的："你干什么呢！"

虽然我喜欢什么事都一做到底，并且立刻解决，但是这也要看具体是什么事情。如果是夫妻之间吵架，绝对不能这么做。不管哪一方赢了都没用，赢的那个人不会得到奖金，只会觉得尴尬。夫妻吵架一般会随着时间渐渐冷静下来，然后忘记。但是我丈夫和我吵架之后，总是两天都不会说话。我这个人做不到不说话，所以即使他不搭理我，我也会自己一个人在那里"喋喋不休"地说个不停。

我丈夫年轻的时候曾经翻过桌子，还用筷子用力地敲过桌子。有一次，他说想喝热茶，于是我就给他泡了一杯热茶，结果他咕嘟咕嘟地大口喝了下去，看着他被烫得不知所措，我没有关心他，而是哈哈大笑起来。结果他生气地说，"你怎么不告诉我茶很烫呢",还用筷子用力敲了桌子。就这样,象牙筷子的前面被折断,我觉得再削筷子会变短,于是就放在那里没管,结果他自己到工厂亲自把那双筷子削得整整齐齐带回来。我说:"可惜折断了,我本来还想留着做个纪念呢。"他一句话也没说。时至今日我们还常常提起这件事,大家都觉得很有意思。

即使很重要的事情,丈夫也很少找我商量。比如,昭和三十六年(1961年)他从社长退为会长,昭和四十八年(1973年)他辞去会长一职时,都没有找我商量过。他在事前和我说:"我打算把会长辞了",我回答:"你要是辞了就会变老的。"然后我忙这忙那的就忘记这事了,等我想起来的时候他已经辞了。所以当我问他:"你已经辞了吗?"他说:"嗯,已经辞掉了。"就是这样的感觉,他不会找我商量这些事情。但是我也并不认为这有什么不好的。我一般就会说:"啊,那挺好的。"这就是我和别人稍微不一样的地方。从刚结婚开始我就是这样。我丈夫从大阪电灯辞职的时候也是这样,那天他回到家说:"我今天辞职了。"我也答:"啊,这样啊。"基本上就是这种感觉。我这个人和别人不太一样,在我看来我丈夫也是和别人不同的。正因为我们夫妻都这样,所以仔细想想在过去我们之间没有出现过意见对立的情况。

343

女儿讲述与父亲有关的记忆

父亲（幸之助，下同）年轻的时候身体不是很好，我感觉在一年中大约有三分之一的时间他都是在家里床上躺着的。我们家住在大开町二条（现在的大阪市福岛区）时，公司就在旁边，所以公司里的人都会直接来家里在父亲床边商量事情。昭三年时我们搬了家，当时我上小学一年级。那时候National电灯刚好在全国热卖，公司也在快速发展，所以父亲总是很忙。我记得那段时间他的枕边总是摆着National电灯，好像是在测试电灯的耐用时间。

父亲这个人很喜欢搬家，他一生中搬家30多次，由于次数太多了，我也没有细数过。大概每年他都会说："我们换个地方吧。"（笑）那时候有很多租房子的，所以他一旦决定"明天就走"，母亲在下一秒就会去寻找合适的房子。母亲也习惯了这样，她把身边的器具和食具装进两个箱子，然后我们就很利落地搬家了。再过半年左右，父亲又会说换个地方，母亲经常笑他喜欢流浪。京都的真真庵也是在母亲不知情的情况下买的，他对母亲说："你不要过来看，如果你看了一定会说为什么要买这么荒芜破败的房子，所以还是等我修缮好了给你看吧。"

我认为父亲有一点特别厉害，那就是不管面对什么人，他的态度都不会改变，即使对方是大学刚毕业，他都会很认真地问："最近怎么样啊？"这几乎成了他的口头禅，但是他也确实在认真问大家。即使到了晚年，一些孩子来我们家里玩，他们说："爷爷问我们'怎么样'，我们都不知道要说些什么，他却还是会认真听我们说。"我觉得下一秒他一转头就会忘了这些事，但是当他面对你时，这种认真询问和倾听的态度始终如一。

我觉得父亲这个人本身不喜欢招呼人举办宴会。但是他一旦要招呼客人就绝对不会敷衍了事，他会提前检查并做好全部准备。他真的会自己拿着扫帚打扫光云庄的院子等这些地方，连宴会房间里的坐垫都是他亲自摆好的。父亲真的是一个很勤快的人。他应该是很讨厌对这个人很热情，对那个人又有些敷衍的处事方式。要热情款待每一位客人，他的这种态度一直留在我的脑海里。

父亲年轻的时候脾气很大，在我的记忆里几乎没有轻松吃饭的时候。（笑）因为父亲吃饭时也经常会考虑公司或者工作上的事情，有时就会发火，所以和他一起吃饭就要小心翼翼的。我长大之后依然觉得母亲在那样的情况下能安然处之实在是不可思议，我觉得正因为母亲这个人一直很淡定，所以才能与父亲合得来。母亲不是迟钝，而是太有胆量了。和母亲比起来，

345

父亲就细腻多了。(笑)父亲吃饭的速度也很快。

父亲并不是一般意义上的家庭成员,即使暑假的时候全家一起去旅行也不会超过3天,第二天时他就开始坐不住了,他认为在家里更能把工作处理好。

父亲很早就失去了父母,他是在别人家里成长起来的。或许是这个原因,他不知道家庭的温暖是什么样的,并不是说他不爱孩子和家人,而是不知道如何表达自己的爱。比如父亲生病,我们去医院看他的时候,他总是问我们:"有什么事儿吗?"即使孩子来了,也不会轻松地聊天。(笑)他很不擅长这种事情,我觉得可能是他成长的过程中没有感受到父母的爱,所以并不知道如何与孩子相处。

父亲说:"我从大家那里收税交给国家,然后收取其中的手续费。"我们继承的时候,税务署说:"从来没见过这么干净的家。"

父亲主张男女平等,他几乎没有说过因为是女子就不能做什么事情,即使女子,如果有能力也会得到他的认可。所以父亲好像是讨厌没有干劲儿的女性,虽然他也会夸外表漂亮的女人"真漂亮",但是只要他说:"那个人不错,是一位很踏实的女性。"都是指母亲这种类型的女性。

在我上小学时,我们家就已经是那一带最大的了,所以家里一直严格要求我们不能比其他同学奢侈。当时好像有这么一条规定，就是如果买新东西，只有班里50个人中有一半同学买了我们才能买，"那个人买了，这个人也买了，我也想要"，说这些是没用的。小学一年级的时候，我和母亲一起去买洋装，其中一件特别漂亮，但是母亲说太贵了还是换一个吧，我缠着她说就想要这个，无奈之下母亲给我买了回来。结果回到家父亲连续训了我3个小时，他说不能这么奢侈。当时我深刻地感受到，原来那样做就会被训得这么惨，这次被训是我记忆中最深刻的一次。

不管是父亲还是母亲，他们叫我时会一直呼唤我的名字直到我回话，所以直到现在我还是会条件反射一样地回答："在这儿呢"。学校里的人也会经常对我说："松下，你的回话真快。"（笑）我印象中他们还会时常提醒我不可以抱怨食物不合口味，对他人要有体谅之心。

父亲去参观天理教是在昭和七年时，那时我大概10岁。在那里他受到了很大的震撼，我一直记得他回来之后兴奋地讲述当时的情景。他经常对家人讲述当时自己感受到的东西。

父亲曾追求各种各样的梦想，其中有很多他对PHP的梦想。虽然第二次世界大战结束刚好成为PHP活动开始的一个契机，但他其实在更早的时候就开始考虑PHP的事儿了。因为我经常听他说 PHP 的缘起，他其实并没有系统地讲述这是 PHP 思想的哪一部分，但是确实从很久以前就考虑这件事了。父亲喜欢思考人心规律、人的信仰、人和宗教的关系，以及如何寻求人生的意义，或者人在宇宙中的定位等。即使在做松下电器，他也一直在探究真理究竟是怎么回事儿。

"企业家松下幸之助"简略年表

公历	和历	年龄	相关事件	社会状况
1894年	明治二十七年		11月27日出生于和歌山县海草郡和佐村	8月1日，甲午战争爆发
1899年	明治三十二年	4	这一年父亲投资大米生意失败，全家搬到和歌山市	2.1东京·大阪间电话开通
1904年	明治三十七年	9	11月，小学四年级中途退学，独自一人来到大阪，在大阪市南区（现在的中央区）一家火盆店打工	2.10日俄战争爆发
1905年	明治三十八年	10	2月，在大阪市东区（现在的中央区）的一家自行车店打工	9.5签订朴次茅斯和约
1910年	明治四十三年	15	10月，以内线见习工的身份进入大阪电灯（股份公司）	8.22签订日韩合并条约
1913年	大正二年	18	4月，进入大阪市关西商工学校夜校预科学习（第二年从夜校本科中途退学）	10.6日本政府承认中华民国
1915年	大正四年	20	9月4日同井植梅野（19岁）结婚	1.18向中国政府提出"21条"要求
1916年	大正五年	21	10月申请应用改良插座的实用新型设计	9.1工厂法实施
1917年	大正六年	22	6月，离开大阪电灯（股份公司），在大阪市猪饲野独立成立公司 8月，开始制造销售插座 12月，收到1000个电风扇底盘的生产订单	俄国发生二月革命和十月革命

续表

公历	和历	年龄	相关事件	社会状况
1918年	大正七年	23	3月7日，在大阪市北区（现在的福岛区）西野田大开町成立松下电气器具制作所 开始生产销售改良插头和双灯用插座	11.11（1914年）第一次世界大战终结
1920年	大正九年	25	2月，制定公司商标M箭头 3月，步一会成立（第二次世界大战后以成立工会为契机解散） 设立东京办事处，内弟井植岁男只身前往东京	3.15出现战后恐慌
1921年	大正十年	26	4月，长女幸子出生（后与平田正治结婚）	11.4原敬被暗杀
1923年	大正十二年	28	3月，设计并销售炮弹型电池式自行车灯 12月，中尾哲二郎进入松下	9.1关东大地震
1926年	大正十五年	31	6月，长子幸一出生（第二年夭折）	12.25大正天皇驾崩，年号改名昭和
1927年	昭和二年	32	1月，创立电热部 4月，开始生产销售电熨斗 确立角型电灯商标"National"并销售	3.15发生金融恐慌
1929年	昭和四年	34	3月，更名为松下电器制作所，制定纲领和信条 5月，收购桥本电器成立日本电器制造（股份公司）	10.24纽约股市暴跌
1930年	昭和五年	35	8月，成立国道电机（股份公司）（第二年解体） 11月，超级电熨斗被商工省评为国产优良品	这一年，世界金融危机波及日本（昭和恐慌）
1931年	昭和六年	36	3月，在札幌、中国台湾设立供应站加强销售 8月，收音机接收器在东京中央放送局举办的收音机大赛中获得一等奖 9月，吞并小森干电池，公司开始生产干电池	9.18"九一八"事变

续表

公历	和历	年龄	相关事件	社会状况
1932年	昭和七年	37	4月，设立贸易部，开始出口业务[1935年设立的松下电器贸易（股份制）公司前身] 将5月5日定为创业纪念日，举行第一次创业纪念仪式，将这一年作为知命元年	5.15"五一五"事件
1933年	昭和八年	38	5月，设立事业部制度，此后在全公司实施早会和晚会制度 7月，将企业总部迁至大阪府北河内郡门真村（现在的门真市） 制定松下电器应遵守的五大精神（后更改为七大精神）	3.27宣布退出国际联盟
1934年	昭和九年	39	4月，成立松下电器店员培训学校，担任校长	7.8冈田启介内阁成立
1935年	昭和十年	40	4月，在满洲奉天（沈阳）设立办事处 12月，松下电器制作所作为股份公司，成立松下电器产业（股份公司），事业部制度发展为分公司制度，成立9个分公司	2.18美浓部达吉的"天皇机关说"问题化
1936年	昭和十一年	41	3月，高桥荒太郎进入松下	2.26"二二六"事件
1938年	昭和十三年	43	5月，已故员工慰灵塔在高野山竣工 9月，设立满洲松下电器（股份公司）（第二次世界大战结束后关闭）	4.1国家总动员法发布
1939年	昭和十四年	44	8月，开设第一家海外生产工厂松下干电池（股份公司）上海工厂（第二次世界大战结束后关闭）	9.1第二次世界大战爆发
1940年	昭和十五年	45	1月，举办第一次经营方针发表会（此后每年召开） 5月，松下正治进入公司	10.12大政翼赞会成立
1943年	昭和十八年	48	4月，应军方要求设立松下造船（股份公司） 10月，应军方要求设立松下飞机（股份公司） 12月，公司标志由M箭头变更为三松叶	2.1日军从瓜达尔卡纳尔岛撤退

续表

公历	和历	年龄	相关事件	社会状况
1945年	昭和二十年	50	8月，第二次世界大战结束后的第二天公布临时经营方针，呼吁祖国重建	8.15昭和天皇玉音广播
1946年	昭和二十一年	51	2月，修改纲领及信条 从这一年开始，被GHQ指定为限制公司、财阀家族等，受到各种限制 11月，设立PHP研究所（当时是经营经济研究所），就任所长	11.3公布日本国宪法
1949年	昭和二十四年	54	4月，为重建经营，第一次征集自愿退休者 这一年，负债10亿日元，被报道为物品税拖欠王	4.23确定1美元=360日元的汇率
1950年	昭和二十五年	55	3月，重新启动事业部制度 7月，中断PHP研究活动（1961年重启）	6.25朝鲜战争爆发
1951年	昭和二十六年	56	1月，第一次视察美国 10月，视察欧美	9.8旧金山条约
1952年	昭和二十七年	57	1月，与中川机械（股份公司）合作（后成为松下冷机股份有限公司） 10月，与飞利浦公司进行技术合作 12月，设立松下电子工业（股份公司）	8.13日本加入国际货币基金组织（IMF）
1954年	昭和二十九年	59	1月，与日本Victor合作	7.1成立陆海空自卫队
1955年	昭和三十年	60	12月，成立九州松下电器（股份公司）	11.15自由民主党诞生
1956年	昭和三十一年	61	1月，在经营方针发布会上公布五年计划 5月，设立大阪电气精器（股份公司）（后来的松下精工股份有限公司）	7.17"已不是战后"经济白皮书发布
1957年	昭和三十二年	62	2月，开始组建National店会（后改组为MAST） 11月，开始实施National Shop制度 这一年开始在全国设立销售公司	这一年"锅底萧条"开始

续表

公历	和历	年龄	相关事件	社会状况
1958年	昭和三十三年	63	1月，成立松下通信工业（股份公司）	4.5长岛茂雄以三振出名
1959年	昭和三十四年	64	9月，成立美国松下电器（股份公司）（MECA）	这一年，岩户景气开始
1961年	昭和三十六年	66	1月，辞任松下电器产业社长（股份公司），就任会长	1.20肯尼迪就任美国总统
1962年	昭和三十七年	67	5月，在德国设立汉堡松下电器（有限公司） 6月，与东方电机（股份公司）合作（后来的松下电送股份公司）	10.5甲壳虫乐队发布第一首单曲
1964年	昭和三十九年	69	1月，设立国内经营局以及海外经营局 7月，召开全国销售公司代理店经理座谈会（俗称"热海会谈"） 8月，作为代理营业本部长坚决推进经营改革	10.10东京奥运会
1965年	昭和四十年	70	4月，完全实施双休制	4.1首架国产客机投入运营
1967年	昭和四十二年	72	1月，在经营方针发表会上提出"五年后工资超过欧洲"	3.6日本航空环游世界航线开始
1968年	昭和四十三年	73	7月，就任灵山显彰会第一任会长 12月，公司总部内"科学与工业先觉者之像"完成	12.10三亿日元事件
1969年	昭和四十四年	74	8月，召开第一次销售公司怀旧座谈会 11月，成立松下寿电子工业（股份公司）	1.18—19 东大安田讲堂事件
1970年	昭和四十五年	75	5月，初次公布松下集团整体决算 10月，二重价格问题导致消费者团体举行抵制松下产品运动 12月，取消"现款实价"的说法，实行"￥"标志	3.14大阪世博会开幕

续表

公历	和历	年龄	相关事件	社会状况
1973年	昭和四十八年	78	7月，辞任松下电器产业（股份公司）会长一职，就任顾问	10月第一次石油危机开始
1976年	昭和五十一年	81	5月，家用录像机VX-2000销售	12.24福田赳夫内阁成立
1977年	昭和五十二年	82	1月，成立松下住设机器（股份公司）宣布采用VHS格式录像机 2月，松下正治就任松下电器产业（股份公司）会长，山下俊彦就任社长	9.5王贞治获得第一次国民荣誉奖
1978年	昭和五十三年	83	2月，设立全松下经营咨询会议	5.20成田机场开放运行
1979年	昭和五十四年	84	1月，成立松下电池工业（股份公司）获得和歌山县荣誉县民称号 6月，设立松下政经塾，任理事长兼塾长	1月第二次石油危机开始
1980年	昭和五十五年	85	7月，在热海召开销售公司总经理怀旧座谈会	这一年，日本的车辆生产居世界第一
1981年	昭和五十六年	86	5月，在公司内建成"创业之森"	1.20里根就任美国总统
1987年	昭和六十二年	92	5月，获得勋一等旭日桐花大勋章	10.19纽约股价暴跌
1988年	昭和六十三年	93	1月，设立松下国际财团（现为公益财团法人松下幸之助纪念财团），任会长	6月利库路特事件曝光
1989年	平成元年	94	4月27日上午10时6分，永眠	1.7昭和天皇驾崩，年号改为平成

※ 表中年龄为当年生日时松下幸之助的实足年龄

写在 PHP 经营丛书 "日本的企业家" 系列发行之际

本套丛书介绍了像日本明治时期的涩泽荣一那样优秀的几位企业家。他们将日本商业在中世纪和近代的奋斗精神发扬光大，引领了近代的发展。日本在昭和时期饱受战争之苦，此后能快速复兴正是因为这些企业家的不懈努力。他们团结和领导人们，为实现社会富裕作出了杰出的贡献。1946 年（昭和二十一年）11 月创立本公司的松下幸之助就是其中的一人。他一方面励精图治致力于经营事业，另一方面又以"人乃万物之灵"为理念，通过本公司的各种活动向世人展示了繁荣、和平、幸福的美好愿景。

我们秉持着尊敬这些创时代的企业家的态度，汲取他们的人生智慧。在了解这些优秀企业家之后，通过他们的人生经历和经营历史一定会获得现实性的启示。秉承这种信念，为纪念公司创立 70 周年，决定发行 PHP 经营系列丛书。在策划本套丛书时，首先选取了活跃在日本近现代，重视经营理念的企业

355

家们，一人做成一卷。松下幸之助以展现言微旨远的寓意为初衷，将宣传图标设计为两匹头部相对，在天空翱翔的飞马，给人以尊重个体、旨在和谐的印象。"以史为鉴可知战略，洞察人心"——基于史实和研究成果所撰写的本套丛书如蒙钟爱，我们将不胜欣喜。

株式会社 PHP 研究所

2016 年 11 月

MATSUSHITA KOUNOSUKE
Copyright © Tadao KAGONO & PHP Institute, Inc.
First publishied in Japan in 2016 by PHP Institute, Inc.
Simplified Chinese translation rights arranged with PHP Institute, Inc. through
Beijing Hanhe Culture Communication Co., Ltd
Simplified Chinese edition copyright © 2019 New Star Press Co., Ltd.
All rights reserved.
著作版权合同登记号：01-2018-1536

图书在版编目（CIP）数据

松下幸之助／（日）加护野忠男编著；刘苗苗译 . —— 北京：新星出版社，2019.6
ISBN 978-7-5133-3571-3

Ⅰ.①松… Ⅱ.①加… ②刘… Ⅲ.①松下幸之助(1894—1989)-生平事迹
②松下电气工业公司-工业企业管理-经验 Ⅳ.① K833.135.38 ② F431.366

中国版本图书馆 CIP 数据核字（2019）第 083737 号

松下幸之助

[日] 加护野忠男 编著；刘苗苗 译

策划编辑： 杨英瑜
责任编辑： 杨英瑜
责任校对： 刘 义
责任印制： 李珊珊
装帧设计： 斑 马

出版发行： 新星出版社
出 版 人： 马汝军
社   址： 北京市西城区车公庄大街丙3号楼   100044
网   址： www.newstarpress.com
电   话： 010-88310888
传   真： 010-65270499
法律顾问： 北京市岳成律师事务所

读者服务： 010-88310811   service@newstarpress.com
邮购地址： 北京市西城区车公庄大街丙3号楼   100044

印   刷： 北京美图印务有限公司
开   本： 787mm×1092mm   1/32
印   张： 11.5
字   数： 200千字
版   次： 2019年6月第一版   2019年6月第一次印刷
书   号： ISBN 978-7-5133-3571-3
定   价： 68.00元

版权专有，侵权必究；   如有质量问题，请与印刷厂联系调换。